U0833476

[英] 大卫·沃勒（David Waller）
[英] 鲁伯特·扬格（Rupert Younge） 著

刘小妹 译

THE REPUTATION GAME
声誉争夺战

如何在失控的时代重掌声誉主动权
The Art of Changing How People See You

★★★★☆

中信出版集团·北京

图书在版编目（CIP）数据

声誉争夺战 /（英）大卫·沃勒，（英）鲁伯特·扬格著；刘小妹译．-- 北京：中信出版社，2018.12

书名原文：The Reputation Game: The Art of Changing How People See You

ISBN 978-7-5086-9605-8

Ⅰ. ①声… Ⅱ. ①大… ②鲁… ③刘… Ⅲ. ①企业形象－研究 Ⅳ. ① F272-05

中国版本图书馆 CIP 数据核字（2018）第 230116 号

The Reputation Game: The Art of Changing How People See You by David Waller and Rupert Younger
Copyright © 2017 Rupert Younger and David Waller
This edition arranged with A.M.Heath & Co Ltd.through Andrew Nurnberg Associates International Limited
Simplified Chinese translation copyright © 2018 by CITIC Press Corporation
ALL RIGHTS RESERVED
本书仅限中国大陆地区发行销售

声誉争夺战

著　　者：［英］大卫·沃勒　［英］鲁伯特·扬格
译　　者：刘小妹
出版发行：中信出版集团股份有限公司
（北京市朝阳区惠新东街甲 4 号富盛大厦 2 座　邮编　100029）
承 印 者：北京鹏润伟业印刷有限公司

开　　本：880mm × 1230mm　1/32　　印　　张：10　　字　　数：236 千字
版　　次：2018 年 12 月第 1 版　　印　　次：2018 年 12 月第 1 次印刷
京权图字：01-2018-6334　　广告经营许可证：京朝工商广字第 8087 号
书　　号：ISBN 978-7-5086-9605-8
定　　价：58.00 元

版权所有·侵权必究
如有印刷、装订问题，本公司负责调换。
服务热线：400-600-8099
投稿邮箱：author@citicpub.com

谨以此书献给我们的家人——麦克斯、皮帕、芒罗，
凯瑟琳、亚历克、霍诺尔、洛娜

大卫·沃勒和鲁伯特·扬格

这本书对声誉的创造和管理进行了颇具洞见和令人着迷的研究——人们也许会指出，我们这个时代正存在着这样的问题。两位作者显然与为数众多的相关人士进行了沟通，使得这本书读起来让人手不释卷。这本书在文笔上也颇见功力。实际上，所有想要了解当下的媒体时代的人都应当读一读这本书。

——ITV《10点新闻》栏目主持人　汤姆·布拉德比

通过这本书，你会明白为什么声誉要比金钱更贵重；你会明白声誉是如何建立起来，并得到精心呵护和逐步丰富的；而且，一旦出现疏忽大意，声誉又是如何出现灾难性崩塌的。也许可以这么描述声誉："它可以确保人人都能像你对自己了解的那样，知道你实际上有多优秀。"

——WPP集团首席执行官　马丁·索瑞尔爵士

这本书以其真知灼见堪称一部模式识别的大师级作品。它告诉我们，无论你是谁，无论你从事什么行业或在为何奔波，声誉资本都是你成败的关键。作者以大企业、国家、黑帮、流行偶像的兴衰为例，向我们展现了那些让"改头换面"这门艺术真实绽放的精彩时刻和重要抉择。

——Translation公司首席执行官　史蒂夫·斯托特

目　录

❸ 人际关系网……056

❹ 描述方式……114

下篇　声誉实践 / 149

❺ 危机管理……150

❻ 高级技能……230

前　言

人生在世，最纯粹的财富莫过于无瑕的声誉。

——威廉·莎士比亚

2017年1月27日上午，英国首相特蕾莎·梅与美国总统唐纳德·特朗普在白宫会晤。这是特朗普就任总统以来首次会见政府首脑；对于特蕾莎·梅来说，则意味着外交上的一场翻身仗——彼时，她正亟待向批评者们证明：备受争议的脱欧公投之后，英国依然是一个世界强国。

要谈的事项有很多。就在此访前几日，英国报界发出呼吁，首相应当与特朗普展开正面交涉，谈一谈他关于支持虐囚的公开表态和拟待推行的贸易保护主义政策议程。不过特蕾莎·梅还是打算发动“魅力攻势”。而且她确实得以施展——一张照片里，两国领导人在白宫的柱廊下执手而行，留下了特蕾莎·梅此访最具象征意义的一幕。这张照片意喻英美两国之间的“特殊关系”依然安好，生机勃勃。不过，也有人认为，这证明了暴脾气的唐纳德·特朗普也不失柔情，甚至还有颇具骑士风范的一面。

然而，36 小时后，有报道称，特朗普总统在与澳大利亚总理马尔科姆·特恩布尔通话仅 25 分钟后怒摔电话。诚如各方所言，此次通话可谓火药味十足。特朗普本人表示，这是与世界领导人“最糟糕的一次通话”。争执的焦点是奥巴马政府与澳方达成的接收约 1 250 名难民的协议，这些难民主要来自伊朗，滞留在澳大利亚近岸太平洋岛屿上的离岸拘留营里。

据《华盛顿邮报》报道，当澳大利亚总理敦促其履行协议时，特朗普表现得很气愤。他一会儿对这项协议大加斥责，一会儿又吹嘘自己的选举团取得了多么宏大的胜利。几天之后，他又发推文称：“你们相信吗？奥巴马政府居然同意从澳大利亚接收几千名非法移民！为什么？我得好好研究研究这项愚蠢的协议！”[1]

所以，从这两个不同的外交事件来看，我们该怎样给特朗普总统下个结论？哪一个才是“真正的”唐纳德·特朗普？骑士风范、彬彬有礼、谦和恭让、令人钦佩、外交眼光敏锐的领袖？还是恃强凌弱、飞扬跋扈、不可理喻、动辄大发雷霆的莽夫？

特朗普这两种大相径庭的形象素来是人们争论的焦点。在一些人看来，他歧视女性，奉行种族主义，恃强凌弱又狂妄自大，如此一个争议缠身且反复无常的人物怎能入主权倾世界的政治机构？不过对于其他人来说，他是竞选中的“外来户”，是商界的成功人士，无惧在华盛顿的精英和官僚中“清淤疏浚”，而正是这些人一边中饱私囊，一边罔顾广大选民的诉求和政治呼声。特朗普深谙此道，把声誉用作了自己最得力的竞选武器。

本书的核心观点在于：名比金贵。我们力求能够为“声誉”下一定义，证明它异于“营销”、“公共关系”、“品牌打造”、“社会地位”或“公众形象”。我们会指出为什么这其中的差别很重要，用发自肺腑的语言为您讲述为什么个人、公司、机构、国家声誉如此宝贵。此外，我们还得说说，打造和维护声誉过程中哪些方面比较关键：如何树立和维护声誉？声誉如何会受到损坏，又是如何得以重塑的？商界、政界、军界的领袖们如何利用声誉来达成自己的目的？名人和罪犯怎样建立并利用声誉为己谋利？我们的名声又是怎样在互联网和社会关系网中“先声夺人”，并与我们如影随形的？

别人如何谈论我们，对于我们能否实现自己所想具有重大影响——哪怕别人传播的尽是些流言蜚语。我们的个人声誉对于树立个人自信具有关键意义，而且它会让我们感到快乐、满足和被人理解。一个好名声会帮助我们找到灵魂伴侣，在 eBay 上卖掉一张桌子，在爱彼迎（Airbnb）上租出一间房子，收到出席派对的邀请或是谋到新的升迁机会。通过监测我们在网络上的言论和行为，以及别人如何谈论或看待我们，大型企业就能够以如今才能实现的方式勾勒出我们的购物习惯、性取向、行为习惯等。

“如果你问人们是不是认为自己生活在一个网络时代，多数人会回答‘是的’，”领英（LinkedIn）联合创始人、硅谷巨头里德·霍夫曼告诉我们，“但绝大多数人根本没有将这一点实现内化，而且他们并不明白所有事情都已经成为一种声誉问题。每件事情中都有一些重要构成——关系、决策等等——但是多数人实际上并没有做到理解其中的要义。”

在商业社会中，声誉就是一切。鲍勃·埃克尔斯、斯考特·纽奎斯特和罗兰·沙茨发表在《哈佛商务周刊》上的一篇文章指出，股市中的所有市值中约有 70%~80% 出自“难以评估的无形资产，如品牌价值、知识资本、良好意愿等”。[2] 享有绝佳声誉的企业可以招募到并留住最好的人才，为自家的产品做出更高的定价，借助更高的股票评级实现更多的利润，获取更多好处，创造出良性循环。而声誉不佳的企业恰恰相反，它们会在招募和保留人才方面困难重重，会受到政府和监管方的猜忌，而且顾客和投资人对它可能避之唯恐不及。

发生在 BP（英国石油公司）之类组织中的严重公共危机表明，公司失去声誉会是怎样一种境况。银行业在全球各地区已经给自己造成了声誉重创。许多大公司当下面临的最大风险就是声誉问题 [3]，而谁能知道如何建立起并维护好适合自己的声誉，谁就掌握了不可多得的良机。声誉为组织提供了开展经营的“广泛许可”。大型保险公司已经推出相关业务，保护企业客户在“声誉灾难”中所承受的可量化后果，这其中包括“名誉受辱险”，其适用情形如俄罗斯网球运动员玛丽亚·莎拉波娃药检失败——多数赞助商一夜之间都弃她而去，造成她一年 2 000 多万美元的收入损失。

国家也是有声誉的。英国在 19 世纪毫无争议地建立起“世界工业之都”之美誉，其出口产品中，从机床到台球桌、轮船、机车发动机，可谓一应俱全。查尔斯·巴贝奇——这位维多利亚时代的博学之士、计算机的发明人，发现英国所造的产品近乎品质代言，因性能可靠和结实坚固而声名远播，顾客们因此不仅会溢价购买，而且还会省去签订大额合同时通常都免不了的周章和心力。这样一来便产生了直接的商业利益：初来乍到的外国人会在不经事先验货的情况下签下订单，曼彻斯特和伯明翰的工厂由此便可以用最省事的方式签好合同，将货物运往世界各地。无独有偶，几个世纪以来，伦敦金融城的声誉一直响彻全球金融领域；如今，它依然昭示着伦敦金融城作为金融和职业服务中心的领导地位，尽管英国这一经济腹地的实力其实已经大大削弱。

今天，“德国制造”意味着质量和可靠性的最高水平，对于工程类产品尤其如此，客户们心甘情愿接受溢价。德国汽车制造典范企业“大众”公司发生了“尾气门”事件，对“德国制造”这一声誉造成了损害。“中国制造”最初讲述的是一则廉价批量生产的故事——诚然，如今苹果手机和当今世界上的许多顶级消费品都是在中国完成组装，“中国制造”也因此发生着变化。说到“瑞士”这个词，我们会想到巧克力、布谷鸟报时钟，还有——避税。而说到俄罗斯，这个国家在西方世界中素以生猛好斗闻名，这种声誉体现出一种深深植根的民族自豪感。上述国家声誉拉动了商业贸易，并从根本上影响着外交政策。它们还会影响到一个国家从国际投资人手中贷款所需要支付的金额。卢森堡目前正在争取改变“避税天堂”的名声，它努力告知每一个有倾听意愿的人：我们的税率其实比很多国家都要高！

并不是只有国家和企业在乎自己的声誉。我们所处的社交环境越是具有不确定性，个人就越是依赖声誉的作用。“如果我没有现在的大名，”电视剧《火线》中的一个犯罪团伙头目说道，“我就什么都没有。”在该剧中饰演警探麦克纳尔蒂的英国演员多米尼克·韦斯特对此表示认同：“埃文和斯丁格的声誉就是他们的武器，连枪都不需要了。”在现实生活中，非公司类组织，例如 ISIS、墨西哥贩毒集团、黑手党等，依然在将声誉，尤其是暴力声誉，用作一种信号机制、执行工具、经济武器。

我们都是声誉博弈的局中人。这本书将向你展现这场博弈如何运转，为你梳理规则和制胜策略。我们会说一说一些人如何成功重塑支离破碎的声誉，另外一些人却再无转圜之机；而又是为什么，一些组织能够获得它们应有的声誉，其他组织却永远做不到；再或为什么，一些行业为人所摒弃，而另一些却得益于“晕轮效应”；以及，怎样才能在声誉博弈中赢得战略优势呢？

不过，首先你得好好问一问自己：我希望得到哪种类型和哪些方面的声誉？这些声誉又将是面向哪些人群的？

上篇

声誉策略

❶
游戏规则

良好的声誉要比金钱更宝贵。

——普布里乌斯·西鲁斯，古罗马拉丁文格言作家、学者

声誉博弈中有三枚骰子：我们的行为、所处的人际关系网和我们的描述方式。

首先说说你的行为。你的行为会释放出信号，告诉别人应该对你有什么样的预期。在公司里，如果你总是能在 30 天内给供应商结款，那这就是在为你的声誉释放积极信号。而作为个人来说，你应当做到言出必行。如果你开会时总是迟到，那么人们就会相应地调整对你的预期——他们会告诉其他人你总是迟到，那么大家就会对你抱有成见，跟你一起开会时自己也会姗姗来迟；或者，如果会议主办方尤其重视守时这一点，他们有可能会转而邀请其他人来取代你。

如果一个人的行为和声誉之间的联系简单又直白，那事情真是单纯又美好。但事实往往事与愿违：自柏拉图开始，哲学家们都对一个吊诡的事实百思不得其解——为何有些人品行败坏却能享誉天下。许

多公司总裁抱怨自己的公司本不该有此口碑，尤其是在投资商眼里；而其他一些公司没费什么力气却能落得个好名声。虽说“后事实”或“后真相”的新世界已经足够让人抓耳挠腮，不过说到名声一事，最重要的还要看别人的“看法”。声誉无法独立于人们的判断方式而单独存在。说简单点，也就是你的声誉无关于你到底怎样，而是关乎别人认为你怎样。

这其中部分原因在于声誉通过人际关系网传播。你选择在哪些人际关系网中投入时间，以及你如何进行交际，会给你带来显著不同的效果。我们可以直观地了解到，无论是在现实生活中还是网络中，我们结交的同伴会向世界“吐露”出很多关于我们的事情。如果你没有进入对的人际关系网，那么你所做出的行动将很难得到理解，你的声誉也很难达到应有的水准。2010 年“深水地平线”钻井平台漏油事件中，石油公司 BP① 发现自己在美国竟然孤助无援——身为一家英国公司,BP 在白宫缺乏人脉，后面我们会详述。或者，你可能是一名作家，尚未出版过任何著作，自助出版代表作却又得不到评论界的关注；又或是一名极富才情的演员，却总是无缘出镜；再或是一位画家，难以为自己办起一场画展——在创意产业中，有才华的个人需要经纪人来展露自己，后者可以将他带入出版商、制片人或是画廊的社交圈。

所以说，声誉产生于我们的行为，传播于我们的人际关系网。那么第三枚骰子是我们的描述方式。在当今世界上，每个人都是自己的公关——不管是在脸书（Facebook）、Instagram（照片分享软件），还

① BP 正式英文全称为 BP p.l.c.。前称 British Petroleum（英国石油公司），后 BP 简称成为其正式名称。——译者注

是推特（Twitter）上，还是在年度报告、博客、网站等专业平台上。我们采用什么样的描述手段，对于我们如何打造自己的声誉具有重要影响。

从表面来看，高盛集团在声誉上也着实面临着难解的困局。对于这家世界上最具规模、最为成功的投资银行，世界各地的人们对它的感情可谓爱恨交织，畏敬参半。那么，高盛集团的声誉到底怎样？这个问题似乎没有任何确切的答案。《滚石》杂志作家麦特·塔伊比曾经写过一篇关于高盛的稿子，在这篇非常有名的文章中，他将这家银行比喻为“一只卷绕在人类面庞上的吸血章鱼，嗜血的触须无情地伸向任何散发着铜臭的东西”。[1] 接着，文章斥责高盛集团“若干年来一手操纵着整个经济部门，它一面玩着掷骰子让一座座市场陷落崩溃，一面在无形的成本上不停地贪婪攫取，让普天下处处有家庭为此支离破碎”。这种凌厉的批评反映出美国公众在 2008 年金融大崩溃之后对高盛的看法。然而，尽管如此，高盛依然是最具优势的金融 MBA（工商管理硕士）招聘企业，也是企业进行并购和收购时的首选投资银行之一。

高盛集团怎么会一边遭人唾骂一边又备受推崇？答案可以从一个简单的观点中找到：我们都有不止一个方面的声誉，每个方面的声誉都要因人因事而异。高盛集团的商业成功是基于企业善用人才，慷慨养才，且能够比竞争对手更好地维护客户的金融利益。只有在外界批评开始影响政界和监管层的判断，并有可能进而影响经营业绩时，这家银行才会真的在意。

现代跨国公司在经营中需要涉及多组对象。公司向顾客出售产品，从供应商那儿进行采购，对市场监管者力求施加影响；给股东们分红，向分析师和记者们传达公司利润的未来潜力；与带有特定议程的“压力集团”交涉，如控制气候变化的一些组织；此外还要为公司员工提供生活保障（最好同时能让员工实现自我）。这些方面的声誉具有决定性的意义。例如，如果你能够长年在客户中享有“高品质”“可信赖”“讲诚信”的口碑，那么就可以保持企业的高利润，抵挡住产品召回乃至严重事故等带来的暂时冲击；如果能在投资商那儿留下“可靠”“好预测”的好名声，你就能赢得更高的股票市值，在需要筹集资金的时候减少相关成本。

作为一家发动机制造商，劳斯莱斯的美誉近乎无懈可击，它生产的飞机引擎拥有无与伦比的可靠性和高品质，其特伦特系列（Trent）引擎在每次入厂大修前的飞行时数可达 4 000 小时，而且只出现过一次“非包容性失效”。这次事故发生在 2010 年 11 月 4 日，当时澳大利亚航空公司的 32 次航班刚从新加坡樟宜机场起飞不久，机上一部引擎发生了爆炸。机组人员成功降落了受损飞机，事故没有造成人员伤亡，不过这个过程着实是险象环生。后经查实，此次事故是由于一个零部件损坏引起的。

尽管事情发生后，劳斯莱斯的股价出现了下滑，但公平地说，航空公司、乘客、投资商选择了信赖劳斯莱斯。这次事件被看作一次意外，劳斯莱斯在发动机可靠性方面所树立的好口碑成功说服了众人。此后，劳斯莱斯公司曾经在 2014—2015 年期间数次发布经营亏损预警，更于 2016 年创下 46 亿英镑亏损纪录，此外还在印度尼西亚、中国、印度、巴西、尼日利亚、英国等国受到行贿受贿调查。这些事件给公司声誉带来了冲击，但在严重程度上没有哪次能够抵得过再来一次机械事故的可怕性。

如果在外界眼中，某家企业薪资待遇丰厚，被誉为绝好的用人企业，这样的声誉会有助于该企业招募到最聪慧、最优秀的毕业生，还能为其节省招聘成本，全面提高生产力。不过，有些时候，几个方面的声誉在相互矛盾的情况下会互为抵消。多年来，股东眼中的乐购一直在财务和战略方面具有无人可敌的绝佳表现。在前任总裁特里·莱西的管理下，公司力求将其运营模式输出到世界上的其他地方，并大举进驻亚洲和欧洲大陆。就在其不断扩张的过程中，外界对乐购的行为产生了反感，认为这种无休止的扩张是在消耗中心城镇的生命力，让小本经营的店铺濒于倒闭。2011 年，特里爵士离职，此后乐购经历了一系列灾难性打击，先是所售食品中检测出马肉成分，后又被迫退出美国市场，再后来惊曝财务丑闻。公司利润骤跌，并在本土核心市场丧失了市场份额，因而不得不外请作风干练的戴夫·刘易斯取代菲利普·克拉克出任公司总裁。“能力超群、无人可撼”的声誉一旦毁失殆尽，乐购在各种声音中深感孤掌难鸣，而这些声音都曾错以企业的品行而不是其作为零售商的能力来对乐购妄做评判。

我们还会说一说能力和品行两类声誉之间有何种相互作用，但请注意，品行上良好的声誉并不能保证商业上的成功——吉百利和朗特里曾是踌躇满志的两家企业，在各自的经营环境中极负盛名，但最终都被收购了。有个“仁厚”的名声并不能让你在商业威胁面前刀枪不入。

国家也会在多个方面拥有不同的声誉。当年奥巴马总统没能有效干预叙利亚冲突，俄罗斯总统普京似乎就得出了结论：奥巴马不会对俄罗斯武装干涉乌克兰做出任何严肃的回应。

“在克里姆林宫眼里，奥巴马政府背上了软弱无能、优柔寡断的名声，”美国大西洋委员会[①]主席弗雷德里克·肯普认为，“奥巴马只能通过改变自己的行为方式来解决这个名声问题，就像肯尼迪 1962 年在古巴导弹危机中的表现一样。”

普京会有这样的理解往往并不是因为我们采取了错误的政策，而是因为政策上缺乏连贯性。肯普在其 2011 年的著作《柏林 1961：肯尼迪、赫鲁晓夫和世界上最危险的地方》中曾写道，柏林危机和古巴危机表明，“软弱无能”“优柔寡断”这样的名声是怎样把对手挑逗了起来，不管这种名声是不是有事实根据。古巴导弹危机发生的部分原因在于，美国在一年前曾默许了柏林墙的建造，这被苏联看作美国人行事软弱的表现。

总而言之，我们的声誉涉及多个方面。我们的行动会以故事的形式得以讲述并在人际关系网中散布开来。我们未必能够掌控我们的声誉——毕竟这是别人对我们的看法，但是我们可以试着让这三大要素更好地为己所用。让我们以更加细致、深入的视角来剖析一下声誉的三大维度，接下来我们先来看看人类行为在久远的过去是如何起源的。

① 美国主流智库。——译者注

❷ 行为

声誉的行为生物学

声誉密切关乎人类和动物最基本的需求：在充满敌意的环境中求生存，获取足够的食物，找到一位配偶。人类是群居动物，大家联合起来抵挡猛兽，捕杀大型猎物。你会与他人合作吗？如果会，谁是你可以信赖的人？

黑猩猩作为与人类最为相近的远亲，以个体关系为基础建立起复杂的社会系统，与人类的行为方式有着颇多可爱的相似之处，去过动物园的人恐怕都可以为此做证。研究人员认为，黑猩猩和其他群居动物都遵循两大基本的声誉策略。第一种是“社会学习”：观察其他动物的行为，比方说在哪里觅食，在哪里筑窝，然后直接效仿这些行为，自己则不再亲自试探周围环境。科学作家约翰·惠特菲尔德评述道，这种策略“与人类如何选择买什么、去哪儿度假有着明显的相似性”。第二种策略是“暗中观察”，即通过观察或被他人观察来调整自己的行为。惠特菲尔德举出了清道夫濑鱼的例子。濑鱼是一种小型的珊瑚礁鱼类，“对于是该好好为清洁对象去除寄生虫和死亡组织，还是只需要吃吃分泌物和鳞屑（更有营养）糊弄一下就好，它的决定在某种程度上取决于对方是不是在认真注视着它”。[1]

哥斯达黎加吸血蝙蝠每晚离开洞穴去找寻猎物。一般来说，1/3 的年轻蝙蝠经常无功而返，一些吸到腹满的年长蝙蝠会乐于将自己富余的食物反刍给它们。这些已经吃饱的蝙蝠是不是会分享食物，主要取决于一些过去的行为模式，简单来说就是，饥饿的蝙蝠过去曾经也为它们提供过食物，所以饱腹的蝙蝠乐于做出回报。

声誉并不是只关乎我们的信念或是行动。我们在他人眼中的所作所为影响我们的地位、信任度和人们对我们的回报。作为人类，我们发展出了复杂的机制来应对危险或机遇。很久以前我们就认识到，他人如何看待我们会影响我们的未来。穴居人深谙这一点，他们曾在洞穴的岩壁上描绘狩猎场景。人们把这些绘画看作一种传递信息的方式，它能告诉人们这些猎人是不是行家里手，或是眼前的区域是不是有充足的食物。

行为信号

1972 年上映的电影《教父》让黑手党的生活披上了迷人的色彩，并且创造出了电影史上最为不朽的一幕：黑手党党徒 ① 早上醒来，惊恐地发现自己的床上摆放着一具血淋淋的马头——这是黑手党独一无

① 此处疑为作者笔误，电影中受到“血马头”恐吓的应当是一位制片人，而不是黑手党党徒。——译者注

二的行为信号释放方式。美国境内的意大利裔黑手党建立了多种规矩和习俗，所有党徒都必须遵守。入伙仪式包括刺破指尖挤出鲜血，以枪立誓或以圣母马利亚的画像立誓。一旦宣誓入伙，党徒们就要遵从“缄默法则”，这种保持沉默的规定要求任何人不得向当局走漏关于黑手党的任何信息。这种做法叫作“科萨·诺斯特拉”[①]，也就是“咱们的行当”，与外人无干。如果有人触犯了“缄默法则”，那他十之八九会被了断在新泽西的某处垃圾场，或是被封进某处建筑的混凝土地基里。黑手党的这些行为信号素来清晰明确，这种一贯以不容置辩的方式处理违规行为的做法还给黑手党赚了一个“始终如一”的名声。

举个例子，亚伯·莱利斯自20世纪20年代起至1941年死亡前一直都是黑手党的职业杀手。他是媒体口中的“谋杀股份有限公司”的成员，这一组织在纽约五大黑手党家族的“全国犯罪集团”中可谓“行动部”。莱利斯是个冷血杀手，并颇以此为乐。作为精干的黑帮杀手，他只要一出现，对于周围的人就是一种强烈的信号。莱利斯让人既恐惧又敬畏（因为杀人无情深得其他犯罪分子膜拜）。与他往来的黑手党家族都因为沾了他的名声赚到盆满钵满。

1941年，莱利斯又给自己赚下一个“金丝雀”的新绰号，皆因他在当局面前“倾情献唱”。当时莱斯利因为敲诈和谋杀罪名被捕，入狱后便当了告密者，详细揭发了约85起谋杀案，指认了多名犯罪嫌疑人，其中包括声名狼藉的“开心小子”哈利·迈奥尼，甚至还有莱利斯昔日的同窗好友马丁·戈德斯坦。正因为有了莱斯利的证词，许

① 科萨·诺斯特拉（cosa nostra），美国黑手党犯罪集团的秘密代号，意为“咱们的行当”。——译者注

多犯罪分子才被送上了电椅。

在对“科萨·诺斯特拉”大老板艾伯特·阿纳斯塔西亚的审判中，莱利斯可谓明星般的检方证人（唯一的检方证人）。审判定于 1941 年 11 月 12 日开始。五大家族悬赏 10 万美元要取莱利斯的人头。一位警卫被买通了。莱利斯在开庭当天很是时候地从科尼岛半月酒店 623 房间的窗口跌了下来。当局对莱斯利的死展开了调查，但是从未起诉过任何嫌疑人，反而是联邦大陪审团在差不多 10 年之后给出结论：莱斯利当时试图攀着布单结起来的长绳逃跑，不料意外坠亡。然而，莱斯利在开庭前从未表现出任何逃脱警方关押的意图，实际上他迫切地希望能够待在警方的庇护下。他的下场向任何妄图步其后尘的人发出了再清楚不过的信号：莱利斯兴许能像金丝雀一样唱歌，但不见得他也能像鸟儿那样飞。

很遗憾，我们不得不说，暴力行为可能是一种非常见效的发展策略。牛津大学人类学家罗宾·邓巴教授研究过维京“狂暴勇士”的家族是如何积聚财富的。所谓“狂暴勇士”，在古北欧被称为“berserker”，英文“暴怒”（berserk）一词即源于此。战斗开始前，这些勇士先是要牛饮一番香杨梅佳酿（一种类似于“力宝西打”的黑暗时代酒精饮品），而后便暴怒无比。这招对于战斗突击来说非常有用，但是也让“狂暴勇士”们很难受到家乡父老的待见。因为扰乱了社区生活，这些人往往落得被流放或被邻居杀死的下场。尽管从个人角度来说，“狂暴勇士”的寿命很短，但是他们的家族可以靠他们兴旺起来。“狂暴勇士”背负着如此暴力的名声，其他的维京人也就不愿与他们的家族有任何财物上的龃龉，而且为了免于一战往往屈从于他们的要求。邓巴教授还研究了《尼亚尔传说》中对跨代暴力行为的记录，结果显示，在“狂暴勇士”的家族成员中，遭谋杀的人数约为非“狂暴勇士”家族中的一半。也就是说，历经几代人之后，暴力的家族要比平和的家族累积多得多的财富和土地，更不消说家族成员的寿命也会更长。[2]

在有组织犯罪经济学的世界权威研究机构——马里兰大学，鲁伊特教授针对黑手党的行为进行了开创性分析，其中的一大核心问题就是实际的暴力行径和暴力的名声之间具有何种关系。[3] 鲁伊特教授与迭戈·甘贝塔合作，对一些非法勾当肆虐的行业进行了权威性研究，并重点考察了纽约及其郊区的垃圾回收市场自 20 世纪 50 年代至 90 年代初期的情况。[4] 在这 40 余年间，黑手党执行“客户分配协议”，根据这类协议，大大小小的商业楼宇被划分给了黑手党经营的各垃圾回收场（生活垃圾依法由市政进行回收）。通过勾结卡车司机工会和尸位素餐的市政官员，黑手党成了这一行业的实际监管者，挟制着数百家资金匮乏的家族式小企业。黑手党控制下的运输车收取末端用户的费用要比非黑手党市场高出了 500%。鲁伊特精妙地描述道，暴徒们的存在起到了“让民怨噤声”的作用。其实，在布鲁克林工业废水协会设有一个投诉委员会，不过这里召开的各类会议上都是对各种非法恶行的吐槽，解决不了消费者的不满。

“这是可行的安排方式中最简单的一种，”鲁伊特在一次采访中解释道，“你只要为某处地址的客户服务过，你就有了为这家用户提供所有服务的权利。这就是领地。意味着你‘拥有了’几处具体的地点。客户们都知道这是个欺行霸市的行业，因为忌惮遭到报复也就从不打算投诉。如果客户开始找麻烦，工会就会找个‘有违法行为’的由头把客户的店面围起来，这样客户就被动了，因为总不能让垃圾堆到自家的楼门前。”如果客户还坚持抗议，下一步就是针对个人和财产实施暴力手段了。对某个商家提供服务的权利是可以交易的，而客户对此没有任何的话语权，而且承包合同的转手价可以高达每月总收入的40倍，比起合法市场上的报价不知高出了多少。这是公共政策中实实在在的困境：有关部门越是着力肃清霸市行为，行业内就越发乌烟瘴气，而合法的大型全国性公司就越不愿进驻市场。鲁伊特认为，黑手党在20世纪50年代气焰熏天，名声大噪，而这一时期正是电视上开始报道参议院委员会针对黑手党问题召开听证会的时候。这在当时算是极其吸睛的媒体盛事，但它起到的唯一作用反倒是让黑手党愈发猖獗。

鲁伊特发现，黑手党的暴力之名的确让客户们乖乖就范，但实际上日子一久，暴徒们反倒不再积极地通过殴打、纵火甚至谋杀等必要手段维护自己的暴力形象。名声就像资产，也是需要投资的，纽约地界上把控垃圾回收的几大家族最终一“富”永逸，躺在自己过去的名声上，无意再对未来有任何“投资”。“名声变成了资产，”鲁伊特说，“黑手党以某种奇异的方式明白了这种资产是可以拿来消耗的。我的理论是基于这样一个观点：黑手党成员并不想让自己的哪项声誉资产留到青山不老。”垃圾回收中的霸市行为存在了40多年，但最终在合法公司进入市场后分崩瓦解。一家国家级大型垃圾公司捕捉到了商机，冒着风险开始跟黑帮竞争。“这家公司能做到这一点实际上反映出黑手党对这个市场已经缺乏有力的行动把控。”鲁伊特评论道，“这家公司说，其实黑手党只要在哪辆垃圾车里扔上一个马头，这个市场立马就会兴奋起来。”

黑手党倚仗暴力之名在四十余年间有效把控了垃圾回收市场。这种把控为市场和社区强设了秩序规范和结构关系，排除了竞争者并保持了利润收益。这一结果很让人瞠目，尤其是一想到黑手党所采取的强制措施其实有多脆弱。这个结果没法跟传统意义上的“好”声誉相提并论。黑手党并不希望被别人看作什么真善美的体面人，尽管它的头目特别重视在自己的社区内以“仁厚”立名。

通过向外界释放暴力信号可以确立一种明白无误的名声。这种名声会继而成为一种有效但未必合乎道德准则的工具，并创造出长期的商业利润。从这一点上来看，我们必须承认，黑手党无愧为声誉博弈的高级玩家。

威震四海的特种空勤团

英国特种空勤团（SAS）被誉为世界上最高效的战斗部队之一。这支部队成立于 1940 年，得益于一名叫大卫·斯特灵的士兵，他曾力谏北非盟军总司令奥金莱克上将成立一支小规模的精英部队。当时，因为在跳伞事故中受伤，斯特灵还拄着拐杖，不过这并没有难倒他。这位士兵决意要让自己一向宣扬的观点能有用武之地，于是他悄悄潜入位于开罗的中东司令部，不请自来地造访了奥金莱克的办公室，并成功地阐明了自己的观点：一小队训练有素、心狠手硬的士兵可能比一个团还顶用。

从某种程度上来说，将军被成功说服的原因在于斯特灵的名气。此人能力超强，极擅言辞。丘吉尔也非常支持这一建议，而且对斯特灵在特种空勤团成立前所服役的突击部队也赞赏有加。所有人都相信斯特灵的特种部队将会骁勇善战，出奇制胜，除此之外皆为谬想。其实他们的一大核心优势在于能够以极少数的人手高效地实施破坏行动，并因此威震四方。

特种空勤团后来发展为世界上最令人胆寒和崇敬的快速响应部队、战略战斗部队。加入这支部队需要经过极其严格的考核。团以下设 4 个中队，每个中队约有官兵 60 人，分为 4 支 16 人左右的小组。这 4 支小组各有专长：小艇组长于海上行动，空中组长于自由落体跳伞，机动组最拿手车辆和沙漠作战，山地组尤强于极地作战和求生。

特种空勤团有四大主要作用：建立、训练并领导位于多国境内的本土部队，反恐怖主义，战略侦察，高强度兵力行动。在 1980 年伊朗驻英国大使馆被围攻事件中，以及对阿富汗和伊拉克的高强度军事打击行动中，这支部队的出色表现为自己夯实了“行动高效、出手果决”的美誉。

杰米 · 劳瑟 – 平克顿最为人熟知的身份是英王室威廉王子和哈里王子的前私人秘书，在两位王子十几岁到二十几岁的人生阶段里侍奉其左右。外界素闻其为人安静平和，只有精英界为数不多的几个人对他有所了解。对于知情人来说，他机智过人、处事不惊、精明老练。在为王室工作期间，他表现得思路清晰，可靠务实，领导魅力十足，得益于他在特种空勤团担任高级军官的经历。劳瑟 – 平克顿曾在特种空勤团前后服役 7 个年头，官至第 22 特种空勤团 G 中队指挥官，并曾在多个战区参与作战行动（出于安全考虑，当局对特种空勤团的具体行动细节设置了至少 40 年的高度机密期）。他非常清楚是什么样的声誉让特种空勤团这支战斗部队威名远播。“英国陆军并不是，也很少像法国、德国、俄罗斯、美国军队那样担当‘大陆陆军’的角色，这样规模的军队动辄要齐集几十万兵力进行大规模机动，”劳瑟–平克顿说道，“英国陆军仅有几次响应号召开展了大陆规模作战行动，也都是在极端必要的情况下，比方说两次世界大战中我们曾为了国家的存亡而战；而且坦诚来说，我们对于这种作战形式并不太热衷。我们的身份，其实是突击部队，不管是在战略层面（如半岛战争），还是作为一心决一死战的小股单兵力量。这种对于奇袭的钟爱深植在我们的基因里，传承自久远的过去中我们进行‘武装迁徙’的那段历史，以及数个世纪以来，陆军在保障英国高级军种——皇家海军——展开全球行动时所给予的一贯支持。”

特种空勤团作为国家突击力量中的天才部队，它的声誉具有极为实际的价值。它吸引了英国陆军精英力量中的佼佼者，对于敌人来说，它起到了宝贵的精神震慑作用。劳瑟–平克顿回忆起随特种空勤团执行反恐任务时的经历：“各种关于特种空勤团作战能力的传说发挥了巨大的作用，恐怖分子和叛乱分子不敢为非作歹，主要是因为他们觉得特种空勤团可能就在周围。仅仅让敌方认为我们在他们周围就可以取得很好的威慑效果——他们知道，如果继续行动下去，自己暴露的可能性更大了，逃脱的可能性更小了。”

关于其他形式的军事声誉也可以运用此类分析。几个世纪以来，皇家海军通过不断与欧洲大国展开军事冲突为英国谋取了战略优势。

纳尔逊将军打赢了特拉法加一役，并不足以让英国战胜拿破仑统治下的法兰西，但如果没有皇家海军，英国将无法抵御入侵，更无法将人员和物资输送到欧洲大陆，展开陆上战斗。直至第二次世界大战前，英国皇家海军一直是世界上最为先进和高效的海军力量，它对海洋的主宰为英伦各岛带来了安全，为大英帝国的安定统治提供了辅佐，为这个国家的国际贸易给予了支撑。

或者我们还可以分析一下德国。普鲁士人在数个世纪中一直以强劲的军事实力闻名于世。他们确实也有发动战争的嗜好：1864 年曾与丹麦一战，两年后又与奥地利一战，1870 年至 1871 年打了一场普法战争，1914 年至 1918 年挑起第一次世界大战，再后来还有第二次世界大战。两次世界大战中惨败后，德国人彻底摒弃了穷兵黩武的过去，乃至北约盟国有时不免担心德国是否战备不足。波兰外长拉德克·斯科斯基自嘲是几百年来第一位积极呼吁德国提高战备水平（应对俄罗斯威胁）的波兰政治家。他在 2011 年说过："我觉得一个不作为的德国比一个强权德国更可怕。"德国军事实力的盛名保留了下来，尽管上一次德国军队正经八百地打仗已经是 70 多年前的事情。无独有偶，日本在第二次世界大战中以战败告终，自此再无战事，但这个国家的军事实力威名尚在，而且无疑对其劲敌中国的崛起起到了制衡作用。[5] 数百年来的历史表明，英国、德国或日本的社会组织和社会价值中有一些根本性的东西会将这些国家推向战争。

声誉和能力之间具有固有的"黏性"。一旦你因为某项才能而名声大噪，这种名声会体现出惊人的弹性，让你颇费些周章才能摆脱这种名气。这与性格方面的声誉对比鲜明，后者更为无常和易变。

能力与品行

对于个人来说，你在能力方面的口碑要看大家如何评价你在具体任务中的表现：你能在多大程度上高效完成工作？能不能做得出一顿美味佳肴？或是在爱彼迎上分享住房的时候能不能传递出美好的价值？对于一家公司来说，则要看它在提供产品和服务的过程中有多大的可信度。比方说生产某型飞机发动机（劳斯莱斯），火箭升空（美国太空探索技术公司），或是销售低价服装（普里马克）。另一方面，品行方面的声誉会反映出个人的道德和社会素养，其中可包括开放坦率、诚实守信、光明磊落等特点（也可能是与之相反的特征）。你可能在能力方面树立了相当好的口碑，但品行上却坏了名声。有时候因为品行方面的口碑太差，你的能力反倒黯然失色。其他时候，人们会对你在品行上的缺陷表示谅解，这是因为你的能力在关键时刻能够顶得上。

我们曾造访过英国最大上市公司 BAE 系统的董事长罗杰·卡尔爵士，他的办公室就位于伦敦的蓓尔美街上。罗杰爵士现今是颇具名望的杰出实业家，早年曾在一家叫威廉姆斯控股的集团中担任 CEO（首席执行官）。这家集团专门收购小型工程公司，为这些公司改造运营效率。威廉姆斯控股的这项业务极富成效，集团因此从一家名不见经传的普通公司成为富时指数 100 旗下的大型联合企业。其成功的关键在于，在重组收购对象的过程中，它出手麻利、大刀阔斧，为此在业界素有声名。

“声誉对于威廉姆斯来说至关重要，”罗杰爵士解释说，“首要一点，我们在执行力方面的名声树立了起来。我们过去有一支小规模的黑色宝马车队，驾车的都是我们负责企业重整和改组的团队成员。这支车队的存在成了一种非常微妙的信号机制。这个人数不多的小团队把交易完成后的工作干得得心应手，因此在集团里享有不一般的地位。这是众所周知的事情。你只要把 6 辆黑色的宝马停在被收购对象门外，就能看到各种变化紧锣密鼓地推动起来。”

我们无从考证这些开黑色宝马的会计师是不是都戴着一副深色墨镜，顶着一张冷血无情的面孔，不过他们这种“大驾光临”的阵势确实有些咄咄逼人的味道。这种派头让人明白，这些会计师对自己的业务有多认真——被收购对象们的绩效势必是得榨出来的。他们在能力上的声誉得到了明确的定义。“宝马小组”在工作上精明强干，人尽皆知。这种声誉能为团队鸣锣开道，进而成为公司的一大重要资产。不过罗杰爵士认为，威廉姆斯控股集团在品行方面的口碑也很积极正面。

“我感觉我们素来对顾问人员忠诚以待，树立了好名声。所以我们身边自始至终都是原班人马。除非出现了利益冲突，我们才会在不得已的情况下离开他们。其次，我们公平对待回报，不会跟大家斤斤计较。再次，一般来说，别人都会觉得我们言出必行，而且在这方面值得信赖。也就是说人们愿意跟我们做生意，因为他们知道我们会体面行事，而且，尽管有时候我们作风强硬，但我们不会因此就不讲公平。”

在美国，我们拜访了哥伦比亚广播公司的董事长兼 CEO 莱斯利·穆恩维斯。同罗杰爵士一样，他也苦口婆心地指出能力和品行都具有自己的价值。“我认为，具有什么样的业务实力是最能表明我们是谁、我们做什么的因素之一。不过它的确与一种本领密不可分——让大家焕发出最好的一面，这就要看品行了。我觉得我最强的本领就是营造环境，让最优秀的人才能够在其中一展宏图。”

对于穆恩维斯来说，个人的品行已经成为创业产业运营中的关键因素。在这个产业中，你要做到在把别人的点子拍死的同时能让他们愿意下一次带着奇思妙想再回来找你。“95% 的情况下你都在对大家说‘不’，这样的条件下你怎么才能为自己保持一个好名声？你得回绝掉某人，可你还想拿到他的下一个项目，眼下这‘不’字该怎么说好？这些对我来说都很重要。因为我想让他们再来找我，让他们对哥伦比亚广播公司依然有好印象。我希望别人想到我时，把我看作一个能靠得住、指望得上的人，一个能让他们的工作成就得到认可的人。”

不管是在盟友看来，还是在竞争对手眼里，穆恩维斯都是具有超凡直觉的人。他在业内享有“最能干、最具竞争力”之名，他有一项令人不可思议的能力，能够准确发现并推动下一场非同凡响的“大事件”。多少有点不出所料的是，在他看来，最重要的还要看品行。

“我认为品行和能力是密不可分的两方面，但在我看来品行还是首要的，”他思索着说道，“品行决定命运。才华超群且兼具这两点的人物都成了我们这个时代的偶像。要说起来，这里面有史蒂夫 · 斯皮尔伯格，他不仅是卓越的制片人，还是一个绝好的人，大家都认为他品行出众而且高贵自尊。再有，演艺界的汤姆 · 汉克斯，或者是布鲁斯 · 斯普林斯汀，他们都是兼具好品质的杰出人才，而且人们对他们的看法也是这样的。”

苹果公司的能力

苹果公司在 CEO 乔布斯的领导下能够步步崛起，得益于它在能力方面享有的好声誉。苹果公司所发布的每一件产品都是极具标志性、功能上最为新锐、最不能错过的一款设备。2011 年，史蒂夫 · 乔布斯将公司移交给蒂姆 · 库克时，苹果公司的估价已经从 1996 年的 30 亿美元增至 3 500 亿美元。尽管苹果产品拥有无与伦比的设计，但它们也出现过诸多令人汗颜的技术故障。

事情要从 2008 年说起，专家们如今把当年的这起事件叫作“裂缝门”，原因是 iPhone 3GS 的外壳上出现了裂缝。紧随其后的是“劳工门”事件，苹果公司因其在华供应商富士康出现多起员工自杀事件而饱受批评。接下来又发生了“天线门”——用户以特定方式手持 iPhone4 的时候会造成移动信号减弱。2011 年，也就是一年后，“电池门”来了，这次 iPone4S 的用户发现电池电量消耗过快。此后，2012 年，苹果公司又出现了两大问题：一是“磨损门”，新发布的 iPhone 5 系列在外观上很快出现了划痕和损伤；二是让人更加难堪的“地图门”，迟迟登场的苹果地图软件不能正确地指示方向。最后的这起事件迫使 CEO 蒂姆 · 库克代表公司正式道歉。然而，2014 年，“苹果”还是出现了三大问题——iPhone 6Plus 内置摄像头出现故障，引发“摄像头门”；名人苹果设备遭受黑客攻击，引发公众关注苹果 iCloud 服务安全问题，继而造成“黑客门”；还有“U2 门”，苹果公司在未经用户允许的情况下，允许每个 iTunes 账户自动下载 U2 的新专辑并因此备受诟病。

尽管苹果公司出现了一系列失误，但这些失误并没有影响它在能力方面的声誉——恰恰相反，正是因为名声在外才让苹果公司幸免于意外损失。一旦你在某项能力方面树立了声誉，譬如苹果公司生产的设备让地球人趋之若鹜，那么这种声誉将很难被打破。

为了更好地了解史蒂夫·乔布斯是如何实现这一点的，我们拜访了比尔·坎贝尔。这位硅谷巨头曾在苹果公司担任过多年董事长，后于 2016 年 4 月辞世。就在坎贝尔去世 6 个月前，他在帕洛阿尔托的家中接待了我们。在他的职业生涯中，他曾在龙头软件企业财捷集团担任董事局主席，也曾是苹果公司任期最久的董事长——在位 17 年，直至 2014 年才卸任。

“史蒂夫是一个一切以设计为先导的人，”坎贝尔说道，“当初刚开始在弗里蒙特办 Mac 工厂的时候，他甚至关注到每一只箱子，他要求每个箱子上都打上公司的标识。上帝啊，这不过就是些箱子！但乔布斯就是这样的。”

苹果这种专注于产品设计的策略与谷歌的做法大相径庭。坎贝尔认为，谷歌的做法更趋于以科技为导向。“谷歌是一台科学机器，总是尝试想出各种算法来提高搜索能力或者改善其他一些诸如此类的事情。但是苹果公司不一样，他们想的是设计，用到的未必是有突破性的东西——尽管 iPhone 和麦金托什机当然堪称突破性产品，但苹果公司的做法在于让产品更有亲和力。于是硅谷里这两家市值数一数二的公司，各自树立起大不相同的名号。”

这两种策略都给公司带来了巨大的好处。两家公司都因为能力超群而声名远播，但是苹果公司还努力塑造出了明确且宝贵的品行声誉。在苹果公司案例中，以设计为先导的策略使其在全球大众面前大放异彩，造就了新品发布当日苹果门店前人头攒动的场面，大有摇滚演唱会一般的阵势。这种做法让公司的品行特征更为丰富和直观。

“声誉重建的事情是由史蒂夫来管理的。他把关于生活方式的广告打出去，然后人们做出了回应，他们说：‘我也想这样活。’干得漂亮！这种广告非但没有太过简单，反倒让产品更添无限影响力。这是实实在在的史蒂夫风格。”坎贝尔说道。

这有力地证明了苹果公司在能力方面的声誉确实具有相当的“黏性”。有了这种黏性，“苹果”在企业能力方面不仅能安度历次危机，还能稳稳守住全球最成功上市公司的地位。每年 6 月，苹果公司都会举办年度“世界开发者大会”（WWDC），定价 1 599 美元一张的入场券顷刻间就会销售一空。

反观谷歌则相对低调，它对于能力的关注在于科学和各种突破，这种关注同样带来了巨大的价值。“谷歌想要什么样的声誉？拉里·佩奇真的很在意能不能尽情发挥创造力，并且力求通过更好地运用技术改善人们的面貌。马克·扎克伯格对我说过：‘我甚至绕都绕不过谷歌，我们所做的每一个领域里，他们都走在了最前沿。’”坎贝尔如是说。

坎贝尔同样非常清楚的是，这种声誉为谷歌赋予了真正的价值。“我认为谷歌所树立的是在同侪之间的声誉。就拿创新来说。你可以想一想他们在做的所有事情，谷歌就像一块吸附各种想法的磁石，它能引来正确的模式。对于在这个产业里发展，这是很重要的一点。而且，如果你是个年轻人，想要进入谷歌工作，那必然是因为在这儿你能做点有突破性的工作。所以谷歌的声誉还能为它招来适合的人才，这种价值是巨大的。”

品行声誉

多年来，西蒙·考威尔在热播节目《英国达人》和《X音素》中素有“毒舌先生”的称号。他那口无遮拦、尖酸刻薄的评论在其他评委娓娓动听的话语中尤为刺耳，当然也创造出了极好的荧屏效果。观众们喜欢看，而考威尔本人似乎也颇能迎合这样的形象。

但现实中的考威尔与这种形象判若两人。他说起话来轻声细语且极有礼貌——一天夜深后，考威尔在伦敦金融城西的办公室里接待了我们，由此可见他的日程有多繁重。我们很快弄明白，品行已经成了他的一项主要的名誉资产——于私来说，这是因为他的品行其实与他的公共形象格格不入；于公来说，则是因为这种品行能够为了荧屏上的定制形象而刻意为之，并产生巨大的娱乐效应。

“如果你对人没什么兴趣，不喜欢人，或者只是有这个心而已，那你就没法从事我干的这行，”考威尔说，“你还要能够很好地倾听。我们节目的魔力并不完全在于人们在台上如何表现，还在于他们在表演前后做了些什么。苏珊·波伊尔开唱之前那段简短的问答是一个很好的铺陈——她说得不多，但是她说她独居，从来没有被吻过，她养了一只猫。这就像魔法一样——一切并没有经过精心安排，她很诚实，而且你会自然而然地认为：她的表现会很糟糕。”

我们很委婉地告诉考威尔，他在英国公众中的名声并不是那么完美。其实，我们试探着对他说，人们可能觉得他是个彻底的……烂人。

“我一直觉得自己是个有趣的人，哪里是烂人！”他说，“我知道‘烂人’到底是什么意思，我绝不会成为这样的人。当我跟别人说他们没有一个音能唱到调上，而周围的人却都说他们能行的时候，我从来不认为我很‘烂’。当我对人说，而且是在对方已满 18 岁的情况下，‘你永远别指望靠这个谋生，相信我，我不是什么魔法师’，我觉得我是好心。你不能让一些人在职业发展中的重要阶段萌生错误的希望。这不公平。这么做不对。”所以，比起和气待人，品行上的良好声誉应该更多在于诚实正直。

信任与声誉

信任具有极其重要的作用。我们能够放心让谁来为我们看管钱财？或是让自己一吐为快？我们能够信任谁来载着我们的挚爱和亲友飞跃大西洋？即便不提对抗物理定律这茬，这起码也是跟直觉逆着来。没有信任我们怎么能有所作为？怎么能生生不息？又怎么能兴旺繁盛？诚然，进化的历程就是协作配合和一己之利之间的一场角力。信任帮助我们建立联盟和友谊，因此我们能够更好地规避世界上的各种不确定和不安全因素。

信任和声誉并不同义，尽管它们互为加强。品行上的声誉是一大影响因素，关乎人们将自己的信任交给谁。对此比较合理的做法是从一个人过去的行为来做出推断。哲学家奥诺拉·奥尼尔男爵说过："如果我们要给予信任或拒绝信任，我们需要针对他人的诚实度、能力或可靠度掌握直接证据，或是可以验证的间接证据。"[6] 声誉就是一种间接证据，它是非一手的，却是退而求其次的上选。在我们通过与他人合作来实现互利的情况下，我们必须能够信任他人，而且我们自己也需要能让他人信赖我们的声誉。

哲学家们对高度信任和低度信任做出了区分。高度信任是不假怀疑的，而且很可能是本能的，如孩子对父母的信任。除了某些质朴的、无意而为的情况，这种信任是不求回报的，正如你爱你的儿女和伴侣并不是因为你想求得回报。

你可以问问自己，有多少人能让你甘愿借给他一个月的薪水，而你既无须考虑借钱的动机也不用考虑还钱的时间？能够符合这个条件的人其实真的很少。如果你罹患癌症即将辞世，你会将年幼的儿女托付给谁？这就是高度信任。

湖区一带的山区农民发展出一种独具特色的基于品行声誉的信任文化。詹姆斯·里班克斯在他的畅销书《牧羊人的生活》（*The Shepherd's Life*，2015）中讲述了一个故事，说的是一个牧羊人发觉自己从邻居那儿买的羊价格太低了，"他觉得这样对卖家不公平，因为当时卖家很信任他。他不想做得太贪心，或者，很重要的一点，他不想让人觉得他太贪心"。他给了卖家一张支票，想把差价补上，但是对方拒绝接受补偿。打破僵局的唯一办法是，牧羊人明年再来买些羊，到时多付些钱。"比起轻轻松松赚一笔，双方对自己的好名声和口碑要在意得多。"

低度信任更取决于大背景，而且要求对环境条件和其他人的利益做出合理的评估。我们在工作中缔结的各种联系往往基于低度信任，即便我们很了解自己的同事，合作得也不错，一旦工作变动，我们跟同事之间一些共同的东西瞬间就失去了根基。

职业上的各种关系要求彼此信任，品行和能力在这其中都很重要。如果养老金专家登门来为你规划未来的家庭财务情况，那么很重要的就是这位顾问一定要体现出专业素养，比如具备养老金和投资方面的知识。品行也至关重要，你可不想让精明的财务顾问一番花言巧语之后登堂入室，把你的钱偷偷揣走。

艾奥瓦大学一位名叫乔伊斯·伯格的研究人员在 1994 年进行了一项颇具代表性的研究，该研究以学生们为研究对象，测试了声誉在信任游戏中的价值。伯格设计出一个试验，让两组试验对象进行一场“信任游戏”。游戏中的每组人员都会拿到 10 美元的基本活动费用。A 组人员被告知可以把自己的活动经费拿一部分出来给 B 组的一个人，这笔钱将会涨到三倍多。之后，B 组的成员则要考量一下，应该从这笔涨过的钱财中拿出多少来交给当初主动向他提供资金的 A 组成员。伯格的试验结果对品行和声誉提出了引人思索的深刻见解。

这个游戏最初是一场一次性博弈。A 组成员对 B 组成员一无所知。因此，表面看来，并没有任何动机能让 A 组的游戏者冒着风险把钱交给对方，没人能保证他们慷慨地把钱交出去后一定会得到回报。这种情况下品行并不重要。但事实上，32 名 A 组成员中有 30 人把钱给了出去，人均出资 5.22 美元。

如何合理解释这种情形？ A 组成员似乎想表明他们愿意承担血本

无归的风险，借此来展现他们拥有怎样的品质特征。在表现出他们愿意无条件信任对方的同时，他们希望对方也能同样信任他们。那么B组中收到钱款的成员又是怎样做的呢？30位成员中有11位为对方回报了更大的金额，这说明对方释放出的声誉信号得到了理解和回馈，尽管并不是人人都这样做了。

有意思的是，实验结果体现出了男女差异。蕾切尔·克罗松博士和南希·巴肯教授对伯格的信任研究进行了拓展，发现男女在试验的最初阶段对于给付资金一事表现出同等的倾向性，但女性比男性更乐于提供回报。换句话说，女性并不比男性更容易信任别人，但的确比男性更值得信赖。[7]

运动场上

已故作家大卫·福斯特·华莱士曾为网坛奇才罗杰·费德勒撰文致贺。他写道，看着这位瑞士选手在赛场上步入巅峰状态仿佛是在经历某种形式的宗教体验。他笔下的2005年的美国网球公开赛决赛是这样的：

> ……此时的费德勒以不可思议的速度快速侧身后移，在几步之外单手出击，从反手位置打出一记漂亮的单反直击，全身的重量向后压去；这记单反直击伴随着上旋长线飞出，越过冲到网前接球的阿加西，直落边线，正正好落在阿加西一侧的平分区——制胜一球。它落地的时候费德勒还在蹦跳着向后撤步。[8]

华莱士总结说，这一击简直惊为天人，更像是科幻电影《黑客帝国》中的杜撰而非人体和大脑可以为之。他接着解释道，费德勒的技能无懈可击，超越人体的种种极限，而且体现出无与伦比的优美。

我们都见证过这种超凡的赛场时刻：克里斯蒂亚诺·罗纳尔多在足球场上一路腾挪着穿过对方球员，如有神助般攻进一球；泰格·伍兹以绝佳状态完胜对手；尤赛恩·博尔特仅用 9.5 秒跑完 100 米；乔尼·威尔金森在比赛的最后几秒钟力挽狂澜，为英格兰赢得 2003 年橄榄球世界杯……这些才能的展现都是一个人毕生的荣耀，尤其是我们都曾经有过围着足球团团转，冲过高尔夫球场或是网球场地追着球跑的经历，我们都能明白平日里的这些技能跟赛场上的完美时刻可谓天壤之别。就拿罗杰·费德勒来说，他的品行和能力合二为一。他性情随和，为人友善，诚实率真，赛场内外始终如一，但他也是个顽强勇猛的赛手，破纪录地拿下了 19 项重大赛事单打冠军，并 8 次决胜温布尔登。他这样的为人总会有赞助商和观众团团围聚在身边，纵使一拿起笔，他也会立马卸去世界顶级运动员的架势。他性格里这种安静平和的特质是他在赛场上制胜的源泉。

泰格·伍兹的情况更复杂一些。他曾是世界上最出色的高尔夫球手，1999—2010 年间，他在 545 周中稳坐一号选手的交椅。他是一位杰出的球手，他所从事的这项运动不仅要求体能、技巧、优雅的风度，还要求给对手形成强大的心理压力。伍兹在高尔夫运动上的能力足以让其他选手胆寒。2009 年 12 月，在成为体育界的第一位亿万富翁之后，他从体坛抽身出来，专心解决自己一连串的风流韵事带来的婚姻问题。

作为伟大的高尔夫球手，他的声誉本不会受到婚外情的影响，但当放荡的私生活造成的心理影响蔓延到球场上时，那就是另一码事了。第二年，伍兹在经历了痛苦的离婚后重返赛场，但他再也无法重振往日的雄风。这段积薪自焚的历程剥去了他曾经的心理优势。他不再是完美无缺、无懈可击，而是变回普普通通的人。他再也做不回那个一杆在手便令人望而生畏的伍兹，不过是又一个寻找机会搞点小动作的俗夫。同样具有这种人性弱点的球手，世界各地还有几千名。

美国游泳冠军瑞恩·罗切特则出现了更严重的判断失误。2016 年里约热内卢奥运会上，他被曝编造谎言，声称他和另外两名美国运动员被一名佩戴有警察徽章的男性持枪抢劫。事实是，这位 12 枚奥运奖牌得主和队友在故意破坏了一家加油站的卫生间后与安保人员发生了冲突。他的所作所为再加上事后撒谎不仅让东道国无端遭到诋毁，更让自己颜面尽失。罗切特的主要赞助商纷纷弃他而去。所以，在体育界，仅仅有运动专长往往是不够的。品行不端会让你输掉人气，即便不是这种结果，你十之八九也会失去赞助商的信赖。

最令人发指的弥天大错要看兰斯·阿姆斯特朗的所作所为。1999—2005 年间，阿姆斯特朗作为世界顶级自行车赛手的能力鲜有被怀疑过，当年他曾连续 7 次夺得环法自行车赛桂冠。这项运动要求选手不仅能在心理上还要在体格上压倒对方，此外还要拥有才能、体能。阿姆斯特朗的冠军之名为他平添了很多竞争力。在罹患睾丸癌并奇迹般恢复后，这位来自得克萨斯的自行车赛手为自己赚下了 2.18 亿美元的巨额财富，并为慈善事业捐赠了数亿美元。他的成功让他在美国受到了救世主一般的追捧，他的盛名和受欢迎程度让人感觉他会转型从事与公众生活相关的工作。[9] 然而，这位自行车选手的杰出才能居然是一场弥天大谎——他之所以能一步步走向巅峰，都是依靠服用促红细胞生成素、类固醇、皮质类固醇等兴奋剂。

法国骑手克里斯托弗·巴松回忆起阿姆斯特朗在 1999 年环法自行车赛期间所做的公共干预。巴松此前曾提出过质疑，认为这届本该称为“新环法”的比赛远没有实现无兴奋剂的目标。“兰斯·阿姆斯特朗找到我，”巴松在接受 BBC（英国广播公司）广播 5 台的采访时说道，“他搭住我的肩膀，因为他知道大家都在看着我们，而且他知道在这个时候，他可以让大家明白他才是‘老大’。他把我拦下说：你讲的话都不是真的，你讲的话对自行车运动影响不好，不许再这样说，你也没有权利再做职业车手，你应该退出自行车运动，退出比赛……讲到最后，他对我说了一句脏话……我为此消沉了 6 个月，只知道哭个没完，我那时真的是糟透了。”[10]

谣言流传了很多年，但阿姆斯特朗一直对此断然否认。最终，2012 年 6 月，美国反兴奋剂机构对他提出控告，几个月后指控他策划了“体育界有史以来最复杂、最专业、最成功的兴奋剂服用事件”。2013 年 1 月，阿姆斯特朗终于在奥普拉·温弗利的节目上承认自己有过错，但那时他的行为已经造成了严重后果，很多人怀疑他的道歉是否有诚意。此后，阿姆斯特朗被褫夺了“环法”冠军头衔，并被判终身禁赛。赞助商们也纷纷放弃了他，其中包括安海斯·布希、耐克、奥克利。

阿姆斯特朗如今面临着前赞助商们的多起起诉，有可能还会经济破产。他把自己叫作自行车运动界的“伏地魔”，是个让大家由爱生恨的人物。有观点称阿姆斯特朗是体育界有史以来最大的诈骗犯，他对此断然否认。有些人控诉他的行为是一种独特的贪腐，他对此表示很气愤，并表示他能拿到冠军靠的是这项运动中一些不成文但在当年非常盛行的规矩。大家都这么做。他只不过比其他人做得都好而已。

大卫·福斯特·华莱士认为，“高水准的体育运动是展现人类之美的圣坛”。但据说它也是人性的黑暗面互相厮斗的竞技场。透明国际组织《2016 年度全球贪腐报告》的撰写人加雷斯·斯维尼写道：“体育运动是一种全球现象，它涉及几十亿人口，每年产生逾 1 450 亿美元的收入。”[11]“尽管运动界的贪腐问题已经不再是什么新问题，但最近普遍出现的管理不善和贪腐丑闻很有可能毁掉体育运动带来的一切快乐。”

迄今为止，闹得最沸沸扬扬的当属关于国际足联（FIFA）的丑闻。2015 年 5 月，这家全球足球赛事的组织机构中有 9 名现任和曾任官员因诈骗和洗钱罪名被起诉，在瑞士苏黎世的博安湖畔酒店被逮捕。美国司法部以贪污之名指控了总共 16 名官员，包括国际足联执行委员会的 6 名现任和前任成员，并逮捕了国际足联的两位副主席。这些官员被指收受了价值 1 亿英镑以上的贿赂，国际足联前副主席杰克·华纳则被控非法攫取 50 万英镑钱款，而这笔钱本应用于救助 2010 年海地震灾中的受灾民众。在决定 2018 和 2022 世界杯主办权该归俄罗斯还是卡塔尔一事上，国际足联同样贪腐频发，诉讼缠身。BBC 记者安德鲁·詹宁斯曾历时数年深入调查国际足球界贪腐问题，并制作出骇世之作——纪实片《全景》（*Panorama*），将矛头直指国际足联。[12] 塞普·布拉特 1998 年起就出任国际足联主席，在逮捕事件发生两天后再度当选，国际足球界乌七八糟的道德观就此暴露无遗——同年晚些时候，布拉特又被开除出局，在刑事诉讼面前自身难保。

注意，所有这些跟能力方面的声誉都无甚关系。麦当劳 CEO 史蒂夫·伊斯特布鲁克曾作为公司高层参与评估麦当劳和国际足联之间的往来对公司声誉会造成何种影响。麦当劳自 20 世纪 90 年代中期就是这项赛事的主要赞助商。“我们选择与足球界及其组织机构建立合作是因为足球运动能够在全球引起麦当劳客户的共鸣。但是当这一组织机构行为出格的时候，毫无疑问会对我们的声誉造成连带损害。我们必须慎重考虑这一点。”伊斯特布鲁克如是说。

“当你考虑到声誉上的连锁效应，你要么远离这项运动，尽管我们的顾客和员工都热爱它，我们也已经在全球范围内对它做了大量的投资；或者我们可以看看是不是还能利用我们的影响力召集其他赞助商来做些改变。我跟各家赞助商都交流过，谈了谈当时的情况，但是我们都愿意与足球运动保持关系。我们的观点是，如果我们能利用这种关系推动足球界自律，改变它在品行上的名声，让情况有所转变，那么就可以通过我们的介入为未来管理好这项运动做一些有益的贡献。”

伊斯特布鲁克与可口可乐、VISA 信用卡、百威等其他三位主要的赞助商没有食言。在危机最为焦灼的阶段，四位 CEO 在一场声势浩大的公开干预活动上发布了一份联合声明，要求国际足联主席塞普·布拉特立即卸任。对于布拉特来说，这一刻是在向外界宣告：他的任期已经到头了。

银行家的品行

2008 年金融危机已经过去 10 年，全球经济依然根基脆弱。银行界依然被视为引发危机的根源，饱受诟病。例如，根据英国议会银行标准委员会的说法，英国银行界经历了“全行业范围的信任崩塌”。2015 年度爱德曼信任度调查显示，银行和金融服务业均入列四大“最不受信任”行业（其他两家为化工行业和媒体）。在美国，哈里斯互动调查表明 42% 的民众承认“一定程度上”或“非常”认同华尔街“祸国殃民”这种说法。

世界银行系统的绝对核心能力在于为政府、公司和个人提供资金，为客户建立银行账户并保证他们能够在任意时间自由支取自己的钱款，为客户管理存款。金融系统及其构成机构的第一要务就是确保安全，哪怕冒一下风险可能会带来更多利润，这一点不消多说。如果一家银行因为判断失误或是经营不善面临破产，这其中的后果不应由整个社会来承担——在任何其他公司，股东都应当首当其冲。在人们大加挞伐的对冲基金领域，情况就是这样的——金融危机期间许多基金纷纷倒闭，但在社会上产生的冲击很小，因为损失都由股东承担了。

事实上，这些年来银行的能力有了大幅提升，主要得益于 2008 年危机爆发后所颁布的一系列规定，但这种进步在很大程度上没有得到重视。批发银行现在所持的资本比 10 年前多了 10 倍。它们通过增加杠杆疯狂博弈（即以资产作抵押）的能力被大大削弱。一些能够让银行业者一边以增加系统风险为代价“豪赌”，一边还能赚得百万收入的规则也被大幅收紧。银行体系流动性增强了。欧洲通过立法确保所有银行都不要出现“大而不倒”的问题，而且面临崩溃的银行能够借助扶持慢慢复原，无须从纳税人那儿索取资源（这种事情每年在美国悄悄上演几十次）。英国国内已经采取了进一步措施，确保风险性投资银行业务与面向纳税人的“高街银行”分离开来。

简单来说，美国和欧洲发达经济体中的银行业要比危机前更安全、更强健、更具流动性。银行破产的风险降低了，而且银行倒闭的后果也不会像雷曼破产时那么惨烈（尽管没人愿意在这件事情上做第一个试验品）。

但是银行业的声誉并没有多少改观。因为根本性的文化问题还残存着。“恶劣的行为方式不会随着金融危机的结束而结束，”纽约联邦储备银行董事长兼 CEO 威廉 · 杜德利说道，“它继续存在着，尽管公共部门为稳定金融系统进行了十分必要的大力干预。结果，金融行业大大失去了公众信任。”[13] 而且，自 2008 年至 2015 年年中，大型银行所支付的罚金竟高达 2 350 亿美元，比葡萄牙的年 GDP 总量还高。[14]

这些处罚针对的都是银行业在文化、动机、道德、监管等方面暴露出的缺陷。仅仅两名“流氓交易员”——法国兴业银行的杰洛米 · 科维尔和瑞士联合银行的恺库 · 阿多波利——就造成了共计近 100 亿美元的损失。2012 年，总部在英国的汇丰银行因为洗钱被处 19 亿美元罚金。2014 年 7 月，法国巴黎银行因为违反了针对伊朗、苏丹、古巴的制裁规定被史无前例地处以高达 89 亿美元的罚金。此后又发生了伦敦银行间拆放款利率事件，多家银行被曝相互勾结操纵这一重要利率，并因为在全球外汇市场中的违法行为被处以数亿美元的罚金。除此之外，受过处罚的银行还有很多——例如，2016年年初，高盛接受高达50亿美元的处罚，为其推行并销售劣质抵押债券、助长2008年金融危机到来的行为做出偿付。稍后，同年，德意志银行接受了72亿美元的处罚。“消息灵通的业内人士”（不好意思，开个玩笑）伯尼·麦道夫告诉我们：

“随便谁只要在这个行业里待上一段时间，就知道这些投资银行有多腐败。别忘了我在证券行业协会联邦监管委员干过12年，在美国证券交易商协会监察委员会担任过5年主席……你要么得眼瞎要么得智障，才会意识不到行业内都在发生些什么事，才会不知道让监管者们斗胆行使权力有多难——这么做会让他们未来再没有机会在这个行业里拿到薪水翻番的职位。不，在银行业里，罚点钱都是皮毛上的事儿，从来没人害怕起诉这一套，到今天也是。”

我们说的到底是个别害群之马，还是说这“一锅粥”早已经坏掉？美联储的威廉·杜德利毫不客气地把这种现象归咎于银行业的领导层，指出他们有责任确保行业文化正确。“文化反映出一家公司内部的主流态度和行为。它体现的不仅是人们面对是非曲直作何反应，也是大家对所有的灰色现象持何种态度。文化就像一阵清风，肉眼很难看到，但你可以真切地感受到它。文化反映的是‘我应该做什么’，而不是‘我能做什么’。”

“国际30人小组”（G30）在其2015年7月发布的《银行行业文化报告》中对此给出了相同的观点：“从导致全球金融危机及后续问题加速到来的一系列事件中可以看出，银行业行业文化中存在着诸多问题，”报告中这样写道，“大型银行中的文化准则和子文化出现了严重问题，造成银行业的声誉大范围受损并失去公众信任。这些事件导致许多公司因支付罚金、诉讼、管控措施等费用在经济上承受了巨大的代价。文化上的问题还致使银行信贷能力下降，在一些案件中给公众造成了直接损失。”

全球管理咨询公司“奥纬”的合伙人戴维德·塔利恩特负责领导报告研究小组，他说：“我们面谈了约 50 家银行，范围覆盖了绝大多数大型司法辖区，这种选择形式已经很全面了。文化问题不是靠规章制度来解决的，尤其是各种规定往往刻板陈旧。”“我们的做法是建议大力加强组织内部的自检和平衡，催生‘正确’的行为，不单单是要尊重法律。最具讽刺意味的是，各家银行制定有成文的行为规范，多数都是很合理的，找不出什么毛病，但是没人落实，也没有贯彻到对员工的管理中。这些行为规范成了一纸空文。”

到底是什么原因让银行业者们的行为如此败坏？阿兰·科恩、恩斯特·费尔和迈克尔·安德烈·马雷查尔三位瑞士苏黎世大学的经济学家在《自然》杂志上联名发表了一篇学术论文，给出了一种发人深思的答案：银行业者们在独自处事时像其他行业的从业人员一样诚信可靠，但一旦聚集起来，他们的所作所为要比其他行业更为恶劣。[15] 经济学身份理论指出我们都有性别、民族、职业等多重社会身份，三位经济学家运用这一理论进行了一场试验，为 128 名国际大型银行从业者增加了职业身份的权重。他们将试验对象分为两组，并向每一组发放调查问卷。其中一组的问卷更加强调试验对象作为银行从业人员的身份，涉及“您现在就职于哪家银行”“您在银行中从事什么工作”等问题。另一组的问卷则体现了更为泛泛的问题，例如“您每周观看电视的时间是多久（小时）”。完成问卷后，作答银行业相关问题的试验对象开始倾向于将自己看作银行业者，而回答普通问题的试验对象则对自己持有更中性的态度。

在试验过程中，每个试验对象都要根据私下要求完成抛硬币的任务，并且要把每次的结果输入电脑。如果硬币正面向上，试验对象可以得到 20 美元，反面向上则没有任何奖励。为了尽可能体现出银行业的竞争性，试验对象们被告知，只有在他们抛出的硬币正面数量多于预备试验组中的某随机对象的成绩时，他们才能拿到自己的奖金。当然，从平均概率来看，一般每个人抛出硬币的正面或反面的概率均为 50%。但是试验的结果显示，控制组抛出硬币正面的概率是 51.6%，而这一概率在具有“银行业者”这一身份意识的试验对象中则为 58.2%。换句话说，银行业者们明显作弊了。

鉴于此，银行及其从业人员有没有可能树立良好的品行声誉？从一方面来看，历史会回答“不”。银行业者们自古以来都是文学作品和政治语篇中受迫害的对象。不过，20 世纪 70 年代开始的技术和自动化大发展带来了信贷规模的急剧扩大，银行及其从业者突然发现自己成了宇宙的新主宰，只要他们做得不是太自私或是待人太简慢，他们在别人眼中就是商贸活动和社会进步的高技术含量“使能力量”。

在过去很长的一段时间里，银行业曾极为重视声誉。高盛原董事长约翰·怀特海德在位 38 年，后于 1984 年卸任退休，他曾负责创立高盛最早的 12 条经营原则。其中第二条原则规定：“我们的资产即我们的人员、资本和声誉。如若这三者真的会出现损失，那么声誉将是其中最难以还原的。”[16] 美联储前主席阿兰·格林斯潘在 2008 年的一次讲话中谈到了银行声誉，他说："在一个基于信任的市场体系中，声誉具有重大的经济价值。因此，我很失望，近些年我们竟能放任大家对于声誉越来越淡漠。"

导致这种情况的一大原因是投资银行的交易活动日益增多，而咨询活动的相对重要性则在不断降低。交易作为一项"执行功能"，对于以往能够促使银行履责的品行声誉，已经不再那么依赖。在一个大家言而有信的世界中，银行业者的行为会受到约束，因为行为不端可能会导致自己在城市紧密的人际关系网中受到排斥。这种后果的严重性已经足以让银行业者们规规矩矩。交易活动却恰恰相反，近在咫尺的范围内就可以实现，而且往往是自动完成。这种自动化的过程削弱了声誉作为调控机制的有效性。[17]

幸运的是，除了在世界主要金融机构中掀起一场"文化革命"，我们还可以通过一些具体的变化来改善银行的行为和声誉。银行业是"声誉博弈"中一位表现堪忧的选手，因为他们自以为不用在乎声誉也一样可以发财。不过声誉不佳已经导致银行受到的管理监督越来越严格，政治干预越来越频繁，并进而招致巨额罚款，且越来越难以吸引并留住客户和员工。对于银行个体来说，不良声誉还会让它们为社会所摒弃。

银行及其雇员如果还想挽回曾经的尊重与信任，那么他们都需要做出改变。对此，汇丰银行前 CEO 格林勋爵说道："银行所需的领导人员不仅应当出自顶层，还应出自全系统各级。毕竟，即便是组织机构图中最低级别的人员都有机会影响他人——同事、客户，这种影响或是善意或是恶意。"[18] 根据格林勋爵的说法，这就好像是美国航空航天局的清洁工，在被别人问起做什么工作时，会回答说他主要负责协助人类登月。

我们并不是控诉你的违法行为……

2012 年 11 月 12 日星期一，对于星巴克、亚马逊和谷歌三家公司来说，非常难过的一周开始了。路透社进行了 4 个月的一项调查表明，上述三家公司尽管在英国的经营规模都很大，但只缴纳过最低额度的企业所得税，在某些情况下，甚至一分钱没缴纳。这次曝光引起了各家公司不同的反应，而且突显出能力声誉和品行声誉在发展方式上的不同。

记者们一一列举出若干看起来颇不相称的事实：星巴克这家国际咖啡业巨头在 2011 财政年度销售额直逼 4 亿英镑的情况下没有缴纳过任何企业所得税，尽管这家公司的税率为 24%；谷歌被曝在 2011 年销售额高达 26 亿英镑的情况下缴纳的税金只有 600 万英镑；亚马逊 2010 年的销售额为 33 亿英镑，但也没有缴纳过一个便士的税金。这组消息的曝光，是来自报界，也是来自英国议会账目委员会的义愤与疾呼。当时，议会账目委员会的主席是作风雷厉的议员玛格丽特·霍奇。

本书作者之一曾连续数年要求自己在牛津大学 MBA 班上的学生对这些数据进行评估，并事先向所有学生讲明，这些税款从任何角度来说都是合法的。每年的 MBA 班上都会有大约 1/3 的学生把关注点放在支撑企业支付这些税款的能力上。他们评价说，这些公司显然在压缩赋税方面非常在行、非常有能耐，因此能够把对股东的回报做到最大。这些学生认为，如果企业经营的目的在于向企业所有者提供收益，那么这些公司一直以来是非常成功的，而且它们具备丰富的财务知识，精通于应付复杂的国际会计法。

班上另外 2/3 的学生立即把注意力集中在品行评估上。他们以更广泛的视角看待企业经营的社会目的，深感这种偷税漏税行为意味着企业文化建设薄弱——企业很少顾及自身运营所处的社会。对于这组学生来说，这些企业堪比流氓恶棍。

公共账目委员会（PAC）似乎更认同第二种解读。“我们并不是控诉你的违法行为，而是控诉你道德败坏。”玛格丽特·霍奇对谷歌北欧运营负责人这样说时，后者错愕不已：在他的印象里，自己的工作就是为股东们挣钱，让顾客们满意，同时还能遵纪守法。2012 年 12 月的第一个周末，公共账目委员会在听证会后发布了报告，控诉这些公司不道德的行为，敦促三家公司重新考虑自己的地位。星巴克宣布将重新审议公司在英国的税务政策。星巴克欧洲总裁、前白宫助理克里斯·恩格斯科夫仅在 3 天后就表示，公司将在未来两年中每年主动缴纳 1 000 万英镑的企业所得税，“无论这两年中公司是否赢利”。这一史无前例的声明并不是根据法律要求做出的，但对于上周偷税漏税事件曝光后激起的公众愤怒，这是一种回应。用恩格斯科夫的话来说：“这些决定对于我们来说是正确的，我们从客户那儿听到了响亮清晰的呼声。”[19]

2016 年 2 月，谷歌因纳税问题经历 7 年调查之后，与英国国税局达成和解。谷歌同意补缴税款 1.85 亿美元（约合 1.3 亿英镑）。起初，财政大臣乔治·奥斯本情不自禁地把这次和解视为英国政府的一次胜利，并把它称为“英国政府在推动企业根据在英经营利润依法缴纳税费过程中的第一场重大胜利，也是英国新税法的一次成功”。但是，一考虑到谷歌2013年在英国的收入高达56亿英镑（而缴纳的税费只有2 050万英镑），这次和解一下子显得实在乏善可陈。谷歌欧洲主管马特·布里丁被传唤至公共账目委员会接受公开质询。“我们长期以来支持简单明了的规定，因为不光缴纳正确额度的税金很重要，在别人眼中我们缴纳的金额是不是合理也很重要。”布里丁事后解释道，“但是改变税收制度不是谷歌的分内事，改革是要由政府来启动的，而不是必须服从这些规定的公司。”[20]

布里丁说得对：世界各国的政府应当制定更为清晰的规定，避免纳税人在不同税制之间套利。国际税务实际上是一个高度复杂的问题，跨国公司一直在利用税务制度中一些含混不清的规定逃税避税，尤其是在海外经营的过程中。不过谷歌在道德方面做得比较失败的是，几周之后，谷歌为其全球CEO、英国公司总裁桑达尔·皮查伊提供了价值1.99亿美元的股份，远超与英国国税局达成的补缴税额。谷歌在英国的生意价值60亿美元，它对于这个国家的责任当然要高于公司的一位天才领导人。

从声誉方面来看，谷歌的行为其实是完全合理的。搜索引擎的用户一般不会在意谷歌的“品行”，他们在乎的是谷歌有没有办法让用户在最短的时间内以更高的精度找到想找的内容——换言之，也就是谷歌的“能力”。公司决定与英国税务部门展开长达7年的谈判，后又达成和解，与它在监管者和政治家们中的声誉有关。谷歌最终认为与税务管理部门达成和解是比较恰当的做法，这样可以避免出现进一步的政治攻击，毕竟英国政府有能力在未来给谷歌集团施加更多的或是新的监管成本。一旦要和解，那么达成的和解金额就需要让集团的股东们感觉比较合理。谷歌还希望确保自己在财务能力方面的声誉能够毫发无损，在漫长的协商之后以如此微薄的补缴税金达成和解无疑可以实现这一目标。

这几个案例值得好好地做一番总结：遵纪守法的行为并不总是会保护你的声誉。恰恰相反，如果你死板地执行法律规定，你的声誉，特别是品行声誉，会遭受打击。对于星巴克来说，这种在声誉上受到的冲击还搅起一轮新竞争。星巴克的主要竞争对手“咖世家”，在公共账目委员会周围展开宣传攻势，大肆宣扬自己足额缴税的事实。[21]

声誉博弈理论

多数情况下，当我们对需要打交道的人或组织“吃不准”的时候，声誉会在其中发挥巨大的影响力。

没有任何事情比谈判更能体现出这一点。在谈判中，你不仅对对方的能力和品行声誉不太确定，而且对谈判的最终结果也没多少把握。拿英国脱欧来说，这场谈判可谓孤注一掷、成败难料——不仅对于英国来说，对于欧盟来说也是如此。谈判的过程、所涉人员、最终结果都体现出极大的不确定性。在这种躁动的气氛中，人们纷纷将目光转向了这场即将开幕的政治大戏中的主要人物，聚焦于他们每个人的声誉。

这份“演员名单”的确出彩。谈判其中一方是欧盟，带头人是欧盟委员会主席让–克劳德·容克，此君贪恋杯中物，据说这点嗜好让他一过午饭就会变成“政治累赘”。[22] 波兰前首相、欧盟理事会现任主席唐纳德·图斯克与容克一同出面且负责领导欧盟谈判组，据传此人是一名为人热络、精明圆滑的政客。[23] 欧盟谈判组中还有咄咄逼人、作风强硬的首席脱欧谈判官米迦勒·巴尼耶，他曾被英国的一家报纸形容为“全欧洲最危险的人物”，此次谈判与容克和图斯克共同构成欧盟“三套车”。[24]

谈判的另一方是英国首相特蕾莎·梅领导下的英国谈判小组。特蕾莎·梅首相人称“穿着豹纹小中跟的牧师之女”，受老派的公共服务意识影响，她一向力求为自己树立办事稳妥的形象。[25] 在最初几轮谈判中，特蕾莎·梅采取了一种强硬但务实的手段，在声明“脱欧就是脱欧”的同时，指出谈判应当集中力量确保欧盟和英国能够两方受益。与首相一同参与谈判的有鲍里斯·约翰逊，此人专长煽风点火，是一位有“专业混世主”之名的政治奇人；[26] 大卫·戴维斯，新成立的脱欧部脱欧大臣，其疑欧派观点颇有点传奇味道，此人曾在卡梅伦政府担任欧洲事务大臣，在任期间得了个“不不先生”的绰号，他对此倒颇为得意。有了这些“演员”好像还凑不够数似的，英方谈判小组还得对付能言善辩的尼古拉·斯图金，[27] 作为苏格兰的首席大臣，他呼吁举行第二次苏格兰独立公投，理由是苏格兰选民们支持留欧。

无论真真假假，关于这些人的各种说法都无法否认这样的事实——它们早早地在谈判中划出了一条断裂带。大家都认为英国早早上阵，不切实际又不负责任；欧盟虽已是磨刀霍霍，却又莫衷一是、保守狭隘。

有了这些个声誉，各种关于谈判人员的能力和品行的解读组合起来就构成了一个主要的信息框架。特蕾莎·梅曾在其前任卡梅伦的政府中担任内务大臣，任职期间主持英国退出《里斯本条约》中的“司法和内务”章节，后又转念重新支持这一部分内容中的一些具体措施，因为她感到选择在这一问题上合作符合英国的利益。欧盟观察人士认为此举不仅佐证了梅的个人实力，同时证明了她具有集中力量争取合理成果的能力。这种品行上的声誉无疑会在接下来的谈判中发挥重大作用。

蒂姆·卡伦曾为世界银行官员，现于牛津大学萨义德商学院领导“牛津谈判课程”。他指出，任何谈判中必然存在着两大显著要素。很重要的一点是，要将双方谈论的具体事宜与你对谈判对象的看法分离开来。他认为，关键要确保在与其中一人交锋的同时不会损害自己与其他人的关系。

同许多研究过谈判的人一样，卡伦也认为声誉在谈判中发挥着一系列重要的作用。第一，谈判各方的声誉让我们有了先入为主的观点，丰富了我们最初的谈判策略。如果素闻你在谈判中比较强硬，对方的交锋策略会体现出这一点。第二，在任何谈判中，谈判一方在具体领域中的实力都会被视为重要的谈判资产。例如，英国素以擅长情报收集闻名。这种能力在全世界眼中都堪称一流，所以无论英国和欧洲力求达成什么样的协议，它都可以作为关键的一枚棋子发挥妙用。

卡伦还阐明了声誉是谈判中的动态因素。尽管在谈判早期，“强硬”“固执”“倔强”之类的外界形象会给谈判人员带来优势，但当谈判进入后期时，能不能面对劝解和讨论表现出开放姿态则变得更重要。不过正如我们在更广泛的视角下进行的分析，人们的声誉往往因时、因人而异——而且，在谈判中，如果在谈判人员之间显得太过灵活，可能会被公众解读为软弱或没原则。

“柠檬”的价格

经济学家乔治·阿克洛夫因为阐明了声誉如何在不确定的市场中发挥作用而揽得诺贝尔奖。他最有名的著作《“柠檬”市场：质量的不确定性和市场机制》[28]出版于1970年，着重探讨声誉在二手车市场中的作用。之所以以二手车市场为例，是因为这一市场中充满着关于买卖双方的声誉和动机的不确定性。

当时，阿克洛夫为了发表自己的研究成果很是费了一番苦心。与他同期的学者们一般都绕开“二手车猫腻”这类本质上很琐碎无聊的主题。阿克洛夫把有猫腻的二手车叫作“柠檬”。实际上，它恰恰体现了世界就是这么一回事：人们往往不得不依靠不可靠的信息来做决定，这些信息多是出自流言蜚语和道听途说。

阿克洛夫解释了为什么买家总是会对卖家的动机有所怀疑。如果你要卖掉一辆二手车，那么你要比买家更了解这辆车。买家几乎总是自然而然地这样想：“如果他真的想要把那辆车卖给我，我是不是真的想买下来？”作为一位买家，你准备出手的价格反映出你的谨慎程度和对车况的了解程度。所以即便是这辆车只开了一周，你依然希望能够在这辆几乎全新的车上享受一笔大大的折扣，因为你推断这辆车被卖掉必然有原因。如果你是卖家，你很清楚这辆车依然完好如新，只是这样的车况下，你并不期望以新车的价格把它卖出去。这就再一次坚定了市场的怀疑心态：任何一辆待售的二手车都一定有猫腻。

不管你卖的是违禁药物、二手车、马匹、股票、股份还是债券，这种分析都适用。这种猜疑和不信任的怪圈意味着这样的市场将无法顺畅运行，成不了什么生意。但是如果这其中有一位二手车中间人，加之他如果素有出价公道之名，市场就能运转起来，买卖双方之间就能够建立合理程度的确定性——这辆待售的车不是“柠檬”。

阿克洛夫的论文体现了一位严肃的经济学家对声誉这一含混的概念所做出的合理分析。10 年之后，斯坦福大学的大卫·克雷普斯和罗伯特·威尔逊运用发展变化中的博弈理论就“声誉和不完善的信息”这一问题进行了探讨。[29] 他们的研究以连锁店为对象，并且提出了一个颇具欺骗性的问题：假设你在某地区市场上占据了主导地位，作为垄断企业享受到很多实惠——如果这时你的地盘上又开了一家新的百货商场，你会怎么办？[30] 你是应该采取谦恭的合作姿态，接受新的竞争者登堂入室，还是应该反应得激烈一些，通过降价手段尽可能地让初来乍到者的日子不好过？这两种行动都是有一定代价的：如果你放弃抵制，你这就是在将自己的领地拱手相让给竞争对手；如果你主动出击，短期内就要承受利润下降的损失。此外，你如何预判对方的反应也很重要。

哪怕是对对手将要采取的行动有一丝一毫的不确定，声誉效果都会发挥关键作用，尤其是根据竞争一方的猜测，新对手正在争取为自己树立声誉的时候。从根本上来看，这项研究建议，对于竞争中的

“先到一方”来说，一向比较好的做法是针对“后到一方”采取激进的价格攻势。

现实中这样的例子还有很多，从合同和劳工关系到国际外交不一而足，这些领域都高度重视通过塑造和维护声誉巩固谈判地位。奥巴马总统在《大西洋》杂志的告别访谈中曾对这个话题做出过深思，公开谈及军事威慑在国际关系中有什么意义。传统意义上来说——他略一沉吟——国家进行战争是为了证明它们所宣称的战争威胁是可信的。这一逻辑造成的一大后果就是越南战争。奥巴马将这场战争形容为人道悲剧，它令数百万人殒命，让亚洲的发展迟滞了几十年。在叙利亚问题上，奥巴马做出的反应世人皆知——在叙总统阿萨德踩踏美国“红线”，对叙国内民众使用了化学武器的情况下，他并没有出兵进行军事干预。而后普京介入，作为中间方就叙利亚去化武问题进行斡旋。这样处理是否妥当？这是一个在政策和道德层面很难说清楚的问题——奥巴马惹恼了那些担忧美国的威信会受到削弱的人。他本人认为置身于冲突之外是最符合美国利益的做法。但这种做法是不是损害了美国言出必行的形象？[31]

1983 年，美国经济学家阿尔文·罗斯和弗朗索瓦丝·斯库马克设计了一个简单的游戏。参加游戏的人员被分为两组（外加一个控制组），按要求对一组彩票展开协商。[32] 两组人员须达成一致意见，否则任何一组都分不到任何彩票。然后，所有人员都被告知这个游戏中的关键一点：得奖彩票对其中一组来说价值 40 美元，对另一组来说只值 10 美元。以简单的经济角度来看，这些彩票的合理分配方式是将 80% 的彩票交给 10 美元票额组，20% 的给 40 美元票额组。这样一来两组人员就可以以同等的机会来获取同等的价值。

试验中，游戏人员被告知这组游戏将进行 25 轮。从第 1 轮到第 15 轮，两组人员都是在跟电脑玩游戏，但他们自己并不知情。[33] 但是从第 16 轮起，游戏人员开始全面了解到对方提供的额度，以及本组的其他人员在上 5 轮游戏中所做的最终选择。

这些新信息为游戏者创造了新的声誉资本。游戏进行到这个环节之前，他们一直都不用担心自己先前的策略会被公之于众。在接下来的几轮游戏中，游戏人员突然非常在意先前的无意之举为自己树立的声誉，而且开始与其他人员的声誉（通过他们选择使用的策略体现出来）保持高度的协调一致。结果，在最后几轮中，游戏人员开始根据新的期待使用新的中奖策略，体现出这些发挥着框架作用的期待如何影响了品行声誉的发展。也许，正如意料之中，这组游戏将在终局得出截然不同的结果。

美国历史上最大的金融骗局

伯尼·麦道夫制造了美国历史上最大的金融骗局——这么说可是一点儿也不为过。20 世纪 60 年代，麦道夫拿着向岳父借来的 50 000 美元加上自己做救生员和给人安装自动灭火喷淋系统攒下的 5 000 美元创立了自己的证券公司。他开始为投资人提供诱人的回报，而且看上去颇能承受经济周期带来的影响，无论全球经济状况如何都能带来稳定的回报。事实是，麦道夫抢了张三的钱拿去给李四，把投资人交给公司的投资基金拿来预支给先前的投资客户做收益。在他的整个职业生涯中，据估计约有360亿美元被填进了这个世界上最臭名昭著的庞氏骗局中。

麦道夫现被关押在北卡罗来纳州巴特纳的联邦惩教所。他的释放日期是2159年6月29日，也就是他221岁生日前后。麦道夫同意在2015年年底到2016年年初这段时间里与我们建立书信往来。跟联邦囚犯联系需要借助书信形式，而且需要通过联邦惩教电邮服务系统——CorrLinks。这一系统的工作流程是这样的：你给需要联系的囚犯写信询问对方是否愿意与你进行书信联系。如果对方愿意，你会收到一封电邮，告知你一位未具名的联邦囚犯希望与你通信，请你下载并使用CorrLinks通信软件。一旦下载完成，你就可以收到该囚犯发来的邮件，与他开始书信往来。

伯尼·麦道夫在第一封来信中说他收到了我们的信函，他非常高兴能够跟我们通信。不过，他请求（并表示这么做他觉得很“尴尬”，但也没有别的办法）我们给他提供200美元，用来支付通信费用。对于我们来说，这种通信大多是在互联网上进行的，即便真需要，也就是几张邮票的事情，但是我们很想跟他对话。我们问他怎么把这笔钱给他，他告知我们用西联快汇或速汇金。因为从来没用过这两种汇款方式，我们询问了银行，得知这些汇款方式是无法追踪到的，所以一些想要避讳政府机构和其他部门的人会使用这些方式转移资金。

我们坚持用这种渠道把钱汇到了麦道夫指定的邮政信箱，地址在艾奥瓦州的得梅因。我们的头脑中闪过一个念头：为什么一个联邦囚犯，身在北卡罗来纳的巴特纳，却要我们把钱汇到艾奥瓦州的得梅因？如果这笔钱到了得梅因，他怎么把这笔钱拿到手？他可是寸步难出监狱啊。

把钱汇过去之后，我们等了一段时间，但没有任何回复。所以我们给麦道夫发了一封邮件，问他是不是已经收到钱款。他回复说他什么也没收到。我们感觉一头雾水，就开始向他再次解释了一遍我们的汇款过程，然后他道歉说，他把地址弄错了。这一次，我们要把钱给他汇到一个新地址——这是个普通地址，用的是他在联邦惩戒系统中的注册名。我们根据他的新要求按时给他又汇去了200美元。然后我们又开始等麦道夫的回复，但还是音信全无。我们又找到他，他又一次答复我们说："我真是纳了闷了，你们的汇款到现在都没到，而且这边的人说他们没法解决这个问题。"这一次，我们开始感觉到这里面有"戏"，但是此时质疑他的动机还为时尚早。

所以我们又试了一次。我们请到了一位美国朋友，他有办法在网上支付系统中对美国境内注册的信用卡进行追踪。这一次，在总共搭上600美元后，我们赢了。麦道夫确认他收到了汇款，已经准备好开始跟我们通信。(我们始终没能查明之前的400美元的下落。)

这场"庞氏骗局"是什么时候开始的？检方和一些批评者称，麦道夫生性有诈骗倾向，早在20世纪70年代初期他就开始系统性地欺骗投资者，诈骗金额越来越大。但是他之所以能够面对国内市场上的非议维护住正面的形象，是因为在世人眼中，他就是我们今天所说的"打破陈规者"——他早先的经营主要是提供主流银行无法提供的创新性业务。

麦道夫在一封来信中谈到他对这些事件的看法：

> 头些年一切进展得都很顺利，后来我们赶上了 1987 年的股市崩盘。我的美国客户们，尤其是三大家族，开始感到恐慌，担心他们还没到手的大额长期收益会在混乱的市场中打水漂，而且当时的市场状况看起来注定要持续下去。尽管我一再反对，尽管他们自己当初曾承诺过等待时机成熟再收回投资，但他们已经全然不顾，强迫我为他们抛售。我抱怨说提前平仓是违反协议的，而且会让我在境外客户面前非常难做，尤其是在这样的市场条件下。

之后麦道夫与客户们进行了复杂的协商，结果他承担了一定的客户债务，同时还偿清了一些客户的资产，以便把他们想要的钱还给他们。他的描述让自己摇身一变成了受冤枉的一方。[34] 照他的说法，客户们没法不接受风险更大的投资策略，怪就怪他们给出的财务承诺。从某种程度上来说，这些细节都是无关紧要的——看起来比较确凿的事实是，到 20 世纪 90 年代初期，麦道夫向老客户们提供更高收益的压力已经比较大了。他在业内声誉不错，乃至新客户找上门来请他拿上他们的钱去尝试新的投资策略。在麦道夫看来，他有 35 年的时间是在向客户提供合法利润的，约有 16 年的时间提供的是欺诈性利润。

麦道夫的律师艾克·索尔金证实了这一点：“伯尼从来没有招揽过投资人，他从来不开口要钱，他甚至会把别人拒绝掉。我有一个一起打高尔夫的朋友，他就曾经问我能不能帮他在伯尼那儿说句话，伯尼总不回他电话。任何这类请求我都选择不接茬。但是伯尼过去经常待在棕榈滩乡村俱乐部，大家就会给他钱让他拿去帮忙投资。”

“我的打算是启用一种期权套利策略。这种策略我对一些个人客户和有限责任合伙人用过几年，很成功。”麦道夫解释说，“因为我早年在这种模式上的成功……欧洲的一些对冲基金找上我，让我吸收它们为客户。我有些顾虑，欧洲的对冲基金向来有‘热钱投资人’之称，（也就是说）一旦出现不好的苗头它们会卷钱就走。它们向我保证，如果我愿意承诺长期保有它们的投资，它们会给我带一些我想要的客户过来。尽管这种策略我一直用得很成功，但我之前投入的金额还很有限。我决心试一试。一切进展都很顺利。外面开始传言伯尼给对冲基金和高净值客户用了一种新策略，更多的钱便随之流进来。”

“后来经济衰退，海湾战争爆发，市场不景气。我开始感觉到这种策略很难推行下去，须得守住美国财务部里的资金，等待市场转圜。这就导致了对冲基金向我施压，要求我入市交易，而且高净值客户们也开始愈发没了耐心。”

尽管市场条件对他不利，他还是尝试着推出短期策略，希望借此把钱捞回来。当然，他还是没能成功。[35]“再后面就是我的凄惨故事，我再也没能翻身。”麦道夫坐在他的班房里沉吟道。

索尔金自然对麦道夫所叙述的事情脉络是认同的。作为纽约法律界最受敬重的人物之一，索尔金很多年来一直都是代表联邦政府的公诉方。他最初在美国证券交易委员会担任诉讼律师，后出任美国助理司法部长，再其后于 20 世纪 70 年代担任过美国联邦纽约南区检察官办公室犯罪处副处长。从 1984 年到 1986 年，他在美国证券交易委员会纽约处任主管。索尔金的话是有分量的。

“伯尼说事情是在 1990 年大萧条之后发生的。你应该还记得，克林顿总统总是说：‘这就是经济，蠢。’并且靠着这句话赢下了大选。伯尼说投资人问他是不是还能拿到大萧条之前那么多收益，可惜的是他说了‘是’。他20世纪60年代拿着从自己的岳父那儿借来的钱开办了公司，经营上缺多少钱他就借多少。所以是他的自尊心和名声害了他。他不想让人们失望。”索尔金这样说道。

麦道夫从来没有为自己的诈骗行为辩驳过，而且从入狱以来，他一直在多方活动，为有关部门提供帮助——包括受托人欧文·H.皮卡尔主导的“麦道夫事件资金追回计划”，这一计划旨在尽可能为麦道夫的客户挽回损失的资金。“我被捕后曾向我的律师们保证，我相信有了我的协助，他们能够从那些与我一起造成今天这个局面的相关各方那儿拿回足够的资产。与其拿我所掌握的信息去争取判得轻一些，我选择以这些信息为砝码，让这些‘相关各方’把这些年从我公司的咨询顾问部撤出的资金退回来。这些钱既包括前35年中我为他们挣下的合法利润，也包括最后16年中产出的非法收益。”

当谈到自己在资金追回过程中所做的工作，麦道夫在我们的通信中变得活跃了起来。他把自己在这件事上的付出看作力所能及的最重要的事情，以此为自己这么多年来诈骗欺世、锒铛入狱的行为赎罪。他对欧文·皮卡尔的评价感到非常气愤，因为这位由证券投资者保护公司指定的受托人声称麦道夫在为投资方追讨资金这件事情上没起到什么作用。麦道夫同样很清楚，金融市场上主要的玩家和投资银行中的交易对手都在为了自己的收益操控市场，这是他们的一贯做法，而且这是如今的金融市场文化中比较普遍的问题。这种说法让人感觉有点“锅嫌壶黑”，但是联想到2008年的金融危机，他的话就带来了共鸣。

与麦道夫通信不免会对他产生同情。自从他 2009 年入狱后，他的两个儿子都已不在人世。大儿子马克在父亲入狱两年整的时候自杀，小儿子安德鲁因为罹患淋巴瘤于 2014 年 9 月 3 日过世。而如今提起“麦道夫”人们就会想到诈骗犯。我们可以确凿地说，麦道夫无论是在能力上还是人品上都已是身败名裂。在这么多年的成功经历之后，他在声誉博弈中惨败出局。

❸ 人际关系网

妙手回春的巴里·萨沃里

本书的作者之一身体上出现过间歇性的问题，他的腰背部会每年犯一次肌肉僵硬的毛病，每次都会痛到没完没了。后来他发现，这种情况下只有一个解决办法——找哈利街上的巴里·萨沃里，跟他的前台客客气气地说一说，求他给安排一次门诊，然后等着在约定的半小时里把这毛病好好治一治。

巴里做整骨医师这行已经有半个多世纪的时间。他生在1939年，父亲是一名脊椎整骨师。巴里身型纤瘦，很有幽默感，一双眼睛闪烁着机敏与智慧。他力气很大，有需要的话能够把你从地上拎起来；他也很细致老练，能在你毫无察觉的情况下让你的脑袋和脖子瞬间复位。他会跟你握握手，在你晃晃悠悠往诊室的沙发上挪的时候跟你时不时聊上几句，很专业地端详你一番。他会看一眼你登记的备注情况，问几个中肯的问题，然后就把手放在你身上，压压这里，戳戳那儿，检查上半分钟光景，少顷写下一段简洁的诊断：你的腰背部变形，一条腿比另一条长，你某处肌肉僵硬，你某处神经不通畅，你是不是为了写下一本书伏案时间过久？

巴里可能是全伦敦最好的整骨医师了，而且几十年来一直如此。电影明星、王室成员、首相纷纷登门，络绎不绝。巴里谈到客户们口风极紧，不过自从肖恩·康纳利和约克公爵为他的著作《背部健康指南》（*The Good Back Guide*）提笔代言，大家可以妥妥地推断出来，这两位必定也是他的患者，对他的治疗心满意足。

分析一下巴里的声誉，从各方面来看它都是明明白白建立在技术水平的基础上——依照我们所说的模式，也就是业务实力和个人能力。他为患者诊治背部问题，减少病痛，从而为他们带来实实在在的效果。但是除此之外还有其他因素。在一个由医生、整形外科医师、病人构成的人际关系网中，巴里居于核心位置，每一次成功的诊治都会巩固和强化他的声誉。这为他创造了一种良性循环——越来越多的病人转诊到他这里，越来越多的患者心满意足地离开。这种状况持续了 50 多年，巴里的生意一直像他期望的那样红火。如今他已近耄耋之年，但依然能够自己决定什么时候工作、为谁工作；工作期间还能穿插着为新一代整骨医师们上上课，传授一下技艺。他做慈善，如果愿意多陪陪孙女儿或是打打高尔夫也都是来去自如（不过他对临时造访的患者也常常来者不拒）。[1] 这正是我们很多人在许多不同的领域中孜孜以求却又难以觅得的职业境界。

我们问巴里是如何誉满天下的。“啊，”他说，“这事儿是从 1976 年的一封信开始的。”那是巴里入行之初，虽说他当时已经是一名技术不错的整骨医师，但当时为了开办诊所还是颇费了些周折。后来具有转折意义的时刻到来了——一位整形外科的前辈转了一名病人给他。巴里用双手试过患部，为病人提供了很好的诊疗，并给整形外科的这位医生写了一封信，顺带抄送给了这位病人的全科医生，详细说明了诊断情况和治疗效果。这封信言简意赅，没有丝毫推销自己的痕迹，这是巴里个人在声誉博弈中未经筹谋却最具关键意义的一步。那位全科医生收到信后主动联系了巴里，告诉他日后会把患者直接送到他那儿。

巴里后来才知道，这位全科医生是骑士桥核心区一家诊所的合伙人，这家诊所低调隐秘但生意兴隆。这位医生的患者包括王公贵胄、王室成员、内阁大臣等——尽是些家财万贯、中年上下、极富影响力的人士，他们之中不少人时不时会犯腰背痛的毛病。巴里为一位身份显赫的病人治疗得很好，然后就有了下一位，再之后就有了许多位、数百位这样的病人。“回头看看我的患者记录，我可以毫不夸张地将诊所的发展追溯到那封信上，它给我打开了渠道，让我能够接触到这位全科医生的患者群。”巴里说道。

所以，当巴里·萨沃里的技术和显赫人士的关系网联结起来的时候，他的声誉就逐步建立了起来。这些重要人士都非常容易患上腰背痛的毛病，他们会告诉自己所有声名显赫的朋友：巴里能够妙手回春。“我有这门技术，”巴里思索着说，“但是我也需要平台来展现我的技术。这个平台应当是高端平台。沉默无声没有一点儿好处。”

声誉网络学

我们都从属于这样或那样的社交关系网——不管是社交媒体、校友关系网、工作组，还是我们的家庭。除非我们是职业猎头，或是因为业务竞争的需要，与人接触和发展关系非常重要，不然我们很可能不会在这些事情上花太多心思。然而人们组成的大大小小的关系网一直都是脸书等网络公司大力研究的课题，这些公司希望通过对这些课题的探索来为自己谋得商业利益；同时，这些人际关系网也是社会科学家们着力探讨的对象，这种人类“自然发展”而成的关系网让他们颇为着迷。这些毫无计划性的关系网体现出有组织的网络中难以觅见的“结构特点、复杂性、功能、自发性以及纯粹的美，而且它们的存在提出了一系列发人深思的问题：这些关系网是怎样产生的？它们遵循什么样的规则？服从于什么样的目的？”社会科学家尼古拉斯·克莉斯塔基斯和詹姆斯·福勒这样写道。[2]

人际关系网是我们之所以成为人的基础。对于黑猩猩和狒狒等复杂的灵长类动物来说，一个族群的组成数量一般为50头左右，而且族群中的个体都相互认识。黑猩猩无法与50头以上的同类维持社交关系，因为这对黑猩猩的大脑来说，精力上负担过重。人类的大脑要比这位“近亲”的大脑体积更大，许多科学家相信人类智商的进化并不只是为了解决基本的生存，而是为了在规模更大、复杂程度更高的社会群体中展开互动。牛津大学的罗宾·邓巴曾经对大脑体积和社会互动之间的关系做出过开创性的研究，甚至由此产生出一个以他命名的数值——邓巴数。邓巴数的值为150，即我们在日常生活中比较了解的人的数目——这种了解是指能够记住对方的名字，在街上相遇的时候能够聊得起来。邓巴的研究显示，“150”是人们在脸书上交友的平均数、多数现代军队单位作战兵力的通常规模、创业型企业中理想的员工数量。这一数值不同于我们的密友或家人的人数，这些都是我们在紧急关头可以求助的人——有研究表明，每个人平均拥有 2~4 个真正亲密无间的朋友（许多人忧伤的时候会发现一个朋友都没有）。我们的脑容量可以让我们识记大概 500 个人，但是在超大城市和在线交友的时代，这一数值不再局限于社区人际的规模。

最为基础的人际关系网中只有两个人，这种情形有时被称为“二人群体”。当把 3 个人放在一起的时候就会产生三角关系网，也就是“三人群体”。克莉斯塔基斯和福勒曾经给出过一个更为复杂的例子——60 个人站成一列从河边向着火的房子传递水桶。这个例子中涉及的人数多得多，但参与人员之间的关系非常简单。这种人际关系网是水桶传递的载体。“但人们之间相互传递的还有可能是细菌、钱财、暴力、时尚、肾脏、快乐、肥胖等，”克莉斯塔基斯和福勒写道，“每种事物的传递都遵循自己的规则。例如，人们不能用桶把大火运到河边；细菌不可能感染有免疫能力的人。”声誉在人际关系网中流动，但也有自己的运动规律。

如果想象一下巴里·萨沃里的职业关系网，你会看到他居于这个关系网的中心，连接着数千个人（“节点”）。但是巴里还与数量少得多的一群医疗专业人士保持着往来，这些人为他提供转诊病人，是具有重要作用的参与者，也就是所谓的“人际掮客”。他们既能让人扬名立万，也能让人身败名裂，他们是两个不同的人际关系网之间的沟通人。

你在一个人际关系网中的位置取决于几个关键变量：你认识的人的绝对数量；你所处的人际关系网的密度（你们彼此都相识吗？）；你在这一关系网中的向心性；最后，你真的了解其他人（强连接）还是远没有那么熟络（弱连接）？

你可能以为人们总是愿意与有共同点的人在一起，其实弱连接也会带来很多实际的好处。斯坦利·米尔格拉姆在 20 世纪 60 年代做过一个非常有名的试验，表明我们与世界上任何一个人之间的关系最多只有“六度分隔”。[3] 本书尚在撰写时，人际关系权威人士朱莉娅·霍布茨鲍姆在 BBC 广播 4 台上再现了这个试验。这位伦敦大学卡斯商学院的世界级人际关系学顶尖学者，试着在 6 通电话之内联系上苏格兰科尔岛上的一位素昧平生的人。这其中比较值得思考的是，我们的大脑并不是生来就为了处理“六度分隔”。在原始社会中，人类的大脑至多只进化到了处理“三度分隔”的程度，换句话说，能影响到自己的至多是朋友的朋友的朋友。我们的情绪、行为、体重、健康、快乐，当然，还有声誉，都在不自觉地受到“三度分隔”之内的人际关系的影响。

如果你的行为是一种信号，你的人际关系网就是它传播的渠道。说得直白些，如果没人认识你，那你还有什么声誉可言。

社交资本

罗伯特·帕特南在其关于美国社会分化现象的名作《独自打保龄球：美国下降的社会资本》中，专门用一个章节的篇幅描述了社交资本的不同体现。社交资本虽不同于机械之类实物资本，却具有令人难以置信的宝贵价值。帕特南在书中谈及 20 世纪初弗吉尼亚西部乡村的一位不知名的教育行政人员，他曾将社交资本定义为“善意、友情、同情，以及一个社会单元中的个人和家庭之间的交往”。社区会从“其各组成部分的合作”中获益，“而个人则会通过与他人的往来感受到周围的人给予他的帮助、同情、友情等”。或者，就像约吉·贝拉（Yogi Berra）所定义的互惠的好处——“如果你不去出席别人的葬礼，以后也没人来参加你的。”

罗恩·伯特是芝加哥大学布斯商学院的“霍巴特·威廉姆斯”教授，其研究方向为社会学和相关策略，多年学术生涯中专事研究社交关系网是如何创造出竞争优势的。这一课题最初、最显见的结论是，成功人士更有能力，更具智慧，更善表达，更有技能或是更具魅力。

但是任何领域中的成功都还需要另外一方面的因素——社交资本。伯特的研究表明，人际关系更好的人往往也更成功。他们通过沟通观点、信息、商品或服务从中获益。凭借自己的各种人脉，他们能够确保拿到更好的交易价格，为自己的职业发展和个人生活找到更好的伙伴，拿到别人拿不到的各种机会。懂得这类人际交往是通往成功的魔法秘钥。[4]

苹果大学现任校长约尔·波多尼是这一领域的顶尖社会学家，他使用“地位”来说明人际关系网是如何创造出优势的。在质量信息不够完善或是比较模糊的情况下，社交资本会体现出真正的力量和意义。这种质量信息不够完善或模糊的情形可能表现为你从顾问那儿得到的建议是不是妥当，或者是大家对于某种葡萄酒品质的评价众口不一。

波多尼在 1993 年发表过一篇被广为引用的论文，文中描写了投资人在无法准确悉知投资银行的质量水平的情况下，会转而考察该银行在投资银行关系网中的地位。这种“地位”成了银行质量水平的代言。而且波多尼的研究表明，从结果上来看，地位高的银行能够以更低的成本筹到资金。让这些银行具有这种优势的并不是它们自身的表现，而是它们在关系网中所处的位置，仅此而已。

闭合型关系网的力量

当某关系网中的所有人和实体都彼此联结的时候，这一关系网就实现了“闭合”。在这一关系网中每个人都会与其他至少两人保持某种形式的联系或连带。开放式的关系网则恰恰相反，其中的个人和组织两两联结，但他们各自的关系网互不通联。

图 1 引自伯特的著述，清晰阐释了这两种类型的关系网。假设罗伯特和杰西卡是互有联系的两个人。在图中右侧所示的闭合型关系网中，罗伯特和杰西卡彼此很熟识，而且罗伯特的朋友也认识杰西卡的朋友。反过来，在图中左侧的开放型关系网中，罗伯特和杰西卡对彼此略知一二，但他们的朋友是完全互不相识的。

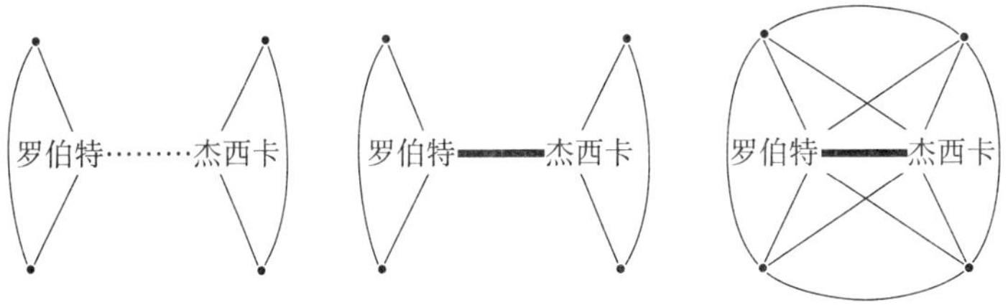

图 1　开放型和闭合型人际关系网

来源：芝加哥大学布斯商学院“霍巴特·威廉姆斯”教授罗恩·伯特（社会学和相关策略方向）提供

在闭合型关系网中，关系纽带有私人属性，而且通常都是非常稳固的。最好的例子就是家庭。每一位家庭成员都是互相了解的，而且每一位家庭成员与其他每个人都是相互连接的。与之相反的是，在开放型关系网中，你与其他人的关系纽带是很不牢固的，而且其他人的关系网与你的关系网是互不交叉的。换句话说，你与某个人，比方说工作中的某个同事互相熟识，但是你们的朋友却从未谋面。

信息在闭合型关系网中流动最快。此类关系网中的互联互通速度使人们能够采取快速行动，因而信息在流动过程中体现出更大的确定性。这是因为闭合型关系网有利于发展出高度信任。人们彼此熟知，而且网络中的所有其他人也相互了解。在闭合型关系网中很难出现恶劣行为，因为这种行为一旦出现不仅会立即被直接受到影响的人们发觉，也会被关系网中的其他人知晓。任何违法犯罪都会给声誉带来巨大风险——每一个举动都会通过关系网的互联互通性被放大。

数个世纪以来，金融市场的运转一直有赖于声誉关系网。从最初腓尼基人开始铸造黏土硬币，到保险公司在伦敦市场上发行本币，再到近年来复杂的信用评分制度的发展，声誉一直都是保障金融交易正常运行的重要机制。

世界最大金融信息公司益博睿集团董事长唐·罗伯特对此表示认同："信用和信用评分制度从根源来说都是'非正式'的。关于一个人的信用可靠程度，相关的信息都是在本地范围内传播共享，而且这些本地信息网实际上一直到20世纪70年代早期还在发挥作用。如今，我们在信用评分中使用的这些网络化的信息都来自各种复杂机制的统合，但是这些机制本质上依赖的还是通过闭合型关系网共享的各种信息。”

英国陆军很明白闭合型关系网的价值。在排一级单位中，官兵们要在极端情形下行动，彼此之间的高度信任有助于实现快速决策，在激烈的战斗中挽救性命。乔纳森·肖少将曾在科索沃战争中指挥英国第12机械旅伞兵团第2营，2007年在巴士拉指挥多国联军。他还曾担任过特种部队指挥官，并于2011年1月被任命为助理国防参谋长（主管方向为全球问题），在英国国防部中负责生化和核政策、军控、反扩散、网络安全等事宜。肖将军认为，对于任何部队来说，信任以及个人在周围同事中的声誉，都是决定战斗绩效的核心要素。

> 越是在危险状态中，人们之间的信任就越发牢固。因此战友精神在步兵团中是最深入人心的。他们更多的是为了自己的战友而战，而不是为了女王和国家，更不是为了政客们所说的各种理由……谁最不受信任，别人对他也就最不忠诚。部队中这种紧密的关系让战士们彼此能够以命相托。这是他们战斗的意义所在。战士们很在意别人怎么看待他们，不过这并不是他们冲锋陷阵的首要动机。他们的首要动机是他们内在的声誉以及对彼此的尊重。他们不希望让别人觉得他们愧对步兵团，或是有悖于自己无私忘我的行为准则，这些反过来都会成为他们自我审视的一部分。

关于闭合型关系网中的信任，还有另外一个非常有意思的例子——纽约的钻石行业。全球每年价值700亿美元的钻石珠宝交易额中，约有一半产生在美国；[5] 95%以上的美国进口钻石交易集中在纽约曼哈顿第47街一带的钻石行业区。保障美国钻石交易的主要机构是“钻石交易商俱乐部”，它位于第47街的圣帕特里克大教堂和第五大道附近，并自称为“活跃在美国钻石交易中的最为古老、最大规模的组织，以及美国最为重要的钻石交易所”。“钻石交易商俱乐部”针对商家之间的钻石交易活动执行一系列严格的规定，禁止经销商通过法庭对其所做决定提出质询。这一组织的整个关系网完全通过声誉资本和制裁手段来运转，令人惊愕的是，所有买卖甚至不用白纸黑字写下来。

格伦·斯皮罗是伦敦的一家定制珠宝商。别看现如今他的客户都是些富甲天下、魅力超凡的人物，其实当年刚刚入行时的他不过是伦敦海顿公园里的一名初级钳工。珠宝市场上，从宝石到客户，甚至你的穿着打扮，事事都与声誉脱离不了干系：

> 我以前经常去海顿公园，那边有家钻石交易市场。所有的商家都坐在那儿，面前摆着自己的商品。每个人都有一张桌子，这就是他们小小的产业。我当时还是个钳工，是个手艺人，平时一般都穿些牛仔裤、橡胶底的帆布鞋、T恤衫之类。我的祖父是个一无所有的人，有时会在我被叫去跑腿儿的时候跟我一起去市场。大概有三个月的光景，我一直在给卡地亚的加工厂送包裹，接收人是钻石市场上一个叫蒙蒂的人。有时我在街上碰见他，会跟他打招呼说：“嗨，蒙蒂！”但他从来不理我。我的祖父告诉我：我觉得你应该穿条正经裤子，配上衬衫和夹克。我照做了。那天因为到得太早，市场还没开，我就到隔壁店去喝咖啡，这

时，瞧呀，有人走上来打招呼说："早上好。"这人就是蒙蒂。他不光跟我说"早上好"，他还说："您要不要来杯咖啡？"他压根没认出我是谁，不过他知道他以前见过我。因为我那天穿了正装裤子和夹克，因为我看起来有模有样，他主动理睬我了。如果一个人穿着打扮很精神，看起来很不错、有派头，那情况就不一样了。你得拿这当回事儿，很多时候我们对别人的判断都是以貌取人。

斯皮罗对钻石市场可谓知根知底。而且，他说，声誉是这个市场运转的核心要素。"我们这个行当里的声誉跟普通生活中的一样——你必须得讲信用。我们这一行的性质几百年来从未变过，我们不用法律意义上的文本合同。我们彼此之间定个口头协议或是握个手，几百万美元的宝石买卖就成交了。如果你要打破这种不成文的法律，那你距被踢出这个'圈子'的日子也就不远了。这个行业里的买卖就是这么做的——靠的都是声誉，话既然说出去了就一定得照办。"

钻石交易商俱乐部还提供有一块交易场地，在这儿人们可以了解其他经销商的情况、市场行情以及各种小道消息。交易场地的一面墙上公开存放着与俱乐部会员的信誉相关的所有背景信息。上面还有俱乐部所有访客的照片和身份信息，每一位访客都需要有一名俱乐部会员出面担保。此外，得到提名的备选会员信息也公布在墙上，老会员们可以对任一推荐人选的声誉进行评价。不过，墙上公布的最重要的信息是俱乐部内部仲裁程序做出的各种裁决，上面配有欠债人"通缉犯"一样的照片。钻石商家都巴不得永远别出现在这面墙上。

大部分的钻石经销商都有犹太背景，而且往往家庭成员中世代有人从事这一行当——因此对于不正当行为的处理机制自然延伸到了社区内部。“如果某个家庭或是商人的做法很不堪，社区成员们就会与他们形同陌路，不会在他们身陷困境的时候施以援手，或是在他们需要医疗急救的时候拒绝帮忙。这种关系网就是如此紧密。”芝加哥大学的法律教授丽莎·伯恩斯坦说道，她一直在研究钻石行业中的信任机制。

现代工业公司越来越多地将生产团队组织成紧凑、专业的单元，希望以此发挥闭合型关系网的优势。保罗·斯加罗尼曾在1996—2002年期间为英国玻璃制造商皮尔金顿公司担任董事长，当年他曾经对浮法玻璃生产过程做出重大改进，并因此对这一点尤有体会。

浮法玻璃生产使用的是皮尔金顿自创的生产线，长约0.25英里①，专门用于生产汽车和建筑物上的平板玻璃。[6] 斯加罗尼告诉我们，到了20世纪90年代后期，“生产线出现中断的可能性变得非常大。在一个长约0.25英里的生产线上，很多部件都有可能出现磨损或断裂，一旦出现这样的情况，整条生产线就得关停，有时候一关就是3天”。斯加罗尼让各团队把需要经常更换的部件列出来，确保这些部件随时可换。“这样一来我们就能在几小时之内将中断的生产线再启动起来，无须再等上几天。结果，我们大大提高了生产效率。每个团队之间都存在着竞争意识和自豪感——生产线出现长时停工的时候，没人想在团队中做拖后腿的那个。这成了一种职业荣誉的标志，一种用来彰显

① 1英里≈1.609千米。——编者注

卓越表现的声誉徽章。”

只要看一看德国中小企业从事经营活动的社区，就能明白这些企业也是运转在闭合型关系网中的。这些中小型企业都是家族产业，它们构成了欧洲最大经济体中的主力。安联保险集团的前CEO迈克尔·狄克曼就出身于典型的中小企业。他的父亲是位公司老板，拥有一家主营造桥的家族企业。这家公司在狄克曼长大的德国北部小镇上是个比较大的用人企业。“人人都知道我父亲开什么样的车，学校里的孩子们也都是公司子弟，大家一起踢球，一起参加戏剧小组或是志愿消防队。”他告诉我们，“漫长的冬天里，大家不用上班的时候，他们永远也想不明白我父亲干吗要开大奔驰，干吗要去夏威夷度那么长的假。你是无处遁形的——作为资本家，你的一举一动都和社会环境有着直接的联系。你必须问问自己是不是有所归属，或是对社区仅仅是利用关系。”

作为安联保险这样一家大型上市公司的CEO（拥有147 000多名员工和约660亿欧元的市值），狄克曼表示想要“藏匿”起来其实很容易。“你周围的世界是一个虚拟世界，而不是中小型企业所处的真实环境。”他说道。不过，狄克曼也像德国许多其他心怀社会良知的大企业CEO一样，在努力将中小企业的道德意识推广到更大组织机构中。

回望过去，在伦敦金融城还是一个闭合型关系网的年代里，要想成为券商“嘉诚”的合伙人，唯一的途径是做一名在公立学校读过书的地主——“嘉诚”可是终极内部人士的股票经纪公司。我们见过“嘉诚”第一合伙人的儿子，他过去就读的是文法学校，而不是什么高大上的公立学校。后来在争取合伙人资格时，他的新合伙人坚持要求他卖掉郊区的房子另买一处农场。他的几个儿子也从文法学校转学到寄宿学校读书。这么做可谓代价不菲，因为当时正处于 20 世纪 70 年代中期，而且市场经历着长期低迷。[7]

如此说来，英国最好的公立学校时至今日依然在公共生活的顶层维持着一个闭合型的人际关系网。从前任首相大卫·卡梅伦的核心集团来看，这一点是千真万确——2014 年 5 月，卡梅伦内阁中仅有逾半数人员毕业于私立院校，远低于具有这一教育背景的人群在英国人口中的比例。无独有偶，在法国，几乎所有的高层公务员、政客、实业家都是毕业于几所顶尖的精英大学，例如巴黎高等师范学院。这些院校的毕业生人称“énarque”[8]（“国立行政学院高才生”）。众所周知，这一人群是一个由奇才智士构成的闭合型关系网，其中包括现任总统马克龙和前任总统奥朗德。尽管各界对马克龙寄予厚望，但是这一关系网无法带领法国走向繁荣，也无法让它在现代世界中谋得重要的地位，因为缺乏创新性是闭合型关系网的一大弊端。

英国各大上市公司的董事长、CEO、非执行董事们构成了另一大闭合型关系网——他们来自一个小型的才俊群体，彼此熟知对方的实力、弱点、癖好，也尤其顾忌在彼此眼中的声誉。“我确实担心，有些情况下，这些最高层管理者在乎自己的名声甚于关照现实。”一位英国的顶级猎头说道，“他们的声誉越好，能够拿到的薪金和红利就越高。声誉显然成了他们的一切，甚至从某种程度上来说，如果没了声誉那就不仅仅是没了自尊，而是同时丧失了赚钱的能力——这正是真正能表明你是谁的东西。”正是在这一特定的闭合型关系网中，声誉变得如此宝贵，受不得半点威胁，哪怕它已然脱离现实。

当大家彼此都熟识的时候，麻烦就来了——你制造了一个“回音室”，这其中的每个人都在不停地重复着相同的信息。新思维和新成员都是不受欢迎的。人人都求自保，担心自己会触犯众怒，或是觉得不值得拿自己在能力、可靠度、可信度方面的声誉去冒险。“他们实在是不希望别人把自己和失败联系到一起，或是在苗头不好的时候让自己骑虎难下。”某位内部人士评论道。如他所言，这就是各大公司董事会里的小生态。

曾被授予爵位的弗雷德·古德温过去在苏格兰皇家银行任总裁，他的经历可以很好地说明这一点。入行之初，他以锐不可当的聪明才智鲜见地突入一个闭合型关系网中——也就是苏格兰金融界的上流阶层。古德温的父亲是一名电工，他是整个家族中第一个上大学的人。他先是从格拉斯哥大学法律专业毕业，后来通过再培训成为一名会计师，并进入塔奇·罗斯会计师事务所任管理顾问，再后来于 1988 年成为事务所的合伙人，时年 30 岁。1998 年，古德温进入苏格兰皇家银行，接下来助力该行完成了价值 210 亿英镑的国民西敏寺银行收购案，也即英国历史上最大金额的银行并购案。2001 年，古德温升任集团总裁，上任伊始便大刀阔斧推行改革，锋芒毕露——他通过 26 宗收购使苏格兰皇家银行从一个地区金融机构一举跃升为世界第五大银行，总市值高达 800 亿英镑，员工规模超过了 100 万人。自然而然，古德温深得首相布莱尔和财政部长戈登·布朗的赏识。他还因为在银行业的杰出表现被授予爵士头衔。

随着事业上越来越成功，古德温的关系网开始逐渐局限于一些与他没有分歧或是对他有用的人。2005 年苏格兰皇家银行总部从爱丁堡古老悠久的中心地带迁往一处新落成的、造价 3.5 亿英镑的微型村落，新址位于戈嘉博恩的一片上百公顷的林区中，离机场比较近。古德温的一些膨胀的欲求就是在这期间开始流露出来的。搬迁过程中，他为自己选定了一间足有足球场大小的办公室；重新调整了厨房的位置，这样他爱吃的扇贝不会在端上桌之前就冷掉。根据《每日邮报》经济新闻编辑亚历克斯·布鲁默的说法，古德温私下命令银行的 12 辆由专人驾驶的梅赛德斯 S 级轿车通通喷成“潘通”281 号色，这样它们就跟苏格兰皇家银行的标志色一模一样了；他还要求车内饰全部采用浅棕色，要跟戈嘉博恩总部办公室里的地毯颜色保持一致。[9] 古德温还跟一位女同事搞出婚外情，其实他 1990 年就已经结婚。他开始在集团管理中表现得事无巨细。例如，他特别反感公共场所使用胶带，所以在银行上上下下禁用胶带。他为银行总部订购了几千个圆顶的文件柜，以防止大家在文件柜顶上放文件。此外，他还私自强行征用了银行圣诞贺卡的设计式样。

董事会成员关系紧密，没有一个人对古德温的做法提出过质疑。2007 年秋季，苏格兰皇家银行铤而走险欲以 490 亿英镑的天价组团收购荷兰银行。金融危机少顷接踵而至，整个金融体系中暴露出的风险已迫极致。2009 年，苏格兰皇家银行宣布蒙受了金融史上最大的损失，银行最终靠着纳税人投入的 450 亿英镑幸存了下来。在这本书的写作过程中，英国的纳税人依然持有这家银行 72% 的股份，它的股价只有 2007 年峰值时的 3%、纳税人当初购入价格的一半。当初银行董事会的 18 名成员中，只有一人为此受到了追究（前投资银行主管约翰

尼 · 卡梅伦被禁止涉足伦敦金融区）。

古德温被褫夺了爵位。当初他作为小型人际圈子里的外来户，树立起长于削减成本的好名声，却在董事会对他疏于管制的时候丢掉了自己在能力上的声誉。在职业生涯的早期，他曾在声誉博弈中如鱼得水。然而在英国历史上最为惨烈的金融危机爆发后，他在这场声誉游戏中满盘皆输，看似再无翻身之日。

弱连接的价值

在开放型关系网中，个体之间的相互联系是松散的。这类关系网中的人数要多于闭合型关系网，因为在开放型关系网中维持偶然关系是件相对轻松的事情（想一想领英或脸书）。你在信任度、凝聚力、效率等方面所缺失的东西都可以通过增加创新性来弥补。开放型关系网中漫天飞舞着各种创意和观点，这正是熟人和陌生人带来的意外效果。如果你和很多人都有联系，他们之中的每个人又辐射出自己的关系网，那么你就更容易遇到新观点。这些观点会有更多时间落地生根，而不是像在闭合型关系网中那样被立刻拍死。19 世纪英国哲学家、政治经济学家约翰 · 斯图尔特 · 米尔说得好："再怎样推崇这种价值都是不过分的……让人类去接触与自己不相同的人，接触自己不熟悉的思维模式和行为模式……这类交流一直都是产生进步的首要来源，而且在现如今的年代尤其如此。"

1973 年，社会学家马克 · 格兰诺维特就弱连接的力量撰写了一篇具有开创性影响的文章，从根本上对米尔的直觉判断进行了探究。[10]

格兰诺维特指出，由于开放型关系网的信息流入始于网络的最远端，这种体系使所有人都能从中获益。他写道，在闭合型关系网中，“新观点传播得比较缓慢，科学上的尝试会受到阻碍，人们根据种族、民族（或是）地域划分成不同的子群体……会面临困难”。[11] 他在文章中引用了波士顿西区劳工社区的例子。开发商打算将这一区域改造成高档社区，而当地的社区居民们对此无能为力。格兰诺维特通过分析表明，这些居民通过阶层、友谊、民族关系紧密地联结在一起，形成了一个个子群体，而这些子群体之间鲜有联系。他指出，这些子群体之间缺乏能够帮助他们形成统一战线的弱连接。这一区域内的酒吧侍者和商店老板们为社区的所有成员服务，在不同的子群体之间发挥了沟通作用，但是这种沟通作用并不足以让他们抵挡强势推进的推土机。

最极端的例子可见朝鲜这类闭合型社会和美国、德国、英国等开放型社会之间的差别。后者能够从全世界吸收观点和创新。从历史角度来看，荷兰和英国这类海洋国家要比俄国这样的封闭型政治文化形态更易于接受海外创新的影响。彼得大帝统治期间，俄国开始对外开放，并因此取得了巨大的进步和繁荣。其他年代里，俄国都是国门紧闭，例如斯大林执政期间。工业革命始于英国而非其他国家，某种程度上是因为英国的企业家们对于新技术和新技术的流入持一种特别开放的态度。法国人在纯科学领域产生过很多划时代的科学发现，但在这些科学发现的实际应用上却鲜有建树（而且，在某些关键时期，改革曾让法国社会为之战栗）。经济历史学家约尔·莫凯尔提出，正是因为英国具有吸收启蒙思想的能力，所以这个国家才得以在欧洲大陆的竞争者面前更胜一筹。

技术在发达世界中为经济增长和解决就业做出了巨大的贡献，并将继续改变我们的生活方式。直观来看，我们知道技术行业更多体现为开放型而非闭合型关系网。开源式的研发触及各种各样的技术。在这一模式下，知识产权的产生并不是秘而不宣的过程，而是共享式的，素不相识的人也可以使用、改进、散播各种创新。一些比较显著的例子包括开源移动操作系统安卓，或是将百科全书做成了世界知识宝库的维基百科——世界各地有大批人士为其自愿提供信息。这种理念体现在许多前沿技术中，从软件到物联网，再到大数据和慕课（MOOC）——这一大型开放式网络课程的设计理念在于通过网络将顶级教育，如哈佛教授的授课，在“无限”的受众中普及。

在开放型关系网中，新的理念有足够的时间和能力在不同的人群中传播，不断地增强和改进，直到发展成熟并具备了宝贵的价值。声誉在开放型关系网中成为一种新观点传播和演进的机制，然而在闭合型关系网中起到的却主要是拉低效率的作用。

在现实中，我们所处的关系网既不是充分闭合也不是充分开放的。尽管我们的家庭可能以闭合式关系网为主，但每位家庭成员还会与其他人建立关系，从而创造出更为开放的结构。要想描绘出人际关系网在生活中的真实面貌，需要具备相当出色的数学能力，并且要对社会学术语熟稔于心。但是，对于声誉博弈中的诸位玩家来说，他们需要好好把握的是一个很简单却很实用的概念——结构洞，亦即同一个人际关系网中的不同部分之间出现的稀奇古怪的空隙。谁能将这些空隙弥合，谁就能成为终极声誉经纪人。[12]

担当人际关系经纪人的重要性

人际关系经纪人享有一系列的优势。首先，比起坐守在闭合型关系网中的人，经纪人能接收到更大量的信息。其次，这些信息都是高质量的信息，因为这是经纪人从多种不同的来源获取到的。再次，经纪人凭借自己在关系网中的地位，能够比闭合型关系网中的人更快地发现新机遇。最后，经纪人还掌握着“控制优势”，也就是先于任何人根据自己的意向结识新关系的能力。

“这些‘结构洞’为那些能将自己的关系覆盖到这些‘洞’的人提供了竞争优势，”芝加哥大学教授伯特解释说，“两个群体之间存在‘结构洞’并不是说这两个群体中的人们意识不到对方，而是说人们关注的是自己的活动，不注意其他群体中的活动。这些‘洞’是一种缓冲，就好像电路中的绝缘体。结构洞两侧的人们在不同的信息流中参与传播。结构洞因此提供了一种机遇——为沟通人们之间的信息流担当中间人，同时在一些能够将‘洞’两侧的人群聚合起来的项目中发挥控制作用。”

关于人际关系网“破网”行动方面的实例，可以参见勃起功能障碍特效药“伟哥”的研发历程。这种药品于 1991 年进入人体试验阶段，当时的目的是用它治疗心绞痛，但后经证明这种药对于心脏病没多大作用。伯特说，测试药品通过正常途径进行回收，但是没有退回的样品比例却高得异常。一些好奇的人一针见血地问了这个问题：为什么研究人员不交还试验用药？答案是，这些药品出现了一种意料之外却很有意思的副作用，因此科学家们纷纷开始私下进行试验，而且据猜都是在非工作时间。这种状况导致先前的药品试验再度启动，“伟哥”后于 1998 年面世，成为第一例治疗勃起功能障碍的药品，时至今日依然人气不减。辉瑞的科学家们发现，在某个方面出现的失败，换个地方就有可能成为绝好的主意。

工程师尤金·斯通纳是 M16 步枪的发明人、专家眼中的轻武器天才制造家。在加入费尔柴尔德飞机制造公司之前，他曾经在美国海军陆战队中担任军械技师，对超轻塑料和铝材在飞机行业里的使用很是熟悉，所以当他受命为费尔柴尔德研发轻型步枪时，他明显感觉到应当把这些材料用到新武器中。AR–10 就这么问世了，后来又被 M16 取代，后者现在已经是美国各军种通用的装备。斯通纳的创新之举被看作轻武器世界中的革命性进步。“但是比比我过去一直拿航空装备、纤维玻璃等所做的事情，这算不上什么特别新颖的做法。”[13] 斯通纳被看作天才，不过是因为他将航空和武器装备两个世界联系到了一起。

伯特通过多项研究表明，能够有效弥合“结构洞”的高级经理人会更容易得到快速提升，拿到高津贴，赢得同事们的尊敬。在一项非常著名的分析中，伯特针对某全球顶级投资银行中的 345 位从业者进行了人际关系网研究，并得出两个非常引人关注的结论。第一，声誉胜过级别。换句话说，你的同侪如何看你（以 360 度全方位评估为准）要比你在银行内部等级体系中的地位更重要。因此，虽然高层人士一般都拥有好声誉——这也是为什么他们能得到提拔的首要原因——但级别低一些的员工如果名声很好同样有可能比他们的上司拿到更多的奖金。第二，人际关系网的衰退速度是极快的。伯特所说的这种“速度”主要是看头一年建立起来的关系是否会在第二年进行评估时就变成了多余。事实上，九成的人际往来都会在一年的时间里不复存在。但是伯特同样发现，真正的人际关系经纪人都能够留住自己的各种关系。也就是说，他们做到了那仅有的“一成”。他们的确懂得社会关系的价值所在。

诸如公关专员等职业中间人可谓典型的人际关系经纪人。蒂姆·艾伦曾为托尼·布莱尔担任发言人，并成功发展起自己的公关公司“波特兰”。他解释说顶级公关人士的作用在于担当“政界、媒体、工业、金融各领域之间的接线盒”。人们喜欢艾伦在这些不同的领域之间充当中间人，为某个总裁在白厅①官员中建立人脉，或是帮助某位上层银行家结识一些政策法规人士。这种作用对各方都有利，不过对于那些掏腰包的公司来说尤其有帮助——它们的运营不可能脱离媒体和政界的审查，这些精心安排下的人脉会让公司在收购战和规划申请之类的事项中更容易取得成功。

随着声誉关系网的威力在不断增强，能量超群的人际关系经纪人在职权和影响力上也得到了同步增长，在危机情况下尤其如此。公司顾问之间会在观点上斗得你死我活，对他们来说“战利品”就是董事长或是总裁能信任自己的观点。“有时候我们和律师们之间的关系会很紧张，他们在意的是法院，我们在意的是民意。”罗兰·拉德说道。他是全球传播顾问公司富思博睿的创始人之一。[14]

世界上所有主要的金融资本中都有这些人际关系经纪人的身

① 白厅：伦敦一街名，许多政府机关所在地，在此处泛指英国政府。——译者注

影。像蒂姆·艾伦和罗兰·拉德这样的人，在伦敦有博然思维的创始人艾伦·派克爵士，在德国有CNC（传播和网络顾问公司）的克里斯托弗·沃尔特、赫林叠瓦的亚历克斯·盖泽，在法国有第七形象的安娜·梅奥，在美国有约尔·弗兰克。除了工于情报运作和魅力攻势，这些公共关系企业家通常对“组局”表现得兴致勃勃。夜复一夜，他们的宅邸迎来送往的都是编辑、部长级官员、大使、欧盟委员和公司总裁，这其中有很多人本身就是人际关系经纪人，拥有自己特定的活动领域。这些人士受邀成为座上宾，来到这里品酌佳酿、快意畅谈。嘉宾中不乏《金融时报》的顶级记者和唐宁街的重要官员。公共关系的巨头们度假的时候，也多是选择驾艇出游或庄园休闲，一同前往的也都是些银行家和政治家。

近期，一位做得非常成功的公共关系企业家举办了一场60岁生日派对。约200名特邀嘉宾齐聚在一间他专门用来存放老爷车藏品的地库中共享生日宴。“我好像有一种能把朋友变成客户，把客户变成朋友的天赋。”他对嘉宾们说。对于这班不知疲倦、麻利高效的社交联络员来说，这是最贴切的职业格言。嘉宾们可能意识不到，但是他们其实正在发挥着弥合“结构洞”的作用，而且这个过程是以他们的东道主为中心展开的。

骑士桥那位帮助巴里·萨沃里成就事业的全科医生也是人际关系中间人的实例之一。这位医生在他的病人和帮助他们康复的整骨专家之间起到了牵线搭桥的作用。文学经纪人也是这样，他们在作者和出版商之间建立联系，而如今的出版商们也需要能够保证作品质量的第三方来出面为他们联络作者。电影制片人是另一例跨界人士，他们在银行家、金融家和业界才俊之间培养关系，并负责将整个项目推向市场。二手车交易商迪托曾被经济学家阿克洛夫做出如下界定：他在一个信息不完善、信任有限度的世界中，弥合了买卖双方之间的鸿沟——当你感觉满眼看到的尽是“柠檬”车时，找迪托。

罗恩·伯特解释说，人际关系经纪人日复一日赚取的是某种形式的社交资本，这种资本要比你拿到的薪水具有更大的意义。对于成功的经纪人来说，他们的声誉总能为他们先声夺人，打通各种人脉和机会，让他们在未来能够取得更多成果。你认识的人越多，你就会越多地被人谈起，继而又能认识更多的人——这样一来，这种声誉资本就会具有极强的黏性。

让我们紧密团结：欧洲电视网中的声誉

全球约有 200 多万人观看了欧洲电视网歌唱大赛。它是世界上举办历史最悠久的国际电视歌唱赛事，首届比赛举办于 1956 年，此后每年举办一次。[15]

赛场上，每个参赛国家都要演唱一首歌曲，由其他国家来对这首歌曲打分。这里需要尤其关注的是选拔获奖选手的过程。与竞技体育（如跳水）裁判过程不同的是，胜出的歌曲并不具备举世认可的品质——没有哪段和声会让所有人都觉得它就是最好的，也没有哪首管弦乐曲能成为举世公认的范本。歌曲体现的是民族喜好、旋律、文化，以及表演者本身的音乐感染力。那么，在这样的情况下，怎样才能在评判中做到公正？

尽管在世人眼中，这项比赛主要是用来展现不同国家在文化和艺术上的超凡技艺，组织者还是秉持着公正的态度，优胜者的选拔过程也非常严谨。首先，演出的次序通过抽签决定。其次，每个国家要选出 16 人组成本国的评委组，其人员构成须确保男女评委人数、音乐界专业人士和普通大众人数，以及 21 岁以上和以下人员数量比例合理。组织方认为，在各国之间采取这种统一性能够确保评委组针对参赛歌曲给出最具代表性和最无偏见的评价。

一经入选评委组，每位评委都会拿到一个装有活页便签的小册子，每张便签上标有 1 到 5 之间的任一数字。距大赛仅剩一小时的时候，评委们聚集起来，按要求评选出他们心目中的前 10 名的歌曲。在这个过程中，评委们仅需要在听到每首歌后快速从自己的小册子上撕下相应的评分，如前所述 1 到 5。所有评委不得为本国参赛曲目投票。一位主管人员会当场收集选票，并由一名公证员计算分数，签署最终的成绩单。采用公证员计分是为了避免出现任何欺诈行为。大赛中还在此后的环节中安排有公众投票。

所有这些做法都是为了确保在投票环节实现公正。每个国家无论大小、人口数量和经济实力均享有平等的投票权；评委组的决定在热线电话开通前就公布出来，以确保评委评选不会受到公众投票的影响；演出采取随机次序，这表明无论参赛曲目早登台还是晚登台都会被一视同仁。

这种评选过程产生的应当是一套任人唯才的评选机制，它能够真正体现出演出曲目的质量。换句话说，这一评选过程是笼罩在一种“不知情”的氛围中的，之所以营造这种氛围为的是避免评选受到偏见影响。如果这一点真的实现了，那么大家会看到优胜曲目在各国之间的分布体现出一种合理的随机性。但真实的大赛结果并非如此，它体现出的是一种一贯存在的偏见，反映出当代欧洲存在着若干无形的政治和文化关系网。

贾德·亚伊尔和丹尼尔·马曼是耶路撒冷希伯来大学的两位社会学家，他们对欧洲电视网进行过研究，发现欧洲国家相互结合为五大阵营：第一阵营中包括避税天堂爱尔兰、马耳他和卢森堡；第二阵营以巴尔干地区为中心，覆盖至土耳其和前南斯拉夫；第三阵营包括地中海一带的意大利、西班牙、摩纳哥和希腊；第四阵营为英国、瑞士、荷兰、以色列和法国等独立思想的国家；第五阵营为社会民主主义国家，如德国和瑞典，外加挪威、丹麦、比利时。剩余三个国家——奥地利、芬兰和葡萄牙——与欧洲其他国家没有建立持续性的互通互惠，从国家之间的关系网来看，它们与其他国家相对隔绝。以此为起点，亚伊尔和马曼发现欧洲国家是通过一系列弱连接相互联结，由少数紧密的关系网或阵营聚合在一起。

这种关系结构表明了大赛中的各个国家会直接把票投给谁，但这其中并没有考虑大赛中存在的更广泛意义上的投票关系。如果把这一点考虑在内，一个由三大投票阵营构成的更趋一致的模式就会浮现出来，它们的投票反映出更广义的文化和政治连接关系。两位社会学家的分析显示出三个重要的阵营：第一，西方阵营，组成国家包括英国、爱尔兰、法国、瑞士、卢森堡、比利时和荷兰；第二，北方阵营，组成国家有瑞典、丹麦、挪威和德国；第三，地中海阵营，组成国家为塞浦路斯、希腊、斯洛文尼亚、马其顿、土耳其、意大利和西班牙。

西方阵营中的国家总是能比其他两大阵营获得更多的选票。一到分配选票的时候，大家都会觉得西方阵营比其他两大阵营更受青睐。为什么会出现这样的情况？答案就在连接关系中。声誉的动态发展，或者说关系网中的各个国家对彼此的看法，会累加起政治和文化因素，继而加强这些连接关系。因此，与特里·沃根①的阴谋论恰恰相反，西方阵营中的国家其实要比其他国家更有机会赢得欧洲电视网歌唱大赛。

纳粹的禁烟运动

加里·艾伦·法恩是西北大学的一名社会学教授。他著有 20 余部关于人际关系网的著作。他的办公室位于社会学教职员工的小楼中，就坐落在学校的正门外，高产学者的种种特点尽现其中。房间里但凡有空闲的地方都摆满了书籍，书桌上凌乱地铺满文件，角落里一张低矮的扶手椅成了房间里唯一空闲的地方，那是教授会见学生的时候要坐的地方。

法恩教授向我们讲解了声誉企业家的要义所在："有一种观点认为，如关于声誉是如何发展起来的这一问题，有三种思考模式可以遵循。最为显著的一种，也是最能体现直觉的一种是，人们的声誉是他们应得的。沃伦·哈丁因为政绩不佳、能力有限赚下了'美国史上最差总统'的名号，但是谁来给它做一个判定？不考虑这点，这就是我

① 特里·沃根为 BBC 著名节目主持人，英国家喻户晓的国宝级媒体人，2016 年因癌症去世。——译者注

所说的‘客观’论点。

“接下来还有功能性论点。社会是有沟隙的，因此需要有人来把它们填平。这些人里有英雄、恶棍、无能者等。这一论点的核心观点是，声誉的形成产生于社会的功能性需求。

“再接下来就是建构论。这种观点认为意义是为人取用的，因此要看谁有兴趣、谁有资源能够利用手头的资料来创造和建构声誉。在我看来，声誉企业家们存在的理由就在这里，他们是一群有动机创造或损毁声誉的人。例如在美国政坛，我们这种两党分立的局面已经存在了 150 年，这意味着民主党人总是伺机诋毁共和党人，而反过来共和党人也一样。我们都有成为声誉企业家的可能，但是我们中的一些人对这方面没有任何心思。”

这是审视声誉的一种非常宝贵的方式。人际关系网并不只是被动的行为散播者。它们可以发挥主动作用，选择或塑造信息，以适应之前的目标。关系网中不同的人会遵循自己的议程，所以声誉并不是单纯像水桶一样沿着队伍传递的信息单元。每次传播到新人那儿时，声誉都会受到质疑。

对于声誉受质疑的情形，最极端的例子一般出现在负面评价占上风的情况中，例如，德国纳粹党统治时期医学科学取得的进步。

斯坦福大学科学史教授罗伯特·N. 普罗克特对此做过细致研究。他是医学科学界的世界顶级权威人士，曾创造出“比较无知学”一词（agnotology），这门学问研究的是文化诱发产生的无知或疑虑，尤其是具有误导性或不正确的科学数据的发表引发的问题。普罗克特当然不是任何人的辩护者，他在思维上体现出强烈的独立性。事实上，他是第一位对烟草业提出不利证据的历史学家。但是他对纳粹党的研究提供了一个非常有趣的视角，显示了负面声誉是如何固化下来并变得人尽皆知的。

普罗克特曾研究过纳粹在医学上从事的一些恐怖行为——包括纳粹以医学研究的名义进行的大屠杀和对人们施加的折磨行径，研究过程中，他发现，有文件表明纳粹曾开展过史上最为激进的禁烟运动。细究下去，他发现希特勒政府还推行了多种公共健康措施，包括禁用石棉、放射物、杀虫剂、食品染色剂等。纳粹的卫生官员引入了严格的职业卫生安全标准，并且推广食用全麦面包和大豆等食品。但从这些措施来看，我们可能以为这些具有前瞻性的政策都是 21 世纪初期的某个政府所为。

普罗克特发现，纳粹德国在推行卫生改革方面要领先其他国家数十年，这些改革在我们如今看来是进步性的也是有社会担当的。可能最令人惊讶的是，纳粹科学家们是最早将肺癌和吸烟明确联系起来的人。尽管有这些证据，须得非常勇敢的人才敢站出来争论纳粹政权做过这么积极的事情。如果让人知道自己对纳粹的声誉提出质疑，提出抗辩的人会被置于非常不利的位置。

就像法恩说的那样，“提出抗辩的一方要具备很大的合理性，才能为希特勒及其政党的卫生政策做出积极的立论。尽管这种论点很有说服力，但从历史角度来看它是站不住脚的。换句话说，纳粹在医学科学这一特定领域中的负面声誉已经固化了，哪怕的确存在具体的反面证据”。

纳粹党当然是一个极端的例子——几乎人人都愿意主动从负面角

度来看待或谈论纳粹。但是动机很重要，而且有些声誉易受到质疑。

推动改变

变化网（change.org）现已发展为最重要的公益请愿网站。该网站对自己的描述是“为世界成就变化的平台”。2007 年，本·拉特雷在马克·迪马斯、达伦·哈斯、拉吉夫·古普塔、亚当·奇耶等几位朋友的支持下创办了变化网。其中，奇耶还是苹果 Siri 的创始人之一。

在本书尚在撰写之时，变化网就已经在近 200 多个国家和地区拥有了 1 亿多名用户。网站上发起的请愿可能是区域性的，比方说母亲请愿制止女儿学校的暴凌行为；也可能是全球性的，例如解救玛丽娅姆·亚希娅·易卜拉欣·依沙克的行动。玛丽娅姆是一位生活在苏丹的母亲、医生和基督徒，如果她不公开宣布放弃自己的基督教信仰就会被判处鞭刑和死刑。请愿的类型多到令人惊叹，但所有请愿都有一个共同的特点——收集足够的签名，通过声誉上的压力推动事件发生改变。

“你已经在越来越多的产业中感受到了民主化。”拉特雷说。他的办公室坐落在旧金山的 SoMo 区（South of Market，市场南区），里面拥挤又吵闹。“首先是内容，如今任何人都能成为出版商。如果你再看看商界，想想 eBay，任何人都能在上面当卖家。再就是爱彼迎，有了它人人都能开旅馆。然后说到交通还有优步等。所以你感受到了大型产业中的民主化，但是你还没感受到民主的民主化。这就是我们志在改变的。”

变化网用共同利益把人们集合起来。它创造出一个个群体。这些群体愿意积极地落实某种观点或信条，或仅仅是志在匡正人们感觉有失公道的某种做法。变化网因而闭合了人际关系网，在先前互不相干的人们之间疏通联络，将他们聚合为一个个能够快速沟通的群体。它造就了一个个具有凝聚力的单元，就像在陆军组织里一样，能够高效地取得明确的成果。

“如果你能够为人们提供机会，让他们能够针对他们所消费的内容实时采取直接相关的行动，那么这就是一种威力巨大的政治力量。”拉特雷说，“最令人激动的机会是让觉悟和行动之间的距离消失，我们可以在两个领域中看到这一点：一是实时的、局部的机会——告知人们其所处地区发生了什么事情，让他们能够参与并置身于改变现状——对这些身处当地的人来说这种改变非常重要；二是媒体，这是一种庞大的、还没有得到充分利用的社会变革机制。几十亿民众都读到了同一个话题，但现实中却没有明确的发泄途径能捕捉到你的情感并将它付诸行动——而且，如果你不能实时留意到这些人群，那么你就是实实在在地失去了他们。”

关系网的闭合性还会让不良品行和一些公司言行不一的做法付出声誉上的代价。一旦涉及请愿，那么这就是启动了极其高效、威力巨大的工具。“在我们现如今的世界里，公司总裁们都认识到两件事情。第一，他们的决定所带来的后果会妇孺皆知；第二，他们明白，他们还得在自己的儿女面前讲通做出这些决定的理由。”拉特雷说。

更令人深思的是，在这样的背景下，闭合性同样推动慢节奏的大型公司发生了变化。美国“孩之宝”公司是世界上最大的玩具生产商之一。从20世纪90年代初期起，“孩之宝”就开始生产“易操作型烤箱”，“孩之宝”在收购了原先的生产商肯纳公司后，推出了这款非常成功的玩具烤箱产品。这款烤箱主要以女孩为销售对象，因此外观上采用了亮粉色。新泽西一位名叫麦克肯纳·波普的13岁女孩在变化网上发起请愿，要求玩具制造商为这款产品采用中性包装。这位女孩有个弟弟，4岁，想成为一名厨师，每每驻足观望摆放在粉色展品区的货品时，他总是觉得很难为情，因为商家在这个区域里摆放的都是女孩玩具。为了回应这种情况，波普录制了一段视频，请求孩之宝公司生产一款中性烤箱，并在变化网上发起请愿。这起公开质询让孩之宝难以置身事外，公司很快意识到，自己作何回应会影响外界对公司品行的看法。孩之宝做出了快速反应，约见了波普，并答应她制作一款黑色和银色搭配的“易操作型烤箱”。新款烤箱的原型还有蓝色版。这款新设计的产品在2013年纽约玩具交易会上首次出现在公众面前，它全然具备了一场公关大戏的所有要素——这个关于成功的故事中有一位13岁的女孩，有性别成见，还有某家大型零售商的屈就。媒体对这个故事照单全收，公司的知名度扶摇直上。

变化网上近期最见成效的一场活动中，发起人请求推翻美国童子军长期以来在领导层和年轻成员中禁止同性恋的规定。美国童子军是世界上规模最大的青年团体之一。2014年1月前，该组织一直禁止“所有已知的或是公开宣布身份的同性恋人士”加入童子军活动。

美国童子军禁止同性恋人士加入的规定最早是在1980年公之于世的，当时童子军拒绝公开同性恋身份的个人申请成人领导职位。1991年，童子军明确公布了自己的非官方立场：“我们认为同性恋行为与童子军誓词中的要求不符——作为一名童子军应当在精神上具备正常的性取向；这种行为也有悖于童子军守则——童子军应当具有清白的言行；同性恋人士无法为童子军做出理想的表率。”

在显而易见的重压之下，童子军为了确保政策上没有出现前后矛盾，进一步对 1993 年将“禁同”扩大到年轻成员中的政策做出了澄清。“美国童子军认为，同性恋行为与童子军誓词和童子军守则中的相关职责不符，童子军应当在精神上具有正确的性取向，在思想和言行上洁身自好。年轻成员的行为必须遵守童子军誓词和守则，而且能否加入童子军队伍要取决于申请人是否愿意接受童子军的价值取向和信条。大部分的男孩在 10~11 岁的年纪加入童子军。随着他们不断参与童子军的活动，所有成员都要担当领导职责。鲜有年长的男孩会自曝自己是同性恋，如若此类情况真实发生，该名成员将无法继续担当少年领导职务。”

尽管根据规定，美国童子军不得在申请表中明确询问申请人的性取向，但它的确对违反禁令且有据可查的情形采取了强制手段。例如，2005 年，童子军的一位高层雇员被解雇，起因是童子军收到一张他休假期间在同性恋度假村消费的账单复印件，据推测，这份账单复印件是某位观念保守、心有不满的家长寄出的。

2010 年之前，美国童子军一直处于重压之下，外界要求这一组织重新审视其在同性恋问题上的立场。作为回应，童子军宣布将进行为期两年的政策复议，后由美国童子军国家执行委员会组织专门委员会对相关政策进行商讨和辩论。2012 年 7 月，该委员会达成“全体一致”：保留美国童子军的现有政策。

正是在这个阶段，声誉关系网效应开始逐渐发威。美国童子军全国执行委员会中有安永会计师事务所CEO詹姆斯·特利和美国电报电话公司CEO兰德尔·史蒂芬森。这两家公司内部都建立了明确的“不歧视政策”，其内容涵盖各种形式的歧视，包括性取向问题。这就给两位CEO带来一个问题——既然自己的董事会禁止歧视现象，那么他们又如何泰然自若地待在一个“禁同”的委员会中？

这种矛盾之处是专为变化网准备的课题。“美国童子军‘禁同’案例是对这个平台一次非常有效的利用。”拉特雷说，“压力直指（美国童子军）委员会中的那些在善待‘同性恋’的公司中担任董事会高层的成员。这次请愿活动重在突出强调‘言行不一’‘阳奉阴违’，迫使这些董事长在家人或朋友面前，在他们在意的人们面前对自己这种自相矛盾的立场做出解释。一旦他们不得不开始辩解，他们要么得承认自己先前的自我认识有误，要么得改变自己的做法。”

地球村

几百年前，法国哲学家布莱兹·帕斯卡提出过这样一个问题：“我们在路过的镇子上受到尊敬并不会让我们担心。但是如果我们要在某个镇子待上一段时间，我们就要开始担心了。我们到底得住多久？”

他的问题触及声誉、时间和空间之间的关系。他是在说明，我们只有在成为社区的一部分时才会在意我们的声誉。要想从属于某个社区，我们需要在一个地方待足够长的时间，建立互有往来的连接关系，让它将你带入某个人际关系网。如果你只是路过，这些问题都无甚干系；但如果你要停留些日子，你会希望融入社区。

在历史上的大部分时间里，声誉都是与小型社区相联系的。例如 1910 年，70% 以上的美国人生活在小城镇或乡下。如果他们搬家了，之前的声誉就此消失。当然，如今的情形已是今非昔比。互联网将整个世界变成了一个大网络，我们的社区也辐射到整个大洲。打个比方说，你可能是贾斯汀 · 比伯的粉丝，地域对你来说真算不上什么问题，社会学家戴夫 · 特洛伊着手绘制社交网络地图时也发现情况的确如此。[16]

正在慢慢戒除酒瘾的艾米 · 利普特洛特在她感人至深的著作《脱逃》（*The Outrun*，2015）中描述了自己如何结束了在伦敦荒诞不经的生活回到家乡奥克尼群岛戒酒。在风暴肆虐的大西洋中，她羁留在一座岛屿上，而朋友们远在数百英里的繁华大都会中（对她的恢复来说非常重要）。但她觉得自己算不上与世隔绝。“我经常四处奔走，不过因特网就是我的家……”

如今因特网的用户已达到惊人数目。数据分析公司多摩（DOMO）在其 2014 年的报告《数据从不睡觉》（*Data Never Sleeps*）中写道：全球因特网用户数量自 2011—2013 年增长了 14.3%，并于 2014 年达到 24 亿人。该公司发现，在每一分钟内，脸书的用户会分享将近 250 万条内容，推特的用户发送推文近 300 000 次，Instagram 的用户贴出近 220 000 张新照片，YouTube 的用户上传 72 小时的新视频，苹果用户下载将近 50 000 个应用，电子邮件用户发出 2 亿条信息，亚马逊网站完成超过 80 000 美元的网上交易。

“技术正在迅速增强（网上）声誉的重要性和影响力。”声誉网

（Reputation.com）创始人、数字空间声誉问题专家迈克·费蒂克说道。例如，英国女演员鲁斯·威尔逊曾担纲出演黄金档热播剧《婚外情事》，在大西洋两岸都已是功成名就，她对我们说起社交媒体对电视行业的巨大影响："眼下的社交媒体很有意思。现今大家要想拿到试镜机会得看他们在推特上有多少人跟帖。真是疯了。这一点也不合理，但现实就是这么回事儿。"

如今对于数百万人来说，因特网就是固定的社区。当然，对于很多像利普特洛特这样的人来说，这的确是一种很感性化的方式——利普特洛特把自己描述成"像倒红葡萄酒一样将自己的心浇灌在因特网上"，而且把自己的生活看作网站的主页，上面满是各种可以点击的按钮等着别人来关注。利普特洛特孜孜不倦地关注着自己在各大社交媒体上的积分，她把这看作在"对自己进行半科学化的研究，对灵魂进行深度探测"。苏格兰小农场外大风呼啸，她却只顾"忙着争先恐后地转发推文，置顶帖子……我在不断变化的过程中定义自己，着迷于计算、讲述、标记我的日常活动和运动，收集无边无际的数据"。

如果因特网已经在事实上消解了空间，那么它同样也瓦解了时间。任何以往能够随时间而淡去的错误或判断失误如今都会永远地存在下去。2015 年夏天，传记影片《冲出康普顿》的发布给 Dr.Dre 带来的声誉危机就是一个鲜明的例子。[17] 这部电影本身是一部精彩生动的作品，尽管在商业上取得了成功，它却因为掩盖了 Dr.Dre 虐待女性的过去而备受指责。对其发难的主要有 Dr.Dre 之前的搭档、R&B 歌手米歇尔勒（Michel'le），以及另一位音乐人泰莉·B 和嘻哈文化记者

迪伊 · 巴恩斯。几位女士公开宣称，早在 Dr.Dre 还远未赚得亿万身家、名满天下的时候，她们曾在 20 世纪 80 年代末 90 年代初遭到这位嘻哈乐手的殴打、拳击以及其他方式的虐待。

几个女人各自讲述着自己的故事，三人在网上发现彼此之前，她们的遭遇一直没有引起关注。泰莉 · B 通过脸书联系了巴恩斯："我说：'嘿！姑娘，我觉得我们有共同之处，怎么我们从来都没好好谈谈。'"几个女人遭受虐待的描述在网上吸引了成千上万的回复，Dr.Dre 不得不低声下气地做出道歉。他解释说自己不再是年轻时那个嗜酒成性、放浪形骸的男人。"我向我伤害过的女士们道歉。我为我所做的一切感到深深的悔恨，我知道我的行为会永远影响着我们这些人的生活。"

在前因特网时代，这类故事会被人忽视或忘却。的确，如果个人想要控诉有钱有势的人，除非他们结成团体或是在网上引起关注和追踪，不然他们会遭到整体漠视。对于其他人来说，需要引以为戒的是，年轻时犯下的混事恶事，日后会找上门来纠缠你。对于我们大多数人来说，比起被一群人抱团整治，更有风险的反倒是你在网上上传的一些东西，这些眼下看起来无伤大雅的内容，日子久了却愈发显得癫痴。比方说，网上有一张照片，里面的你喝得酩酊大醉，正在嬉笑耍闹，或者说照片上的你正是衣不蔽体的某种状态，当多年之后你意欲应聘某个职位的时候，招聘人员只要稍尽本分，这张照片兴许就能跃然出现在他眼前。

社交媒体学者、博主"达娜 · 博伊德"举出了另一个例子来说明因特网毫无差池的记忆力。洛杉矶的中南区是这座城市里又乱又差的一个区域，曾因为 Dr.Dre 的电影而名气大涨，一位来自这个地区的年轻人申请入读某常春藤大学。[18] 学校的招生官员在谷歌（Google）上搜索了这位人选，发现他的 MySpace 页面上赫然张贴着帮派徽章。“他为什么要对我们撒谎呢？”校方感到很惋惜——这个孩子保证过他已经跟帮派生活毫无瓜葛（尽管这一点在他的成长过程中无可避免）。这跟醉酒照片的例子不一样，对于这位年轻人来说这可不是什么判断失误。“对于这个孩子回到家里该怎么生存下去，居高临下、有权有势的东海岸精英就是这么回复的。”博伊德对我们说，“这是一种不自觉的种族偏见，它表明校方根本不能理解这个孩子干吗为了求生存非得表现出自己有帮派关系。”[19]

我们不能选择自己的过去，但是我们可以花点时间组织一下它在网络上呈现出来的样貌。而且，权力部门必须更加明白——人是会随着时间改变的。

这种声誉上的坍塌变得越来越普遍，这种现象被称为“语境崩塌”。[20]“社交媒体技术将多型受众群体合并到单一的语境中，让人们难再把面对面交流中用来应对多样性的那些技巧运用到网络中。”博伊德写道。[21] 语境崩塌说的不仅是网上声誉出现不一致，而且在有些情况中，公司把信息（例如“裁员有益于利润增长”）发送给特定的人群，之后却发现这条信息让其他群体知道后被放大了（“你赚那么多钱却说要裁员是什么意思？”）。

在日常的线下交流中，我们要针对所处的语境对我们的话语和行为做出适当的微调。网络世界中很难传达这些细微的差别。但是青少年们却在尝试改变这一点……

“影响者”

本书的两位作者家里都有十几岁的孩子，他们对这本书所涉及的研究方向表示很惊奇。例如，我们近期刚参加过牛津的一场研讨会，会上，一位叫布莱尔·福勒的24岁网红用Skype从田纳西接入会议现场，为听众讲解如何成为一个“影响者”。我们看了看她在YouTube上的频道——Juicystar 07，订阅者已经多达170多万人。对我们的孩子来说，这个频道妙趣横生，里面的视频包括“10美元以下的十大美容产品”“上学的日子里如何做头发”“今天早上我的手袋里都装了些什么”“这座房子里我最喜欢的一个房间”“最实用的十条护肤小贴士”等。这上面的内容貌似没有半点是关于中年人腰腹减脂或是解决谢顶的。

尽管布莱尔·福勒的频道对我们自己的美容需求并没什么大用，但它依然有它的重要性。她一周中差不多每天发布一段短视频（5~15分钟）。大部分视频的观看次数达到了200 000次，最热门的几段观看人数多达400多万。点赞最多的一段视频是关于她的男友为她化妆的，但是他们分手后她撤下了这段视频。她在研讨会上说，这个频道是在她的姐姐艾丽离家上大学后开办的，两姐妹开始通过互发视频来保持联系。当时布莱尔还只有15岁，视频都是在她的卧室里拍摄的。到2010年，两姐妹的视频被观看了7 500万次。布莱尔告诉我们，曾有一个YouTube上的男子打电话到家里来问她们收支票的地址，当时让她们的父亲很是生疑。她已经吸引了足够规模的观众，已经可以拿版税。如今，福勒才刚20岁出头，有报道说，她所办的频道和她在网上推荐的美容产品生产商付给她的费用已经让她赚得盆满钵满。

在美容产品和生活方式方面还有很多影响者，比如英国的佐伊·萨格，又名“Zoella”，她的 YouTube 频道拥有超过 1 100 万名订阅者。上面的内容跟弗朗西斯·福特·科波拉的大手笔没法比，但它如此受欢迎，正印证了我们先前点出的那个趋势：年轻人更信任彼此，而不是什么权威人物或是广告商，哪怕是“影响者”能通过集“赞”在宝洁或是联合利华那儿拿到报酬。这些公司极其热衷于拉拢“影响者”，因为传统的广告牌和电视广告效果越来越弱。尽管这一点已经披露出来，受众们看起来并不介意，无论如何，大家是被影响者本人绝对的真诚打动的——福勒说，各种产品的试用邀请让她应接不暇，但她只穿戴能让她大爱的那些产品。这种热情和真实感正是她的观众们所响应的。

YouTube 上的“影响者”现象反映出一种特殊的网上声誉——所谓的“微名人”现象。微名人们专注于某一非常具体的主题，这种专注为他们带来一个庞大、单一的人际关系网，而这种关系网只能存在于网上。普天之下各种主题背后都有专注于此的人群，亦如听到他人低声耳语会产生颅内兴奋的“ASMR 人士”[①]，再到“小马迷”——20 世纪 80 年代“小马宝莉”玩具系列的成年男粉们。因特网是一部造就声誉的巨大引擎，人际关系网根据年龄、地点、共同利益等因素在这里形成、萎缩、突变、消亡、复苏，再或发展变化。达娜·博伊德为了能够理解这些，研究了从青年人到中年人的网络声誉发展轨迹。

① ASMR 即 autonomous sensory meridian response，中文为“自发性知觉高点反应”或“颅内高潮”。——译者注

“对于年轻人来说具有绝对核心意义的是同龄人群。”博伊德对我们说，“年轻人想的都是怎样才能在这一人群中表现得‘酷’一点。他们围绕的都是些很奇怪的焦点，他们对自己说：我想在这个人群中显得酷酷的，或是我想在那个人群中显得酷酷的。”

这正解释了为什么“快拍”或 Instagram 等以形象发布为主的社交媒体会具有如此巨大的影响力。博伊德说：“孩子们在思索怎样才能搭配出一种有意义的形象，既能让朋友们感觉到很有趣，文风上还要酷，这样你展现自我的方式会让你看上去属于‘内部群体’。语言重要到难以置信，但这种重要性不在于如何写作，而在于如何通过文本表达自我，比方说用 emoji（表情符号）这种有趣的方式表达自己，再现身体上的一些稀松平常的要素，如衣服、手势、面部表情等。”像 Reddit 这样的网络平台上的活动同样高度体现为表述行为，内容上尽是关于自我发现、设定限度、树立信用、扮酷等——换句话说，都是些标志人生拐点的重大仪式，而在没有因特网的时代，这些只能发生在现实环境而非虚拟社会中。

博伊德指出人们在快到 30 岁时会面临的一个关键拐点。尤其对于有工作的人来说，这个阶段中离开原生家庭成为一种永久模式，事业开始具有至高无上的重要性。“对于许许多多白领职位上的人来说，你得开始让你的领英档案精彩起来。”她说，“你开始发现，为了在朋友面前‘酷’下去而维持着的声誉和职业发展中越来越需要的网上声誉之间是割裂的。人们花了很大的力气让两者互不干扰。在这一方面，脸书让人尤其为难，因为它常常让职业生活和个人生活撞车。”

博伊特发现，孩子们为了在同辈面前扮酷会表现出特定的身份感，中年人或是中产阶级职场人士在领英档案中的表现与孩子们的做法有相似之处。领英上面的任何人可能都曾有过一种有些怪异的经历——素不相识的人发来请求要求建立人脉，或是毫不熟识的人为你提供了稀奇古怪的技能认证（撰写不朽的新闻大作，或是网上声誉管理技巧）。领英上有一些不成文的规矩，例如别人加了你你也得加别人，而后就是双方都为了无甚往来而心生罪恶感。本书写作期间，有超过4亿人注册了领英。尽管它还有很多局限性，但对任何人，只要他还期许有晋升的机会，就深感负有责无旁贷的使命在完善领英资料。

数字时代的猎头

技术是否削弱了声誉的力量？这种观点认为，有了因特网，我们对彼此的了解更多了，因此，我们从其他人那儿得知的情况，比方说他们的声誉，就变得不那么重要了。一手的知识完胜道听途说。

这一观点在很多重要的方面都是站不住脚的。首先，它假定知识在联系密切的人之间是平均分布的。正如我们在本部分内容中自始至终看到的，一切都要依赖人际关系网，它对信息的共享是通过多种方式来实现的。其次，它假定信息等同于事实，而现实绝非如此。再次，它忽视了一个事实——技术大大增加了对信息的需求。

我们如今对人们和组织的研究要比以往任何时候都多，哪怕是20年前。而且，在数字时代，我们的连通性得到延伸，使得声誉比以往任何时候都要更宝贵、更重要。作家迈克尔·费蒂克说得更直白：“声誉将会成为未来的货币。”这就是另一派思想观点的要义所在：技术大大增强了声誉的重要性和影响力。

我们与里德·霍夫曼讨论了这个话题。霍夫曼是硅谷企业家，PayPal 和领英的合伙创办人，2002 年他在自己的起居室里起家，次年 5 月就推出了领英。2005 年，他颇具远见卓识地投资了一个叫脸书的新社交网站，当时脸书的市值还只有 500 万美元。他投资的 37 500 美元为他赚取了差不多 1 亿美元的利润。2011 年领英上市，2016 年 6 月领英被微软收购后，霍夫曼的身家约有 37 亿美元。这位大块头性格活泼，聪明过人，持有牛津大学的哲学学位和斯坦福大学的认知科学和社会系统学位，对于技术的未来，尤其是网上社交的未来，他思考良多。

“多数人都断言他们知道自己生活在一个网络时代，而且正聪明地游走于其中的某一个。”他说，“但多数人都错了。说到真正意义上的网络化时代，我们还只是看到了一些端倪。”他向我们说明了声誉如今怎样在网站上发挥出效力：

> 网上声誉包括前景声誉和背景声誉。前景声誉主要指“我”展现出来的一面，“我”最好的一面。你的领英档案就应当是你最好的自我，你最闪亮的外套。而这就是它应有的效果。只看“前景”在声誉方面也是非常有价值的——例如，只要看看某个人有多少条技能认证，或有多少联系人，这些人都是谁。这是很有价值的。背景信息恰恰相反，是人们不会从白纸黑字上看得到的东西，也是人们从来不会用白纸黑字亮出来的东西。背景信息是要通过向某人发信息，了解到背后的故事才能得知的——而这其中也有一些非常显见的声誉类“快捷方式”可供解读。如果你

向某人征求意见，而对方只是说了一句“打我电话”，那这其实意味着以下两种情况中的任一：好点来看，这说明这件事情很复杂，对方没时间把自己的观点写下来；不好的话，这是在说“不要理这人”。所以说，当涉及对方的声誉时，你的“类别”就从“复杂”缩小到了“差劲”。

尽管用户们可能是很随意地彼此联络，但有证据表明我们对自己写在领英上面的自我描述抱持着很严肃的态度。相应的，从这些描述中提取出来并传递给未来招聘方的声誉信息是非常准确的。霍夫曼说道：

你当然可以在自己的档案里撒谎，但是一系列独立研究表明，当你有10个以上联系人时，你的领英档案的准确性要远远高过你的简历。原因在于大多数人认识到，当自己在领英上建立起人脉之后，无论他们如何描述自己，内容都是公开的。所以一些常见做法，比如吹嘘自己发挥的作用，夸大自己的职责范围等，在领英上是不会出现的，因为你的团队中还有其他人在，这些人了解真相，他们会看到你的描述，兴许会拆穿你。

霍夫曼承认技能认证系统存在缺陷，但辩解说这一系统是一种有效的声誉校准方式。“一些人指责这一系统没有用，因为上面只不过是些朋友之间的互相恭维。”他说，“但是当人们为书籍写推荐信的时候，其实是在做同样的事情，只不过那是在现实世界。每一次你公开表达一些事情，你都会当着他们的朋友和其他人的面在后面缀上自己的名字。在网上，或者说在领英上做这类事情也是一样的，唯一不同的是你发布的内容很可能会被多得多的人看到、读到，尤其是一些对你和你的事业来说很重要的人。”

展望未来，霍夫曼认为，我们都需要更智慧、更积极地利用好网络声誉的力量。他迫切地指出，多数人都是在以被动反应的方式来经营自己的网上职业档案。我们更应利用领英这样的网站与我们想要谋面的人们建立联系，或是保持住这些人脉，还有可能用它来寻找自己心仪的工作。霍夫曼认为，领英应当成为一个正面、积极的工具。

“多数人没有自己的‘被发现’策略。每个人表现得都很积极——积极地搜索，其实公司还应当做到打出一颗照明弹去，然后看看谁响应了，并把这堆人中最优秀的挑出来。聪明的人在找工作时应当能够用我们的工具找到一些用人类型跟自己很相像的公司。我们现在正在做这方面工作。”霍夫曼说。

他想象出一个愿景，未来公司能够从自己现有的工作队伍中发掘出组织内最成功的人士都有哪些特质。这种服务要依赖计算机算法来实现，通过对公司中最成功员工的档案进行搜索，整合出一个“理想”候选人的简历。这一简历要基于一系列因素，大概会包括教育经历、任职时间、技能认证数目、在不同社交媒体上的人脉数量等。一旦一个组织有了这样一份“理想”简历，它就可以请领英为它寻觅合适的人选——把搜索参数设为“总部邻近范围内”，或是对最合适的人选进行排名。

这个职位的候选人可能都不知道这一职位现在虚位以待，他们也不会知道自己已经成为考察人选。这表明，为了抓住机会成为自己下一个职位的考虑对象，你得打理好自己的网上档案，确保它经过设计后能让搜索法捕捉到。当然，要实现这一点，某种程度上要看你对自己的情况都有哪些要说的。

对于一些人来说，公司只搜索“跟自己相像的人”——这种主意听起来不免有些反乌托邦。当然，这一类计算活动最终会在人际关系网中创造出更多的闭合，而且在出现新雇员时更容易造成回音室效应。不过即便存在潜在的缺点，这类创新还是会存在下去。

迈克尔·费蒂克对此表示认同。“你要当心人们怎么谈论你，”他说，“你必须要参与到‘游戏’中。你要认识到有越来越多的决定是由机器做出的。你不能甘当躲避世事的鸵鸟，假装这一切都不是真的。如今，对于候选人是不是可用之才，雇主们越来越在意，且是极其在意机器给出的说法。现在若说求职简历的末日已然来临还为时尚早。不过求职简历的首轮筛选越来越多地通过机器来完成，它们可以对所需数据进行解析。而且你甚至永远都不会知道这一过程究竟产生出了什么。”

“快进到明天。猎头或是为猎头服务的机器将能够自动分析你的企业中某个成功人士的档案。每一位人力资源主管或经理都认为他们清楚谁是成功人士，但我们现在知道计算机能更好地预测谁会成为未来的成功人士。所以一旦经理明白了这点，他们会让计算机来对公司里最出色的500名人才进行分析，派计算机去找出3~4名此类人员。所以计算机就会对公司周围15英里以内的60 000名人士做出审核，并给出6个人的名字由经理出面联系，而其他59 994人永远都不知道他们曾经也是‘局中人’。”

受关注度 vs 名气

我们往往把名气当作我们所处的大众传媒时代的副产品，但它业已存在了上千年：罗马时代有大名鼎鼎的角斗士和战车御夫，18 世纪的英格兰出现过红极一时的交际花，维多利亚时代有名满天下的音乐厅艺人，美国边境上出没过妇孺皆知的亡命徒……

报纸编辑们很早就发现，人们对知名人士的私生活颇有兴趣。在过去，名人的地位是靠实力或能力赢得的，这是人们对他们感兴趣的首要原因。例如尤金·山道，大约在 1890 年的时候，世人普遍认为他拥有全世界男人中最完美的躯体，这也是为什么大英帝国举国上下的民众纷纷倾囊看他在舞台上秀肌肉，争相购买他赤身裸体只用一片无花果树叶遮羞的图片，一睹为快他被人瞎编乱造的各种感情故事。自 20 世纪 30 年代以来，现代消费文化兴起，能力的地位被个性和生活方式取代。名人如今代表着我们渴求的生活方式，而且有可能名气大的人只会更有名——有种现象着实让人费解，一些名人做得最有名的事情是出现在“名人”真人秀上。

名气涉及某种形式的情感内容，能够在名人与公众之间建立起沟通的桥梁。随着新媒体的崛起，名人的声誉效应能影响到的公众规模呈指数级递增。从好的一面来看，名人效应产生的经济和社会回报是巨大的。各种赞助协议和名人宣传创造出巨大的财富，例如说唱歌手 Dr.Dre 合伙创立的“魔音”耳机，后以 30 亿美元身价被出售给了苹果公司。这样一来，名气就成了一种良性循环。名人们能在最好的酒店订到桌位，能够受邀参加最精彩的派对，能成为新产品和新企业的形象代言。

不过名气也有不好的一面。名人们一旦出现差池，就会成为媒体砧板上的大鱼。他们是公有财产，任何情形都不及他们走下坡路的时候更能体现这点。英国超天才歌手艾米·怀恩豪斯2011年辞世，终年27岁，对于她令人哀婉的陨落，有些记录中满是喋喋不休、令人意淫的细节。

在商界，名气的作用和重要性体现为一种文化功能。比如，美国社会异常重视商界成就，而名气是一种值得敬仰的成功副产品。史蒂夫·乔布斯生前创立苹果公司并重新打造三大产业——音乐（通过iTunes和iPod）、电影（通过皮克斯）、个人运算（这是当然）。马克·扎克伯格给世界带来了脸书。杰夫·贝佐斯用亚马逊颠覆了零售业、图书销售业、云计算和其他许多领域。谢尔盖·布林和拉里·佩奇创立了谷歌，让几十亿的因特网用户每天能够心满意足。沃伦·巴菲特人称“奥马哈先知”，在世人看来他是普天下最精明的投资人。

然而在美国，明星企业的领导人未必非要是创业家。克莱斯勒的前总裁李·艾柯卡和通用前CEO杰克·韦尔奇都是为人敬重的人物，他们身上有很多名人的特点，包括巨额收入、媒体的强烈关注，但他们都没有成立过自己的公司——他们是高度成功的雇员。

这种现象与欧洲大陆形成了反差，引得名人CEO们为此蹙眉。威望迪传媒集团前CEO让–马利·梅西耶尤爱万众瞩目的感觉，在这一点上堪比美国人。2002年7月，公司报出一笔前一年产生的价值136亿美元的非现金损失，梅西耶被迫离职，卸下光环的结局让他难堪重负。德国和法国的大型企业中的CEO们可能会像他们的美国同仁一样自命不凡，但是他们更愿意保持低调。大型集团安联保险的前CEO迈克尔·狄克曼（2003—2015年在任）就是个好例子，他总是回避抛头露面。他的继任者奥利弗·贝特选择在科隆生活，而不是公司总部所在地慕尼黑，因为在自己的家乡他可以完全像普通人一样过周末。保险公司的老板们或许都是离群索居型，不过哪怕是戴姆勒董事局主席迪特尔·蔡澈（自2006年起任职）也保持着相对低调的姿态，尽管他身材高挑并且蓄着小胡子的个人形象颇为与众不同。

在英国，像理查德·布兰森爵士和发明家詹姆斯·戴森爵士这样成功的创业者都是备受尊敬的，但是鲜有CEO会跳出新闻界的商业版对社会和政治问题做出表态。虽说CEO们曾斗胆就英国是否应该继续留在欧盟表达观点，但也都是通过集体联名向《泰晤士报》或《电讯报》致信的方式。这一现象部分反映出英国人的文化颇为不同。英国上市公司的董事会是一个统一的整体，根据法律规定在行动中承担集体责任，而且CEO的权力是受到限制的——如果不拉上董事会，CEO就没法办事。在美国，董事会主席和CEO往往是同一个人，老板的权力要大得多。

美国有名气的CEO们比那些腼腆避世型的人能拿到更高的薪水，这是研究表明的，但是名人CEO如果表现不佳，他们的薪金会跌到比那些名不见经传型的还要低。[22] 科罗拉多大学的维奥琳娜·闰多瓦和蒂姆·波洛克联合马修·海沃德进行的这项研究还显示，“吸引公众关注和激发积极回应的能力能够让有名气的公司获取到关键资源（例如人力资源、资本市场、原材料或产品投入来源等）和战略机遇（例如联盟、合伙、并购机遇等），若非如此，它们获取这些资源和机遇的渠道会非常有限，或者根本无从实现。”[23] 唐纳德·特朗普在 2016 年美国大选中意外胜出，跟他作为名人 CEO 的身份有很大关系。尽管坊间对于他能否胜任乃至他作为商人的道德表现颇有疑问，但他在电视节目《飞黄腾达》（*The Apprentice*）中的荧屏形象已经为数千万美国人周知。

你可能会觉得名人的经验教训用不到你自己的生活中去，但是名气其实是受关注度的一种极端形式。在事业启动之初，受关注度是一种资产，它能够让你从同龄人中脱颖而出。拿破仑初露锋芒时只是一个 24 岁的炮兵指挥官，但他成功地围城土伦。在革命大潮下的法国，他显示出的勇气和实力为他赢得了在更大的舞台上证明自己的机会。加之后来骁勇善战的表现，年仅 26 岁的拿破仑开始受命统领法国在意大利的所有陆军兵力。他在高风险态势中取得军事胜利的本领是他年纪轻轻就享誉天下、威震四方的关键因素。

资深葡萄酒评论家罗伯特·派克的例子没那么多火药味，他能崭露头角是因为他曾大胆高调地断言 1982 年是红葡萄酒最好的年份。这一断言让他显山露水，继而让他有了足够的底气去放弃原先的律师职业来开创自己的事业。威廉·黑格 1977 年在保守党会议上慷慨陈词，少年老成的他那年才不过 16 岁，却从此步入了一段大放异彩的政治生涯。基金经理海莱娜·莫里西年纪轻轻就为人瞩目，她当年曾豪赌 1997 英国大选结果，大笔购入金边债券（英国政府发行的有价证券），而她猜得很对，这些债券出现了超卖。

英国演员多米尼克·韦斯特曾在电视剧版和电影版《保持对话》（*Approriate Adult*）中饰演过一个颇有争议的角色——杀人魔弗莱

德·韦斯特，这一角色给他的职业发展带来了风险，尽管他本可以选择用更“安全”的方式演绎他。“我对于我在职场中的声誉还是有些天真的想法。弗莱德·韦斯特是个很有难度的角色，要是剧本写得不是这么好的话，这个角色可能会给我的声誉带来巨大的损害，尽管如此，我还是接手了它。而且，当然，打眼一看我的确跟弗莱德·韦斯特这个角色有相像之处，因此它如果成了我的定型角色而且为大家所公认的话，我有可能很难再饰演轻松些的角色。但是我演它的原因在于这个剧本写得好，因此关于声誉的问题被我忽略不计了。”

若能仰仗毫无争议的实力在早年就崭露头角，那将是让自己的声誉稳固持久的完美方式。但有时一些人在职场上的名气来得很晚。顶级高等法院大律师乔治·卡曼在 1979 年的一桩谋杀案中成功地为杰里米·索普辩护，那时他已年近 50 岁，而且主要的工作地点在曼彻斯特。这次辩护成果斐然，卡曼因此一夜间名噪全国。小说家希拉里·曼特尔多年来一直为人称颂但在经济上一直未见佳绩，在她年近 60 的时候突然誉满全球。在此之前，她发表了一系列受到盛赞的小说作品，但并没有取得过经济上的成功。曼特尔的文学造诣点燃了她的声誉，但 2009 年她以作品《狼厅》首次获颁“布克奖”，这才为她带来了真正意义上的火花。2012 年，这朵火花燃起了名副其实的熊熊烈焰——曼特尔因为《提堂》一书再次斩获“布克奖”。

受关注度的这种乘数效应通过两种方式发挥作用。如果你已然是声誉博弈中的赢家，人们对你的期望值也会更高，一旦你有做不到位的地方就会跌得更惨。一步不慎，一举不端，受关注度都会成为大麻烦。在商界，安然公司处心积虑、成效显著地在世人眼中建立起非常显见的存在，为的是让公司能够在好的条件下中发展进步。尽管安然被多次誉为世界上最受尊敬的企业之一，但公司能够取得非凡的商业成功其实靠的是财务造假。当其内部系统性造假的有关证据浮出水面后，世人给予安然的高度关注让它加速跌落神坛。在政界，一项关于2009年英国议员开支丑闻的研究发现，有明确的证据表明，受关注更多的议员面临的辞职压力更大。[24] 这就是有些时候所谓的“枪打出头鸟”，那些最受关注的人是最先被拎出来受惩罚的。

我们需要在意受关注度的重要性并不代表受关注越多就越好。“低调做人，惬意生活”——这是汉普郡的一位农民给本书作者之一的忠告，这位农民只想要默默无闻地生活，除此之外再无所求，而他也是当地百姓尊敬的典范。

或者我们可以看看伦敦珠宝商格伦·斯皮罗的例子。他在工作上恪守职业标准，他的客户也都是些声名显赫、富甲天下的人，但斯皮罗实际上并不为人关注。他在梅菲尔的一栋别墅悉心选取宝石，为人定制精美的饰品，整个过程做下来可能要花上几个月。

“当我回顾我们在经营模式中的行为表现时，我感觉我们应该更像战争中的狙击手，而不是炮兵，拿着填满了弹药的大炮为了所谓命中乱打一气。这关系到我们是在买东西、造东西，还是卖东西。这都需要细致的专注力和执行力。”斯皮罗说，“我们可以选择做到让大家瞩目。但是，我们抱持着这样一种观点：如果我们真的往这条路上走了，我们可能很容易变得面目全非。为此，我们要带着自主权和有限的曝光度轻松处世。这样我们就能真实地面对‘我们在做什么’和‘我们是谁’这两个问题。”

难以捉摸的“第五颗星”

像 eBay 这样的网站之所以能够成功是因为它就像一个声誉的交换所，而不仅仅是因为它是一个网上商城。《金融时报》的露西·凯拉韦解释道：“信任很关键……尤其是当你期待着从完全陌生的卖家手里买到东西，他的用户名有可能是‘mickey_boy69’之类。这种信任是通过反馈来建立的，而其他商家把这看作没甚用处的马后炮……（eBay 上）显示，能够发挥作用的反馈要依赖于三大条件：1. 受尊重；2. 普遍性；3. 即时性。在该网站上，政治、公共关系顾问或是社交媒体运动在声誉的形成过程中起不到什么作用，因为这个过程仅靠反馈就可以完成。100 分的买家知道他们可以以更高的价格卖出商品——也就是说买家会带着一种势不可挡的动机在每一次交易中都好好表现。”[25]

无独有偶，谷歌、亚马逊、猫途鹰上的排名榜具有巨大的影响力。本书作者之一有一位鲍比克叔叔，他在澳大利亚的悉尼经营着一家名叫科林伍德海军上将的小宾馆。这些年来，鲍比克叔叔一直在生意上仰仗着猫途鹰网站给宾馆的排名。宾馆曾一度跻身于悉尼酒店排名中的前 10%，后来又更进一步，从原先的第九十二名一跃成为全悉尼排名第三的宾馆，当时网上为此一片赞扬声。此后猫途鹰未做任何解释就决定不再将宾馆划为悉尼片区，而是归入德拉莫音——区区郊外地带，引得哀叹之声纷起，社交媒体亦有回应。

约有 6 个月的时间里，宾馆营业额出现立竿见影的下滑——鲍比克四处游说，但还是没能将宾馆划回悉尼。后来他灵机一动，想到了给猫途鹰的创始人和CEO史蒂夫·考费尔留言，并且从领英上找到了考费尔的电子邮箱地址。“我给史蒂夫写了封信，指出猫途鹰的总部设在马萨诸塞州的牛顿，那儿是波士顿的郊区，而德拉莫音是悉尼的郊区，与此类同。”他暗指猫途鹰的CEO是个输不起的可怜虫，他出于历史原因对科林伍德海军上将宾馆抱有成见。“他一定记得，1775年英军在邦克山战役中重创了波士顿的美洲叛乱分子。科林伍德上将那时还是个年轻的尉官，带领着一支英国海军旅参加了这场战役。那段岁月里，邦克山被自然而然地认为是波士顿的必然组成部分，但我明白猫途鹰现在把它划在了波士顿外面。”这封信发出两周后，科林伍德被重新划入悉尼。它在安可达、比驿网（HotelsCombined.com）、猫途鹰等网站上的排名陡升。

每个在宾馆下榻过的客人都受邀上网写评价。他们给出的评分决定了宾馆是会宾客盈门还是少人问津。就像作家约翰·亨利·克利平格说的那样，那些“定期发布总结性评价的网站，特别像罗马帝王，站在斗兽场上，用大拇指向上或向下来对可怜的人、电影、软件、酒店、内容的生死做出裁决。这些评分会在经济上产生实实在在的影响力。对于一个评级比较低的产品来说，亚马逊上一条可怜巴巴的评分无异于对它判了死刑。”2012年尼尔森的一份报告对56个国家和地区的28 000名因特网用户进行了调查，发现在最受信赖的品牌信息来源中，网上的消费者评语位居第二，仅次于朋友和家人的建议。根据这一调查，全球2/3以上的客户表示，他们信任这些网络平台上的留言。但是他们的信任有没有误导？

这种被误导的信任可能会表现在两个方面。第一，评论作假已经成为一项大生意。比方说，某人的推特上只有寥寥25人，他可以上网找人把这一人数刷到几千；如果商家需要正面评价，花钱就可以办到。《每日邮报》上曾刊出了一篇专题报道，记者汤姆·罗斯托恩在五美元网站（Fiverr.com）上发出了一条请求，找人给他（假装）推销的苏格兰度假小屋攒些好评。在这个本该无甚害处的服务网站上，罗斯托恩的请求收到了20多条回复，其中，写一条假评论的最低报价是3.50英镑。有人告诉他可以自己写评论，然后他们会用一个猫途鹰上的“老账号”把他的评论单独上传。所谓“老账号”就是那种看起来很真实，但实际上是“僵尸号”。你在亚马逊上也能看到类似的假评论，而且不消说爱彼迎和优步上也有，其实只要网上评论的累积影响能创造出宝贵的声誉不动产，任何网站上都会出现假评论。

第二种误导表现得并不那么直接，它是典型的从众心理在作祟。斯南·阿拉尔既是企业家又是学者——他是麻省理工学院斯隆学院的管理学“大卫·奥斯汀”教授，研究方向为社交关系网中的社会感染，尤其专注于猫途鹰和Yelp等网站上的在线评分。他述说了其他人对餐馆的点评如何影响到了他。“几个月前，我路过Dojo进去随便吃点，这家餐厅在纽约的格林尼治村。”他写道，“我脑海中对这家餐厅有了一个整体印象——那是当然啦，我可是在那儿吃过饭有过亲身体会的。餐点还可以，服务也还行。一般般，都是一般般水平。所以我到Yelp上点评这家餐馆的时候，对于我想给它几颗星自己是有很强烈的意识的。我登录进去，进入到点评页面，点击了按钮开始写评价。我看到在‘点此评分’按钮的右侧紧邻的就是一位叫夏尔·H的Yelp用户的评论，里面对Dojo‘新鲜、赞绝、甜美的酸姜酱’极尽溢美之词，评语上方是她亮闪闪、红彤彤的五星评分。我不禁动摇了。我先前认为这家餐厅也就值3星，但是夏尔说的有道理：她说‘这家店的价格真的是太赞了！’她的评语打动了我。最终我给了这家餐厅四颗星。”[26]

我们读到的内容或是其他人的观点都会让我们受到影响——当人人都说自己喜欢埃琳娜·费兰特的“那不勒斯四部曲”系列小说时，你也这么说就会比较轻松。不过当我们在网上时，这种情形会表现得尤其突出。“问题的核心在于我们的羊群效应——一种自然的人性冲动，其特点是缺乏个体决策，这使得我们在思考和行动中遵循着与周围人一致的方式。”阿拉尔说道。

阿拉尔和他的两位同事——耶路撒冷希伯来大学工商管理学院的莱夫·穆什尼克和纽约大学斯特恩商学院的西恩·泰勒——设计了一项试验，用来为网络评价（正面和负面）对人们的影响设定范围。试验情境设计为一家类似于Reddit的新闻网站。用户在该网站上做出的评论交由其他读者进行投票——“赞成票”（“大拇指向上”）、“反对票”（“大拇指向下”），或是“中立票”（“大拇指放平”）。“赞成票”比“反对票”出现的概率要高4.6倍，首批浏览评论的人对所有评论中的5.13%投出了“赞成票”，仅有0.82%的评论被投了“反对票”。阿拉尔和同事们进一步探究并分析了人们在5个月的时间里对最初评论所做出的回复。在这期间，101 281条评论的浏览次数达到了1 000万次以上，评分次数达到了308 515次。[27] 他们设计了一个测试，在其中加入了虚构的推荐信息，借此观察用户们会做出如何反应。人们表达出的观点开始随大溜，由此出现了泡沫化的正面评分。“我们发现人们愿意随附别人在网上的正面观点，但是对别人的负面观点总是有疑心。这就制造出了戏剧化的效果。”阿拉尔说，“声誉就有这种随大溜或是滚雪球的潜质，从而造就了胜者兼得天下或是超级明星市场的局面。”

因此，这里要做出的是一个反直觉的结论。网络经济严重依赖于消费者评分，而这种评分的累加效果为企业造就了宝贵的声誉资本。从表面来看，这种成就声誉的力量属于普通公民和消费者。然而，在我们自以为在对自己的网上经历毫无干扰地进行评判时，我们可能会屈从于不自觉的偏见或是虚假评价。而且，我们还会受到大公司操控，它们大肆调用大数据来追踪和预测我们的每一步动向。脸书页面上弹出的广告已经不再会让我们惊奇，即便这些广告与我们的需求契合到让人心悸。随着技术的发展变化，个性化广告投放将很快沦为石器时代的工具。

4

描述方式

到头来，我们记住的，不是敌人的言辞，而是朋友的沉默。

——马丁·路德·金

“告诉苏吉，我是个天才”

你如何描述自己，尤其是你如何说服别人站在你的立场上描述你，是声誉博弈中至关重要的一环。

道格·莫里斯魅力超凡、善结人脉。这位“索尼音乐”的董事长向我们回忆了他在20世纪90年代与音乐界两大领军人物的一次会面。这两人分别是吉米·艾欧文和苏吉·奈特，前者是Interscope唱片公司的创始人，后者先是做过帮派成员，后来随着说唱音乐蔚然兴起转身成为最成功的唱片制作人。三人当时在商讨Interscope和“死囚唱片”（Death Row Records）的一桩分销买卖，苏吉·奈特的“死囚唱片”是市场上最炙手可热的公司，这桩生意对于Interscope来说很重要。

吉米·艾欧文曾与约翰·列侬、帕蒂·史密斯、“恐怖海峡”以及其他许多白金销量的艺人都有过合作，他请求莫里斯伸手相助。“吉米是个独具慧眼的人，”莫里斯说道，“一天，他给我打电话说：‘这东西要成大气候，我们必须得下手……人我已经见过了，我想让你出面跟我去见见他。他叫苏吉·奈特。’”

“起初我着实是让说唱乐的歌词和‘厌女症’给吓到了。不过后来我看到那些独立的小唱片公司都在买卖这些曲子。为了重磅推出‘第一修正案’，我开始签约说唱乐手。我签下的第一个乐队是 2 Live Crew, 他们给我惹了一堆麻烦。后来他们因为违法销售自己的音乐在迈阿密被捕。这事让我大为光火，所以我们说服布鲁斯·斯普林斯汀让 2 Live Crew 把他的《生在美国》改编成了《禁在美国》①。

“我们和苏吉·奈特在加州一家很不错的餐厅见了面，餐厅名字叫‘常春藤’，大家一起吃午饭。他以前在康普顿一带入过黑帮，是‘血帮’的成员。初见到他时，我心想：‘我还真没见过这么膀大腰圆的家伙！’不过事情都谈完敲定之后，我发现奈特是个非常非常出色的唱片制作人。他当时已经创立了‘死囚唱片’——我对这个名字其实不怎么来电——它的标识是一个被捆在电椅上的人。

“吉米有 120 磅重，苏吉差不多有 280 磅。他俩坐在一起让我觉得无比好笑。真不协调啊！吉米提前告诉我说：‘听着，我会冲你使眼色，然后起来去卫生间，趁我不在的时候你要跟苏吉说我是个天才。’

---

① 《生在美国》：“Born in the USA”；《禁在美国》：“Banned in the USA”。——译者注

“所以我问道：‘这么做了会有什么结果？’吉米回答我说：‘我们会签下死囚唱片。’吉米起身去卫生间后，我跟坐在对面的苏吉说：‘你知道吗，你真是很幸运。’‘为什么？’他回道。‘因为你马上有机会跟一位天才合作了。’我说。

“后来，吉米回来了，不管你信不信，反正他签下了这单生意。Interscope拿下了死囚唱片的分销权，这其中囊括了Dr.Dre、史诺普·道格等一干偶像级说唱乐手。”[1]

艾欧文深谙别人口中的你要比自己口中的你更有分量。你怎么描述自己是一种有效的“品牌塑造”，但人们会本能地对其有所取舍，从心所想；而别人如何谈论你从来都是你无法完全把控的，这也就意味着，听的人会深以为意。

流言蜚语进化史

据说语言的进化史已经有大约100 000年之久，它肇始于人类大脑体积的快速增大和有组织的狩猎活动出现之后。增大后的大脑使人类有了说话的可能，让我们的祖先们能够更有效地追踪到大狒狒和猛犸象等体积更大的动物。这是一个良性的进化历程，它最终在70 000~100 000年前带来了人类从非洲四散向世界各地的大迁徙。在数万年的岁月里，早期人类组成了家庭单元，在迁徙的队伍中相互扶持，与其他群体松散地组合成1 500人左右规模的部落。人们使用语言来交流环境信息，做出猜测，召唤神明，歌唱、吟诵、哀悼，抑或区分对公共利益做出过贡献或是有多得多占行径的人，这些行为对于社区的凝聚力和生存力都是必不可缺的。

约公元前三千年，法老统治着数以十万计的臣民。两千年后，亚述、巴比伦和波斯帝王们统治下的臣民达到了数百万。以色列人类学家尤瓦尔·诺亚·哈拉尔提出，人类能够建立宗教、神话、货币等具有叙事诗特点的语言体系，以此来统一人们的“描述方式”，巩固更为庞大、更为复杂的人类组织形式，这是人类的一种能力。“农业革命为造就人口密集的城市和强大的帝国提供了可能，人们开始创造出种种故事，宣扬伟大的上帝、祖国、股份公司等，从而营造出他们需要的各种联系。”哈拉尔写道，“当人类的进化历程还在龟速前进时，人类的想象力就已经为大规模合作缔结起了叹为观止的人际关系网，这是地球上任何其他生物所不能企及的。”[2]

现代研究表明，我们的交谈中约有三分之二的内容都不过是在拿着别人说长道短，无关任何崇高的主题。人类学家罗宾·邓巴对此颇有见地：“如果做人的意义就在于能够说话，那么让这个世界转起来的其实就是生活里的闲言碎语，而不是像什么亚里士多德或是爱因斯坦那样口吐珠玑。”因特网上的很多交流都可以归入这一类，社交媒体也多被人讥笑肤浅、没内涵。无独有偶，办公室里扯闲话有时不免被认为既没成效又没作用。不过实际上，在网上和办公室里聊八卦都是在满足一种久远的人类需求。我们通过闲聊来持续“监测”他人有可能对我们采取的行为方式，并以此来校准我们自己的行为。我们建立、监测、质询我们自己和他人的声誉，将言语和行动之间复杂的相互关系提取出来。在流言传播的过程中建立声誉可以满足一个目的——打造社会凝聚力和信任度。

在任何以互惠型良好行为为基础的系统中，人们都有机会通过犯懒、不作为或是欺骗来利用别人的好意。这类行为如果得不到约束，就会威胁到整个社区的生存能力——无论这种行为是发生在一众狩猎者和采集者中，还是出现在现代化的企业中。闲言碎语会把好逸恶劳的老板、恃强凌弱的校长或是难堪信任的同事暴露出来，而如果“搭便车的人”被剔除出去，整个系统不仅会立即受益，还会改变未来个人的行为方式。

汲汲以求的合理性

在当今世界上，人们可以亲自执掌自己的“声誉描述”。我们在这方面所享有的机遇已近极致——手头可用的工具已是极其精密，而且真可谓信手拈来，不费周章。

各类组织围绕着自身能力制造出各种“描述”，主要为的是突出自家产品和服务的独到之处。若是说到能力描述的声誉信号释放功能，这种描述还能满足其他目的——它能吸引到“正确的”人才前来应聘；它能将信号发送给具有竞争实力、能稳定股价的投资商；它还能让组织成功避开监管方。

不过，最具创新性的还是品行描述。20 世纪中叶，的确有那么一两家公司关注到了“品行特性”——这方面做得最突出的要数烟草公司和贵格会（Quaker）公司，前者诸如菲利普·莫里斯在美国创立的“万宝路牛仔”，后者可见英国的吉百利。然而，当时的大多数公司强调的还是自家产品的实用性。如今，公司的语言描述更具感情色彩，它强调的不仅是组织做些什么，还有它们是如何着手做这些事情的。

加拿大西蒙·弗雷泽大学比迪商学院的两位营销学者莱兰·皮特和丽莎·帕帕尼亚研究了各类组织如何通过在自家网站上撰写自我描述来传播自己的个性特点。

两位学者在 2007 年《通用管理杂志》上发表的一篇论文中写道，“不管它们是有意还是无意，组织都在通过传播网络语言来塑造能够体现个性特征和核心特点的形象”，“它们带有目的性地选用这些语言，针对具体的股东塑造某种印象，这是很常见的做法。然而，有些时候这些组织最终形成的形象纯属无心插柳，是一种辞藻的混合和相互关联造成的结果。这一点至关重要，因为组织在股东间的声誉是靠组织传递出的形象树立起来的”。

以“杰克·丹尼”为例，其官网访客都是为了找寻民风质朴的南部风情而来。网站的主页上书：“杰克生活在这儿。”下方一行内容中说道：“向我们所有的朋友致以田纳西式的热烈欢迎。您已经来到了杰克小店，一个能够让您品啜威士忌和一切‘杰克·丹尼’的所在。”网站上满溢着传统特色，这都是为了营造和树立“合理性”而专门设计过的。点开几处链接，你会发现林奇堡设立纪念日的庆典视频，这个城市正是 1875 年杰克·丹尼设立酿酒厂的地方。营销人员还聪明地设计了一处转接，将网站链接至喧嚣热烈而又高度成功的田纳西音乐节现场，借助当代手段进一步强化了自身的合理性和传统背景。公司花了大力气来为自己打造“创业传说”，把它叫作“我们独立崛起的故事”，并用时间轴的方式娓娓道来，网站用户可以沿时间轴滚动鼠标来浏览公司历史上的重大节点。杰克·丹尼谋求塑造的声誉类型，需要具有真实感，以老酒厂和创始人的合理性为基础，但同时又具有当代气质，并能让如今年轻、劲酷的城市饮客所认同。

不过这家公司的真实背景多少与之有些出入。杰克·丹尼其实是百富门旗下的子公司。作为纽约证券交易所上市企业，百富门拥有4 600名员工，2016年年收入为30亿美元。这家专业化运营的企业在经营方式上极为成功、极其现代化。它的故事并不特殊。我们后面还会讲到“纯真饮料”（见第6章《品牌之中有什么？》一节）和“本和吉瑞冰激凌”。这两大品牌都把历史传承作为自我身份的核心构成，并以之在竞争激烈的市场中树立和维护自身的合理性。

能力和品行描述是“合理性”得以确立的两大机制。在布朗大学社会学教授马克·C. 萨其曼看来，“合理性”是“一种大致的理解或推断：某个实体的行动在某个由规范、价值、信仰、定义等构成的社会建构体系中是恰如其分的”。一个组织不需要在社会的方方面面都体现出自身的合理性，它只需要在选定进行自我推广或叙述的领域中做到即可。

“合理性”是声誉博弈中的重要资产。如果外界认为你在职业上或从人的角度来看是具有合理性的，那么原本不会找上你的机会就会变得触手可及。“合理性”的确立有赖于背景设定——婚前的单身告别夜里，你跟一群朋友胡作非为一番可能还说得过去，但如果是某一天晚上约同事一起外出就不能与之相提并论了。

若为企业营造合理性，利用透明度是最好的方法之一。近年来，商业机构一直迫于压力不得不提高透明度，而且这种压力只增不减。

世界各地的非政府组织、施压团体、游说团体近期出现爆炸式增长，压力之下，全球的媒体和政治家们开始提出更多问题，要求更多的答案。而且，随着这种质询不断增多，各界开始越来越多地要求有关方面以更快的速度发布相关信息。

紧随其后的便是我们所看到的网络数据大爆炸以及搜索技术创新——谷歌自然是这一潮流的领导者。因此，透明度，无论它存在抑或缺失，都已经成为评估组织合理性的主要探求方式之一。在缺乏内部信息来源的情况下，某个组织在外界眼中的开放度和透明度会被认为是其品行的代理模式，展现着组织内部从事经营的方式，也显示了组织坦诚面对询问的意愿。

除了开放姿态释放出的一般信号，组织使用的具体描述语言以及它们选择公布的信息都会被立刻拿来跟它们的行动做比对。如果我们的言行之间没有或者只有些许的差池，我们就拿到了“真实可靠”的通关令。

真实性的威力

“真实”在现今充满复杂性和不确定性的世界中发挥着重要作用。商业机构长期以来难以在社会上求得信任，而数字通信更是让一切伪善之举无处遁形。

在帝国主义时代，西方列强在遥远的异国弑杀无妄、奸淫掳掠，而它们的所作所为在国内却无人知晓。比利时的利奥波德国王自 1865 年起便将资源丰富的刚果自由邦据为己有，直至 1909 年他一命归西。

据信有多达 1 000 万刚果人在他统治期间丧命。而这位国王给出的说法很伪善——在欧洲内部，他把自己说成是在履行文明开化的使命，尽管橡胶和象牙带来的利润都流入了布鲁塞尔资产阶级的腰包中。亨利·莫顿·斯坦利等探险家们还受雇用理想主义来粉饰这个国家贪婪的行径。后来英裔爱尔兰人权活动家罗杰·凯斯门特在 1903 年就此出版了一部详细的报告。此前，约瑟夫·康拉德在 1899 年发表的中篇小说中曾暗指比利时王国有着一颗名副其实的“黑暗之心”，不过真正让利奥波德荒淫无度的统治大白于天下的还是凯斯门特的著作。

如今，企业和社会的联系更为紧密，人们由此愈发期待商业机构能够有更多的责任担当。“在一个不懈追求透明度的时代，世界对于私营企业的要求更多了。”约翰·布朗恩、罗宾·纳托尔、汤米·斯泰德伦在《联结》(*Connect*)中写道，“如今，重复过去的错误所产生的后果要比以往任何时候都严重。”多年来，德国工程集团西门子靠着行贿在发展中国家拿合同。通用电气等竞争对手无可奈何地看着西门子大赚特赚，股价好到势不可挡。然而西门子后来承认出现了系统性腐败，并为此偿付了巨额罚金，最终落得满盘皆输。

不管在哪里运营，组织都面临着越来越高的行为标准。现如今，要想找条黄金行为标准出来，再拿着它去评判别人，比任何时候都要简单。这就迫使组织提高透明度，增加沟通活动。不过，如果你的所作所为并不真实可信，再增加透明度就不明智了。拿出积极的姿态讲故事，在实际行动中却是完全不同的套路，这样做的风险太大了。

单看“巴拿马文件”泄密事件产生的非同凡响的影响力就足以领会一切。国际调查记者联合会披露了这些文件。在这个记者们理应疲于物力匮乏、忙于纠缠琐事的时代里，巴拿马莫萨克·冯塞卡律师事务所的 1 150 万份文件被公之于世，这可谓老派调查性报道的一场大胜仗。更甚，这些文件还曝光了有钱有势的人如何在世界各地四处转移资财。这些信息的泄露提醒了我们——这世界让人无处遁形，即便通信看起来都是保密的。

就像格罗乔·马克思说过的，成功的秘密在于“真实”：一旦你能装得出来，那你就已经成就了“真实性”。“真实性”确实值得你去努力追求，哪怕你还没做到那么“真实”。

报道的效果怎么样?

“报道具有误导性且过分简单，”顶尖社会学家查尔斯·蒂力指出，“但是报道里说的都是人们想听的事儿。”即便是在一个让人分心乏术、应接不暇的世界里，报道依然在想方设法打动人们、感染人们。记者热尼·拉塞尔写道：“现代世界让我们翻滚着摔在地上，尖叫着，咆哮着，让我们在令人眼花缭乱的天旋地转之中兴奋不已。”[3] 就拿今天的新闻随便举个例子来说，谁能一下子说得清猫咪美图、唐纳德·特朗普、脱欧、竞技运动药物滥用都是怎么回事？

人们拒绝“复杂”欢迎“简单”。如今还有什么事情是一条 140 字的推文说不清楚的吗？那些专门研习细微差异和复杂情况的人注定要在现代社会里嗟叹自己生不逢时，而那些对事实一丝不苟的人恐是要火冒三丈。事实往往被人们拿来佐证自己早就打好草稿的观点，而且一些人会说我们如今生活在一个“无视真相”的世界中。许多人宁愿快快地看个短片也不愿意读上一篇信息丰富、事实充分的文章。自然而然，唐纳德·特朗普虽说对事实的准确性不甚讲究，但这并没有阻挡他成为美国历史上第45任总统。

作家法哈德·曼居在他的著作《足够真实》（*True Enough*，2008）中谈到“为什么我们的大脑在信息处理的过程中会在此事实和彼事实之间有所倾向”，并对此提出了一些很有分量的观点。他在书中引用了1951年的一项研究，其中涉及达特茅斯学院和普林斯顿两所常春藤高校之间的一场足球比赛。研究显示，两队的球迷都指责对方球队在比赛中耍了手段，并且因为裁判偏心占了便宜。这项研究发现，“球迷们并没有关注球队在比赛中的实际表现，或者说他们随着自己的感受故意忽视了一些事实。的确，这实际上是视觉感知的问题——大家看到的都是同一场比赛，但是他们的大脑似乎用了两种完全不同的方式来处理赛场上所发生的事情”。

根据曼居的假设，现代传播技术能够让我们创造并选择我们需要的证据。他将PhotoShop列为一大因素，指出我们现在都会信任我们在图像中看到的内容，而且尤其会信任比较精彩的图像。另外，如今的技术能够以更快更简单的方式创造出各种“专家”，这种情况同样适用于这一假设。如果能将媒体报道锁定在自己的一系列观点和意见上，那么后面的事情都是顺其自然的：人们会在网上搜索到你，然后你就会——仿佛一夜之间——成为一位“专家”评论员，不管你是不是真的具备资质。“如今，我们看到的专家来自方方面面，存在于一切媒体，源自于各行各业……我们向‘专家’们咨询具体问题，获知我们不了解的情况。这种讨论本身就是不稳妥的，因为‘不了解情况’也会让我们陷入被动。我们怎么能知道把控着公众话语的这些‘专家’真的就是专家呢？”曼居说道。

随着读者群体和广告收入转向网络媒体，传统报纸行业长期以来在走下坡路。《卫报》前任主编艾伦·阿斯布里杰说得好，这个行业发现自己“深陷暴虐的十二级电子飓风中”。回到20世纪70年代，如果你想借助媒体在伦敦金融城里为你的声誉造势，有两位记者是你必须要找的——理查德·朗伯和巴里·赖利，两人在《金融时报》撰写的列辛顿专栏可谓风云叱咤。这个专栏刊登在《金融时报》粉色页面的最后一版，一般包括三四则不署名短文。这其实体现了媒体对“越短越好”这种观念做出的早期让步。这些文章中凝聚了作者的很多心血——举个例子，如果有篇文章是写美国通用电气公司的，那么权威人士会明白理查德和巴里一定采访过了公司的总经理温斯托克勋爵以及两三位公司大股东。文章中表达的观点一般都很犀利而且涵盖了海量信息。在那个年代里，股票经纪人尚有时间在从萨里通勤的车上看一看纸媒。他们一般都会先翻到这个专栏的页面，自己的观点也都是在阅读中成形的。通过这种方式，伦敦金融城里不断树立并确立起各种声誉，这些声音时而也会受到质疑，遭到重创。要想对有影响力的人物们施加影响，那你得去找理查德和巴里。

列辛顿专栏如今还在，也依然刊登在报纸的最后一版，但它现在只不过是众多声音中的一个。而且，多数人很有可能都已经不再阅读纸质版的《金融时报》，而是选择在线浏览，而以往的重要等级划分在网络上已经不是那么分明。

“今早的新闻怎么样？”这是CEO们经常对他们的媒体人问起的

问题，“报道的效果怎么样？”过去，如果一则报道能够登上报纸头版的上半页，那么它所产生的影响要比淹没在后面的版面中大得多。要是在英国，为了回答CEO们的问题，你很有可能只需要翻翻桌子上的几份报纸——比方说《泰晤士报》《电讯报》《卫报》《金融时报》等大报，而后是《每日邮报》，兴许还有《每日快报》(《太阳报》的商业报道总是很精彩)；要是在美国，《华尔街日报》最长于商业报道，此外还有一些区域性的重要报刊，例如《华盛顿邮报》或是《纽约时报》。

网络新闻的重要性日益突出，任何文章的物理位置几乎都不再是个问题。过去，你可能要在周五的晚上一路踱到《星期日泰晤士报》的编辑部去，递上一个没有任何标记的信封，里面装的是一则细节丰富的报道，可以拿来给下一期报纸作独家报道。过去的记者特别感谢“独家报道”这种形式，有了它就不用四处奔波着去问些咄咄逼人的问题，毕竟周六你也找不上任何人。这种刊登独家报道的方式在现在看来落伍得好比拿着根有裂纹的棍子来传消息。

声誉通过各种碎片式的媒体信息来源得以重构——从主流媒体的网络版到路透社、彭博社等通讯社，以及遍布网上的各种新生刊物，再从《赫芬顿邮报》到“商业内幕–政客”(Politico to Business Insider)、Buzzfeed和Medium等。引人注意的是，2015年8月，《纽约时报》指责亚马逊公司中存在着“冷漠无情的工作方式”，亚马逊并没有选择8月的纸质版《华盛顿邮报》(亚马逊创始人杰夫·贝索斯所有)，而是转而在酷感爆棚的短文网站Medium上做出答复。[4]一位忠诚的员工在领英上也机敏地做出了自己的回应。一些新媒体是好的，有一些则很糟糕——它们无休无止地滚动制造新闻和观点，外界难以对它们施加影响。民众，尤其是年轻人，会专门选取几家渠道来满足新闻需求或是从推特上来获取新闻信息，而这种一秒一秒刷新闻动态的方式是对时间的绝对浪费。还有一种现象叫作“公民新闻”，人们发博文、推文、实拍的视频，这中间没有编辑的介入。数十亿智能手机用户中，任何人都拥有成为“公民记者”的技术。这种报道方式深受其他社交媒体用户的喜爱，而且也吸引了越来越多的主流媒体采用它。

当初这些“公民记者”刚刚开始起步的时候，记者们还过着优哉游哉的日子。上午 10 点之前你是到不了办公室的。11 点钟的时候会有一场记者招待会，编辑们开始琢磨怎么编排明天的报纸时，你可能出去跟人吃午饭或是喝东西去了。下午 3 点钟的光景，你大概就回来了，开始思考今天的稿子该怎么写。4 点到 6 点的时间里，你热火朝天地一通忙活把工作搞定——截稿时间一点点逼近，催得你忙碌起来。

如今，截稿时间讲究的是争分夺秒，记者们的文章要以实时效果和互动反馈来衡量。你匆匆忙忙发出一稿，几秒之内就会有比你在这个话题上懂得多的人跳出来指摘你的拼写错误或重音错误。你得跟他来一番对话，如果文章里真的有错要把它更正过来，如果你不认同读者的观点还要跟他理论一番。分析手段会告诉你有多少人读了你的文章，它的转发或推送频率怎样，世界上哪些人在哪些地方转发和推送了你的文章。但是在过去，《金融时报》的杰出编辑理查德 · 兰伯特会把你叫到他的办公室，告诉你温斯托克勋爵打电话来对你的文章论调很不满（温斯托克有一次问道：“你今早接受过毒液注射？”）。为数不多的时候，编辑也会对你表扬上几句，因为他跟英格兰银行的副行长共进午餐时，对方对你讲货币政策的那篇文章很是欣赏。

Buzzfeed 很好地示范了新媒体时代中的“报道”是如何演进的。这家机构成立于 2006 年，彼时，世界各地有数百家报刊面临停刊，或是不再发行纸质版，这家机构却能产生出数亿美元收入。它在全球范围内拥有 1.3 亿独立用户，在 YouTube 上拥有 200 万订阅者，其离奇古怪的报道内容颇受欢迎，在因特网上的转载次数多达数千万次。Buzzfeed 曾刊登过一篇网文，内容是关于一条裙子的颜色到底是蓝黑相间还是金白相间，这篇文章的浏览人数多达 3 200 万。其“经典系”作品中还有“清单体”文章“好过男朋友的 27 种三明治”，或是“27 个说明你成长在移民家庭的迹象”。Buzzfeed 并不是严格意义上的新闻网站，它提供的是社会新闻和娱乐消息，所以它无心与《金融时报》一决高下，倒是多将矛头瞄准了《每日邮报》。不过 Buzzfeed 的运营还是很高效的，其网络流量中约有 75% 是来自推特和 Pinterest 这样的社交媒体。

而且，尽管这些文章都是人类作者的手笔，但是这些人类作品深受技术和分析学影响。Buzzfeed 对其登出的帖子进行全面的影响力研究，发行人阮道介绍了公司是如何一一追踪他们刊登在脸书上的 90 多篇帖文的：“我们可以从传统的方面入手，比方说发文的最佳时机在什么时候？在某些页面上添加视频内容是如何影响增长率的？为什么不同页面的速度不一样。我们可以利用这些方面来优化选择我们需要添加视频的网页。”[5] Buzzfeed 将其网站上登出的帖子按照读者数量进行了一一分类。比较好的情况下，一则帖子可以吸引 10 万 ~25 万次分享，而且某些帖子还会大幅扩散（例如之前讲到的“蓝黑或金白色裙子”），创下 100 万甚至更高的点击量。Buzzfeed 的记者们并没有为“算法”所困，他们是富有想象力和进取精神的报道者，经常会通过刊登同一则报道的多个不同版本来观察读者们最乐于接受的方式。算法和人类相结合就能制造出让人们产生强烈情感投入的具体话题，还能对报道内容进行相应调整——这与传统媒体中稳健持重的“时局缔造者们”可谓云泥之别。

雷蒙德·纳斯尔的钟表

为了从更广义的角度来理解媒体在创造“故事”的过程中发挥的作用，我们拜访了雷蒙德·纳斯尔。纳斯尔曾在谷歌任传播部总监，现在为快拍、推特等硅谷公司担任顾问，并在斯坦福大学商学院讲学。从他的履历来看，他曾短暂供职于苹果公司、太阳微系统公司、NOVELL（一家网络系统公司），如今还是牛津大学的客座学者。纳斯尔其人多才多艺，除了上述头衔，他同样是企业家和具备资质的侍酒师。借助于在为各家公司打理声誉的过程中积累下的丰富经验，纳斯尔对于“媒体周期”这一概念独有自己的一套见解。

“这个想法在‘苹果’创立早期就冒出来了。那时我们对公司的传播事业怀揣着一腔豪情壮志，思考着‘新闻到底是干吗的？’”纳斯尔回忆说，“我们自问：‘哪些事情是能够写到报道里去的？’而且我们把媒体比较喜欢报道的事情精简到了 4 项——处于巅峰状态的公司、摇摇欲坠的公司、已然报废的公司、重整旗鼓的公司。我们用钟表来比喻这4种情形，因为四者的演进随时间向前推动，而每种情形都处于模拟时钟的一个象限中。”

这种“时钟类比”简单明了又不失说服力。目视4个象限，它们分别位于12点钟（巅峰状态）、3点钟（摇摇欲坠）、6点钟（已然报废）、9点钟（重整旗鼓）之间。正如钟表显示的一样，时间是单向流动的，公司所处的发展阶段在纳斯尔的“媒体时钟”上也是不可逆的。摇摇欲坠的公司不可能从颓败的边缘全身而退，再度登上事业的巅峰。纳斯尔认为，公司需要沿着这个循环步步推进，治病祛疾，之后才能重攀巅峰。

“‘巅峰故事’是媒体比较喜欢的，因为它正可以说明，这个消费世界中所深受喜爱的那些大型特许经营企业是无往不胜的，比方说大名鼎鼎的‘狼牙四企’[①]——脸书、苹果、网飞、谷歌，连续数个季度创下无人可及的非凡业绩，合伙人对它们简直爱到要死。方济各教皇如今也正在他的巅峰时期。”纳斯尔说道。

巅峰企业看起来是不可战胜的。它们对纳斯尔所说的“3P”——产品（products）、业绩（performance）、合伙人（partners）——实现了完全整合。公司产品大卖，并延续出某种增长轨迹，后劲颇足。公司的财务表现看上去也很强劲，不管是销售额、利润还是股票价格可能都表现不俗。而且，公司现在对于实力雄厚的合伙人充满了吸引力。

---

① 所谓“狼牙四企”，英文为“FANG”，意为狼牙、犬牙，其构成为脸书（Facebook）、苹果（Apple）、网飞（Netflix）、谷歌（Google）四家企业的英文名首字母。——译者注

如有神助。公司的品牌坚挺，让它有余力大刀阔斧做些有创新的事情。“苹果”至少两度进入“巅峰象限”，第一次是在 20 世纪 80 年代中期，第二次在 20 世纪 90 年代末；还有观点认为“苹果”在 2009—2012 年间第三次进入“巅峰象限”。“谷歌”在 2004 年春天上市之前也处在“巅峰象限”。

这一象限所呈现给你的故事也都是与众不同的。故事内容通常会聚焦各种成功的表现（例如，公司每周收到的简历数量），预测下一代轰动性产品的开发情况（例如新药品有望获批），或是介绍公司采取的进一步战略强化手段（如被指定为业内颇具希望的整合者）。

正在步入第二个象限的企业常常对自己面临的形势浑然不知。事情暴露出来往往是因为有记者恰巧发现了一些可以拿来当“皇帝的新装”来报道的事实，而这类故事会让人认为所有关于这家公司的一切都不是看上去那么回事儿。“第二个象限是一个摇摇欲坠的阶段，这个象限中最最重要的是发生在 3:30 的故事。”纳斯尔解释道，“传播总监们时刻警惕着这类报道。举个例子，记者掌握了公司高管造访竞争对手的证据，或是公司产品的受欢迎度下滑，再或公司利润走了下坡路——这些都是‘摇摇欲坠’故事的先兆。”

纳斯尔最为关注发生在 3:30 的故事是因为这是整个周期中最危险的节点。绝大多数的媒体都在描写公司的“巅峰故事”，这时却冒出来一两则报道说公司将会麻烦上身。多数传播主管都会对这种感觉熟稔于心——这是一种发自内心深处的不寒而栗。因为媒体开始嗅到不一样的论调——一种与多数人的看法背道而驰的报道，这时，势头就会朝着错误的方向推进。令人不无忧心的是，要想在流言蜚语或是无端的控诉中快速厘清事实往往并不容易。而且，公司正值春风得意时，公司主管们很难对别人的善意提醒抱有严肃的态度。这样一来，对负面报道进行管控就会难上加难。

当初希拉里·克林顿被曝使用未经保护的家用电脑编写与国务卿工作内容相关的私人邮件，那时她的形象便已然摇摇欲坠。她没能对这个问题做出快速处理，也没有坦然说明她的行为动机，这导致她沦落谷底，经久不能重振声势。无独有偶，英国的亿万富翁、零售商菲利普·格林爵士多年来被英国媒体奉为争强好斗却又受人爱戴的商界大亨，他通过重整“高街”[①]赚下几十亿身家。2016 年 4 月，连锁百货公司 BHS 负债 13 亿英镑，亏空养老金 5.7 亿英镑，沦入破产管理，约 11 000 个就业岗位瞬间危如累卵。就在一年前，格林以 1 英镑的价格将公司卖掉，而在先前执掌公司期间，格林以股利的形式将数亿英镑支付给了自己的家人。一夜之间，格林从英雄摇身变为恶棍，国会议员们主张让格林出资解决就业岗位和养老金问题，否则就褫夺他的爵士封号。

一旦你进入到第二个象限，你会加速进入“报废”阶段，也就是纳斯尔的“第三象限”。对于一家公司来说，“垃圾桶”自然不是什么好地方——这家公司眼下可能面临着全面危机——难以跟合作方协商一致，难以挽留住自己的员工，乃至难以底气十足地面对自己的顾客。对于企业来说，很容易深陷此种境地，而这时媒体所做的那些报道并没有什么助益。它们反而容易加重萦绕在公司周围的危机氛围和

① “高街”：英国很多城市里最繁华的商业街。——编者注

无助感。各种报道会重点发掘是什么原因导致企业沦落到今天这个地步（“找原因往往是很容易的”），聚焦公司中还在发生着的乱象和内部的明争暗斗（“管理团队临阵倒戈”），或是曝光公司面临的其他相关问题（“银行资金撤出问题公司”）。这些报道让悲观情绪弥久难散。

“‘垃圾桶’是你在职业生涯中最希望能够早早了结的地方，不过人人都得在那儿待上一段时间。”纳斯尔说，“你会从这段经历中受益匪浅。那些具有远见卓识的创始人和CEO都在‘垃圾桶’里待过。它会让你的直觉更加敏锐，它会教给你最时新的经验，它会让你做好翻身的准备。”

要想摆脱“垃圾桶”劫数，还得取决于果决的领导人。一旦这样的领导出现，公司的传播人士将为之一振——重整旗鼓的新阶段蓄势待发。就像纳斯尔所说：“‘重整旗鼓’的故事总是引人入胜。对于上市公司来说，季度盈利报告在这一象限中最具立竿见影的效果，你的讲话也在新闻描写中得到完美转述，它预示着公司将在某个时刻再度成就事业的巅峰——诚如所言。这是对‘重整旗鼓’阶段的一种非常重要的洞见，因为如果‘巅峰状态’没能到来，那么你作为CEO的威信要大打折扣。”

当企业进入“重整旗鼓”阶段，人们会对这种势头形成明显的感知，而且媒体会尤其警惕任何让这一势头放缓的苗头。记者们准备好了用先见之明讲述一个逆势而上的成功故事，但他们并不愿意让公众看到自己出现误判，或者——更糟的是，让人以为自己受到公司蒙蔽。毕竟，每则报道都是在拿自己的声誉担风险。

纳斯尔再次提到“3P”。在这一象限中，你需要确保公司扭转局面所依赖的是人们实际购买和使用的产品，是数个季度以来持续增长的利润或销售额，是合作伙伴对企业重新崛起所做的证实。一旦你的“3P”全部就绪，你就可以安然无恙地重登山峦之巅。

“这一象限中最大的错误是言过其实。人们都在关注着你是否能够成就一段‘巅峰故事’，媒体因此更为谨慎小心，对于你在复兴过程中的方方面面它们都要仔细斟酌。”纳斯尔说，“而且，重新成就‘巅峰故事’绝非易事，你会背负各种期许，随着时间的流逝，这些期许会越来越沉重。除非你能够对各种事情做好把控，不然你会很快再次沦为‘3:30 故事’。”

假新闻

2017 年 1 月，特朗普总统在中央情报局做了一番讲话。他指责有些报道宣称他和美国的情报界素来不和，称媒体错误地、蓄意地编造了这种状况。他还评价起一天前总统就职典礼上的观众：“说实话整个人群看上去得有 150 万人那么多，不管多少人吧，整个人群一直延伸到了华盛顿纪念碑。”

从航拍照片来看可不是这么回事。从《纽约时报》（包括其他媒体）发布的一系列照片来看，与奥巴马总统 2009 年的就职典礼现场相比，特朗普就职典礼现场的观众明显少于前总统，而且恰恰不像他所说的“人群一直延伸到了华盛顿纪念碑”。

面对美国全国广播公司“周日媒体见面会”栏目的质问，特朗普总统的顾问凯丽安·康威为了维护总统的一番言论，表示白宫只是针对新闻媒体所做的报道提出了一种“另类事实”，却不想引来了广泛的争议和嘲笑。

特朗普当权反映出了一种对于娱乐价值而非纯粹事实的理解。在现代社会，所有的美国总统都曾经寻求对大众采用直接、亲切的表达方式——浮现在我们脑海中的有富兰克林·D. 罗斯福的“炉边谈话”、理查德·尼克松的黄金时段电视讲话。但是大众传媒时代分配给总统们的时间已然缩水。特朗普曾经主持过电视真人秀节目，这段经历给了他绕开主流媒体使用推特触及大众市场的天分。[6]

对于那些深感自己被全球化时代所疏离、为政治精英所抛弃的选民来说，特朗普的推特宣言和“后真相”（Post-truth）特色似乎让他们更具共鸣。对这些人来说，媒体自身是有问题的。正是在这样的环境中，脸书和推特这样的技术公司不仅生存了下来，更崛起为信息巨兽。根据皮尤研究中心和奈特基金会于 2016 年 5 月发布的一份报告，40% 以上的美国成年人通过脸书获取新闻。如果参照一下 Buzzfeed 公布的数据，这一点的意义更非比寻常——脸书上的假消息的读者数量要高于传统新闻来源；而且排名在前的 20 条假新闻中，有 17 条不是挺特朗普的就是倒希拉里的。[7]

欢迎来到一个充满假新闻的新世界。人们感到这个新世界的影响如此之大，乃至《牛津词典》将“后真相”列为它的 2016 年度关键词，将它描述为“一个形容词，其意为‘关于或表示某些条件，在这些条件下，客观事实在塑造公众舆论的过程中将不及情感诉求和个人信念更有影响力’”。[8]

在一个事实具有重要意义的世界中，建立在人们的感知基础上的声誉是尤为重要的。而在一个“后真相”世界中，别人如何谈论你才是至关重要的。

游击战

声誉并不是通过与更广阔的外部环境进行互动就可以产生的——人们有自己的日程、自己的兴趣所在，这既可以催生互动也可以破坏互动。有一类活动家专长于利用声誉损害制造威胁来实现有实效的改变。

盖里·阿兰·法恩用“声誉中间商”这一极具激励效果的概念来描述这一现象。“他们是些带着动机成就或损害声誉的人。”他进一步说道，“例如，在美国政治中，我们有两党分立，这种状态已经持续存在了150年，而且这意味着民主党人总是会想方设法败坏共和党人的声誉，反之亦然。我们都是潜在的声誉中间商，不过我们中的一些人无心染指而已。”

活动家们形式多样，处理的问题也不一而足。泛泛而论，他们大致可以划分为四大阵营：环保问题派（如“绿色和平”）、社会问题派（如“全球正义”）、政治问题派（如“国际特赦组织”）、财经问题派（如对冲基金 Knight Vinke）。如果再广泛一点来看，你的竞争对手也是活动家，他们在你正挠头的时候来给你搅局，处心积虑地抢夺市场份额，费尽心思地向记者、管理部门和政客施加影响。

在全时待命的媒体世界中，这种“行动主义”产生了更大的影响，比方说某位带有特殊动机的演员介入事件并制造出某种具有“头条”效果的摩擦事件。Knight Vinke 聘用的员工可能并不多，但是作为业界巨擘汇丰银行的重要股东，它吸引了媒体界非同寻常的关注。如果只是借助电视台和电台，公众可能不会积极支持活动家对抗“歌利亚”企业。公众开始对商业和政治领域给予越来越多的审视，这是一种受欢迎的趋势，但它同时意味着需要活动家们全力以赴投入的事情更多了——有更多的信息需要详查，要能找得出对方更多的过失，还得在声誉赛场上滚过更多的合法议程。

在活动家们的武器库中，“描述”是他们的关键装备。通过有策略地利用故事描述，活动家们能够为自己造就势头、吸引支持。这就说明他们关注的往往是声誉的影响力，而非声誉的实质。“许多活动家群体将目标选定（如机构、企业、产业等）看作一种达成意图的手段。”西北大学教授布雷登·金说道，“对于他们来说，意图即‘我们如何能够改变舆论？’”目标本身常常是活动家们用来开展事业的舞台或平台，因此，他们瞄准的是最恶劣的罪犯吗？不，他们瞄准的是最容易为人关注的人，还有那些名声最好的人。他们看中的是那些一心一意想把事情做对的人。他们着力处理问题是因为他们招人耳目，而且他们容易受到活动家们的影响。

把重点放在这些引人注目的目标上可以吸引有兴趣的各方以这样或那样的方式参与到讨论中，从而让活动家们的所作所为看上去更具合理性。对于非政府组织来说，这样做还可以帮助它们在同类群体中树立名声。目标显著性对于捐赠人来说在日益激烈的竞争中变得越来越重要。只要某一组织在某个问题上出现了软肋，这就足以让它们成为首选目标。金教授用苹果作为例子来说明：作为大品牌公司，苹果素以积极改变世界为己任，而这种积极进步的声誉恰恰让它更容易受制于行动主义。当苹果被曝使用备受争议的中国电子生产商富士康作供应商时，这家标志性公司成了活动家们眼中颇为诱人的目标，他们想放大工人们在生产中的工作条件。富士康工厂里接二连三出现自杀事件。“苹果是否改变自己的政策其实并不重要，”金教授说道，“这场倒‘富’运动抓住苹果大做文章，为的是提高这一问题的公众关注度。”

尽管声望比较高的企业常常成为活动家们的目标，但它们其实很少会对活动家们的要求乖乖就范。恰恰相反，它们会寻求其他办法来保护它们的声誉地位。一家具有极高声誉的公司在受到“攻击”时，可能会通过精心安排的慈善行为甚至是与非政府组织联手来转移活动家们的攻势。事实上，以前真的出现过这样的情况：一些原本不共戴天的大公司和机构突然间地覆天翻一样变得一团和气。

“绿色和平”曾在 2015 年联手全球公用事业巨头意大利国家电力公司（ENEL）应对全球变暖问题。两家组织都曾视彼此为眼中钉、肉中刺，自从 2012 年起，“绿色和平”就将矛头对准了意大利国家电力公司下属的火力发电厂，双方屡屡对簿法庭。“绿色和平”声称意大利国家电力公司的排放量每年足以致死 1 000 名欧洲人。意大利国家电力公司则以一纸诉状发起还击，案子一直持续到 2015 年。当弗朗西斯科·斯塔雷斯接任意大利国家电力公司 CEO 后，他决定采用另一套策略。在努力将公司转型主打以风力和太阳能为主的“气候友好型”产品的过程中，斯塔雷斯热衷于与“绿色和平”建立更具建设性的对话，后者在这一领域具有多年的经验和高度专业性。“我们得承认气候变化的时钟正在嘀嗒向前，而时间是最为关键的，”斯塔雷斯在 2015 年的一次采访中这样评价道，“传统的矿物燃料和核电站都是圈套，让企业灭亡的圈套。”

“绿色和平”刚刚卸任的前总干事库米·奈都对斯塔雷斯的分析颇为认同，而且从中看到真正的机遇——与大型公共事业公司合作，共同采取有效的行动，减少碳排放量。“我们认为意大利国家电力公司的做法是非常重要的，我们需要肯定并鼓励这种做法。”他说道，“这还只是第一步，我们乐见他们采取更多的行动。”这对双方的声誉都产生了异常积极的影响。首先，从投资人到管理方，每个人都愿意看到双方之间的法律战早日结束。这类“不确定因素”在如此的大好年景下是不受待见的，而且被公认为徒劳无益。再者，争端解决也是一种大家乐见的声誉信号，它展现出意大利国家电力公司的管理团队将如何运营公司。而对于“绿色和平”来说，作为非政府组织中最为咄咄逼人的一员，这同样是一种显著的声誉信号。

金博士对这种观点表示认可。“如果看一看环保类非政府组织的数量增长，你会发现非政府组织群体的核心部分也在发生着转变，越来越多的组织在采取合作的方式。即使是‘绿色和平’也在这么做——他们通过与企业更紧密地合作来达成成果。”

这种合作趋势同样延伸到了互为竞争关系的非政府组织中。“我这里掌握的数据显示，破坏性策略在减少，而合作性策略的采用率越来越高。”金博士说。昔日宿敌之间的这种合作为企业营造了良性环境，但也会对非政府组织自身造成挑战。它们现在被其他同类机构和支持者们斥为企业的俘虏。多数大型非政府组织都对这种说法予以了驳斥。“保护儿童组织”“牛津饥荒救济委员会”等已经与企业合作多年，各种情况进展正常时，它们会对企业给予支持，但同时也随时准备好指出企业的不当做法。

“在对运动或倡导活动进行认真规划的过程中，都要悉心筹划出公众对于活动目标的理解度，企业的品牌定位和特定市场中的关键影响者。”“国际特赦组织”运动和传播高级主管托马斯·舒尔茨－雅戈说，“这样我们就能判定我们是应当采用对抗性手段还是合作性手段。非政府组织懂得声誉对于一家组织的价值，并且会首先悉心考虑对方组织所拥有的各种名声，再来决定从对手的哪个方面下手。”

然而，随着更有根基的大型运动机构向企业缴械，更具对抗性的小规模活动家迎来了崭露头角的机会。例如，350.ORG 在 188 个国家和地区针对环境问题开展运动，现已发展为最为重要的“运动”网站之一。金博士说：“这些非政府组织不仅在论调上更为激进，而且采用的手段上也是如此，比方说在剧场表演中向企业管理人士投掷仿造的血袋等。”

负面故事的非对称威力

1981 年 2 月 4 日，雷·多诺万被里根政府任命为劳工部长。然而，几乎与此同时，针对多诺万的多项贪腐指控及其与黑手党的关系开始进入公众视野。

多诺万上任前任斯基亚沃内建筑公司的董事长和大股东。1978 年，斯基亚沃内拿到了纽约公共工程署的合同，为其建造连接皇后区和曼哈顿的第 63 东街隧道。在其后的 6 年中，数位联邦检察官与布鲁克斯地区检察官马里奥 · 梅洛拉联手调查了针对多诺万的数桩行贿受贿指控。多诺万最终因此受到起诉，斯基亚沃内的其他 7 名管理人员和分包商则被指控蓄谋诈骗纽约城市大众运输署 740 万美元。

有关方面之前就曾试图揭露多诺万参与有组织犯罪，但最终都无法将其坐实。1982 年，一位特别联邦检察官——利昂 · 西尔弗曼对多诺万展开调查，发现相关证据不足以指控多诺万曾坐视集体受贿或是染指有组织犯罪。不过这些发现并没有让马里奥 · 梅洛拉将多诺万排除在 1984 年的“斯基亚沃内案起诉对象名单”外。针对多诺万的起诉并不牵涉他在里根政府的职位，但多诺万还是在接到法庭传票后提出了辞职。最后，审判开庭，所有 8 位被告的罪名均不成立。陪审团起初对这起案件能够提起诉讼公开表现出轻慢态度，而且陪审团团长事后接受采访时表示，她认为这起案件至少在某种程度上掺杂了政治动机。

不过真正让人产生共鸣的是多诺万在法庭门外的台阶上说出的一番话。当时，他身旁站着妻子凯瑟琳，多诺万说道：“他们对我的所作所为很残忍。两年半之后，这场噩梦已经被我们抛诸脑后，可是我现在该去哪里挽回我的声誉呢？”

不管是否有罪，只要被指控与暴徒有瓜葛或是犯下了强奸、虐童等肮脏下流的罪行，当事人的名声就会瞬间崩塌。就像流行音乐节目主持人保罗 · 甘巴奇尼在证词中所说，他的朋友、工作关系、合作了 20 多年的慈善机构、几十年来他一直鼎力支持的工党，从 2013 年 10 月 29 日一早，他在家中被捕并被控虐童的那一刻起，就全部弃他而去。他找不到工作，生活实际上被毁掉了。警察在对他的指控进行求证的过程中，他被限定在保释待审状态。直到2014年10月10日，他最终接到通知说他不用出庭受审了。他后来向《每日邮报》悲恸地说道："从2013年10月29日到2014年10月10日，大不列颠对我进行了迫害。它的特工人员深夜闯进我家中，拿走我的财务记录，以莫须有的罪名逮捕我，在全国的媒体上诋毁我，剥夺了我的就业机会，即便在明知我没有任何罪状的情况下依然让我挨过12个月的保释期。这些都是极权主义国家的所作所为。"他从来没听到过一句道歉。其他有类似遭遇的人还有陆军元帅彭英武（勋爵），他曾在40年前被控在军事基地里强奸并虐待一个男孩。对他的调查最终在几个月后不了了之，警方耿耿于怀地对他表示了歉意。而对于受到类似指控的布里坦勋爵来说，道歉却来得太晚了——在得以洗脱罪名之前这位政治家就已经撒手人寰，伦敦警察局局长伯纳德·霍根－霍伊爵士向布里坦的遗孀做出了道歉。

尽管长期以来我们一直在法律事务中遵从"疑罪从无"的传统，监管机构和立法机构依然在越来越多地采用活动家们的片面思维和猜忌手段。从这一点来看就能很容易明白为什么马来西亚反对党领袖安瓦尔·易卜拉欣长期蒙受鸡奸罪名——这在马来西亚是违法行为，足以让他身败名裂并且无缘再成为领导人选。不过即便是在英美，针对不道德行为所提起的控诉也是很难抗辩的。一旦政府官员提起控诉，人们就会形成一种错误推断——事情背后总会有某种不可告人的罪恶，也就是说，无风不起浪。

在美国，证券交易委员会也在收紧监管力度。几十年来，该委员会一直采取一种对失德行为"既不承认也不否认"的做法。当发现不法行为时，委员会会处以经济处罚，从而以儆效尤。这样一来，企业总会在委员会那儿以缴纳罚金了事，而无须“认罪服法”。但是玛丽·乔·怀特出任委员会主席期间（2013—2017）采用了不一样的处理手段。她放出信号表明自己将比前任们更为严厉，而且她要让个人而不是企业承担责任。她还坚持要求在每次处罚中让处罚对象公开认罪。这一做法对于声誉产生的后果非常深远。企业再也不能在自我辩护的过程中拿着“无须认罪”这一条为自己打掩护。而且，英国的金融市场行为管理局，也就是美国证券交易委员会的同等职能机构，也在表现出同样的管理走向。两家机构都明白，仅仅宣布开展调查，且不论是否正式立案，就足以构成重要的声誉武器。

“如果你面对的是个屡屡犯科的人，那么他不会因为蹲监狱会搞砸生意而在意自己的名声。”美国资深辩护律师艾克·索尔金说，“但是一个正常的‘白领’职业人士会在意。他是受人尊敬的，是社区的中流砥柱，因此他会从内心深处感到‘我如果被告了，那我就什么都没了’。一旦收到指控，你就变成了有毒的……这种声誉风险会是毁灭性的。”

对于监管机构来说，声誉一直是一种可以出奇制胜的工具。它们深谙，如果启动调查，人们一般都会乖乖配合，而不会冒险选择旷日持久、劳民伤财的法庭诉讼。对于联邦检察官、州检察官、地方检察官来说这都是一件绝好的工具，可以让他们顶住压力达成庭外和解。在美国，指控本身要比庭审结果更受媒体关注。“‘大陪审团裁决’这几个字眼能产生出惊人效果，”索尔金说，“实际上，大陪审团的组成并没有什么特殊之处，跟小陪审团都是同类人马。”

零号病例

2015 年 3 月，加拿大渥太华，莫妮卡·莱温斯基走上圆形的 TED 演讲舞台，步入聚光灯下。她开口说道："你们眼前的是一个在公众面前沉默了 10 年的女人。"

接下来的 22 分钟里，莱温斯基讲述了自己背负的恶名和 1998 年发生的那一系列事件——那时，她曾被那个权倾天下的男人叫作"那个女人"。演讲中，莱温斯基痛陈社交媒体时代中，网络骚扰所滋生出的种种危害——如今，几乎任何人都可以想说什么就说什么，而且可以免于追责。如她所言，她的丑闻"是数字革命送到你面前的"。这段演讲视频的观看次数达到了 330 万。

当下的社交媒体巨头们在 1998 年尚不存在。脸书成立于 2004 年，推特成立于 2006 年，Instagram 和 Snapchat 则分别成立于 2010 年和 2011 年。1998 年，亚马逊成立才满 4 年，eBay 才 3 年，Hotmail 才 2 年。也是在 1998 年，谷歌推出了如今已是无所不在的搜索引擎，雅虎则刚刚启动电邮服务。那会儿，网上评论和新闻主要都是由博客和聊天论坛来提供，它们之中的大多数都与当时已有的媒体组织不无关联。莱温斯基讲道，她的丑闻是"最早通过网络曝出的重磅新闻，鼠标上轻轻一击，整个世界都为之反响——我几乎立马成了在全世界面前痛失个人声誉的'零号病例'"。

人们在网络上对待彼此的态度可要比活生生面对面打交道时下流得多，尤其是网络匿名的庇护下。如今有种令人颇为反感的现象——女性，特别是富有才情又仗义执言的女性往往会遭遇"枪打出头鸟”的下场。例如，女作家布里塔妮·德·拉·克勒塔在《时尚》（*Cosmopolitan*）杂志上刊登的一篇文章中写道，减少“义务性的夫妻生活”让她和丈夫的关系都得到了改善。几分钟后，如潮般的恶评便汹汹来袭（“我希望你老公背着你在外面另觅新欢”——此类评价在她的脸书主页上都算是客气的了）。[9] 埃拉·道森曾就感染生殖器官疱疹病毒状态下如何生活为《妇女健康》（*Women's Health*）撰写文章，苏珊娜·韦斯则贸然刊文声称以后不再剃腿毛，两人也都经历了与克勒塔类似的遭遇。科技类博主达娜·博伊德手上戴着一只镯子，上面刻有一行字——“不要读跟帖”。她的博文引人入胜、文笔细腻，但显然对很多读者来说有些过犹不及。博伊德不仅收到过死亡威胁，而且会定期收到恶意满盈、污秽下流的评论。“我收到过一些让人非常反感、非常恶劣的言论攻击，不过我知道我不是孤军奋战。”她说，“你在网上的曝光度越高就越容易遭受充满性色彩或是极端种族主义的挞伐，具体要看你的社会地位。我就秉持一条简单的原则：不要给无事生非者喂料。”她从不看跟帖，更不允许自己受到网络霸凌的伤害。

如今，人们可以在不问青红皂白、毫无事实根据或是未经他人许可的情况下将别人的信息公之于网络。英国慈善机构 Childline 致力于为儿童和 19 岁以下的青少年提供私人服务及隐私保护。该组织记录显示，2012—2013 年间，涉嫌网络霸凌的电话和电子邮件数量增长了 87%。霸凌和侮辱行为素来都是一种伤害，但是在因特网普及之前，它们只是一种局部的、影响有限的现象。从最坏的情形来看，恶毒的语言可能会在你的人际关系网中局部散播，随后便烟消云散。而现在，你的声誉很容易就会受到全球关注。

心理学家约翰·苏勒尔将这种现象称为“网言无忌效应”，并将这种思想状态归因于网络权力机构的缺失和“匿名性”的强大威力（也就是说你对受害者可以没有同情心）等因素。[10] 无独有偶，加利福尼亚大学欧文分校教授朱迪·奥尔森发现，人们在网上互动的过程中喜欢下论断，毫不顾忌自己所作出的结论是否建立在可靠的信息的基础上。即便可供参考的信息不过寥寥，人们还是会从极其有限的信息中建立起一整套人格剖析。我们在谈及自己犯下的错误时，往往会怪罪于其他因素——“不好意思我来晚了，路况实在太差”，但是一旦我们在网上说起别人犯下的错误，我们经常会盯住对方的人格——“他们会迟到的——他们就是这种人！”

当极为让人厌恶的煽动性网文被揭露出幕后真相时，网民们会为之欢呼雀跃。正如 Reddit 博主 Violentacrez 身份大白一事——这位真名为迈克尔·布鲁奇的中年计算机程序员生活在得克萨斯州阿灵顿，他曾经在网络上发布衣着裸露的未成年少女的图片，吸引了数千名性扭曲的跟帖者；在 Reddit 开设论坛，讨论范围从乱伦到纳粹主义，涵盖了大量充满挑逗性的、令人反感的话题。2012 年 10 月，布鲁奇被 Gawker 的一位记者曝光，并随即被公司开除。

纽约莎拉·劳伦斯学院美国研究方向教授尼古劳斯·米尔斯认为，侮辱性语言的使用如此普遍，甚至滋生出一种亚文化。他列举了电视节目中对参赛选手的例行性羞辱，如《飞黄腾达》和《流行偶像》（*Pop Idol*）这类栏目；再就是政界中，候选人会将羞辱竞争对手列入自己的政治话语战略。最让人无法认同的是妄扣“荡妇”之名这种网络侮辱形式。被扣上这种名声的人会“被说成是性放纵的姑娘或女人（‘荡妇’或‘娼妓’），之后便会因为拥有这种身份受到社会的惩罚”——利奥拉·塔内鲍姆如是说，其著作《我不是荡妇：因特网时代的荡妇骂名》（*I Am Not a Slut: Slut-Shaming in the Age of Internet*）一书出版于 2015 年。无孔不入的社交媒体让“荡妇骂名”现象更为普遍，它已然变得“司空见惯和无所不在”，而且女性似乎对它无计可施。一旦受到这种辱骂，便难再洗脱这种名声。

社交媒体上的各种叙述对于大型组织的声誉同样具有重大的影响。2009 年曝出过一起被称为“鼻屎门”的丑闻——达美乐比萨店的两位员工上传了一段视频，两人在视频中冲着做比萨用的面团打喷嚏，还把一片片的奶酪贴在鼻子上，之后再放到比萨上。这段视频最初是被放到了一家叫“Good As You”[①] 的 LGBT（同性恋、双性恋和变性者）网站上，之后又被别人上传到 YouTube，随即便广为流传。达美乐比萨这一品牌为此遭受了重创，公司被迫展开大型公关活动，强化达美乐负责任、整洁、卫生的企业形象。与此同时，这一事件让两位涉事员工——北卡罗来纳康诺弗分公司的克里斯蒂·哈蒙斯和迈克尔·塞策承受了巨大的名誉压力。据说两人很有可能要面临刑事起诉，而且公司在应对策略中花了大力气将两人的行为和公司剥离开来，并且突出提到客户们的积极反馈及其对公司的支持。这种刻意与危机“震中”拉开距离的做法尤其见效，但前提是你在外界眼中并不是事件的罪魁——反之，你将难逃干系。

另有一例。音乐人戴夫·卡罗尔乘坐美国联合航空公司从哈利法克斯飞往内布拉斯加，飞机抵达后发现自己价值 3 500 美元的泰勒吉

① “Good As You”缩写为 G–A–Y，“同性恋”之意。——译者注

他被损坏了。他想起同行乘客曾说过，他们看到芝加哥奥黑尔机场的行李员在往碎石柏油跑道上卸货时，都是“扔”着传递旅客的行李。卡罗尔正是在奥黑尔机场转机的，他向美联航提出了投诉。根据卡罗尔的说法，美联航对他的投诉“无动于衷”，告知他无权得到任何补偿，因为他没有在公司规定的 24 小时时限内正式提出索赔。卡罗尔花了 9 个月的时间与航空公司交涉，但最终没能索赔成功。后来，他决定把自己的经历写成歌，结果便有了《美联航弄坏了吉他》（*United Breaks Guitars*）。这支歌于 2009 年 7 月 6 日在网上发布，瞬间便引发轰动，其观看次数在发布第一天便达到 15 万次，并在 3 天的时间里激增到 100 万次，7 个月后更是达到 1 000 万次。在本书写作过程中，这首歌的浏览次数又升至 1 700 万次。对于美联航来说，这成了一场声誉上的浩劫。在这段视频上传后的 4 天里，公司股价骤跌 10 个百分点，公司市值瞬间蒸发 1.8 亿美元。卡罗尔就势写下去，又在网上发布了两首关于美联航的歌曲，这次不仅把当天发生的事情放了进去，还刻画了美联航的回应和他见识到的公司某些人员的嘴脸。

因特网所发挥出的网络威力让这场声誉危机爆发了出来——一位本身带有动机的活跃人士用朗朗上口的形式再现了某起事件，这场危机便铺天盖地蔓延开来。如果不是社交媒体，这不过是一出地方性事件。而它恰恰也说明，在网络世界中危机事件会以怎样的速度迅猛发酵，又会在怎样的范围内广泛传播。对于大型企业来说，指挥体系运转缓慢，要想对这类攻击性表达做出快速有效的反应绝非易事。这也是本书后半部分即将探讨的主题——危机情形也好，日常生活中也好，让我们来看看声誉都会受到何种类型的挑战。

下篇

声誉实践

5 危机管理

建立声誉要花上 20 年的时间，毁掉它却只需要 5 分钟。

如果你能考虑到这点，你做起事情来会不一样。

——沃伦·巴菲特

反复无常、难以确定、复杂难辨、模棱两可

我们不能完全认同沃伦·巴菲特的观点。就像我们先前概述的，声誉体现为两个维度——能力和品行。关于声誉是否会轻易丧失以及需要多长的时间才能得以重塑，这两者表现出迥异的动态特点。

关键的差异在于：能力声誉是极其“黏性”的，而品行声誉更反复无常。例如，一旦某家石油公司在一段时间中连续多次成功探明油藏，并因而以探油能力树立起自己的声誉，只有出现大量的失败案例，这种声誉才会受到侵蚀。而恰恰相反的是，如果你在某起事件中决定隐藏先前处于公开状态的信息，那么你在“透明度”方面的名声会迅速垮掉。能力声誉和品行声誉的动态特点在危机情形下体现得最

淋漓尽致。

危机与常态的差别主要体现在两个方面。危机状态下，我们的反应时间很有限，可靠的信息非常少。这种紧迫性和不确定性会对行为信号的释放、网络闭合、进行真实描述的能力产生巨大的影响。

时间压力不仅会造就让我们火速决策的环境，而且，高度相关但往往又模糊存疑的各种信息会从多个不同的源头蜂拥而至，让身陷危机的我们在它们的“狂轰滥炸”下不堪重负。信息的不确定性让这种压力变本加厉，因此我们在危机中难有充裕的时间来对信息和行为加以思索，而我们接收到的信息往往又不够全面、难以确信。更令人费解的是，一些我们坚信正确无误的信息其实不过是压倒性多数的一致意见。这些因素集合起来便衍生出一种危险的形势——我们开始依赖虚假的甚至误导性信息，由着自己的直觉来做决定。

丹尼尔·卡尼曼在其畅销书《思维，快与慢》中对这种现象进行了探讨。他将我们的响应系统区分为“系统一”和“系统二”，前者体现为运行快、直觉化和情绪化；后者则表现得更为审慎、系统化、逻辑化。尽管卡尼曼的分析是基于行为经济学的，但他的结论对于思考危机处理中的声誉影响具有重要意义。

有这么一个让人悚然的缩略词，用来形容企业所处的这个重压之下、信息和时间都很匮乏的世界——VUCA，也就是 volatile（反复无常）、uncertain（难以确定）、complex（复杂难辨）和 ambiguous（模棱两可）。企业主管们不无留恋地回望着当初那个需要什么信息就可以信手拈来的时代；那个投资人之间尊奉信任至上的时代；那个不会被毫不相干的业外人士重写规则，整套商业模式说淘汰就淘汰，让大家人人自危的时代；那个全国领军企业就是领军企业，在友好型政府和监管部门的保护下不会受到竞争挤压的时代。大家需要自问，这样理想化的环境是否真的存在过，但无可置疑的一点是，企业日常经营中所承受的破坏力和干扰力在与日俱增。

在这一部分，我们将来看一看身处危机中的各位用何种方式在声誉博弈中突出重围、驶出绝境，又是用了何种手段让自己逆境重生、重攀游戏之巅。接下来，我们要从截至目前最具典型性的危机事件讲起——在BP的这起“深水地平线”石油泄漏事故中，行为、人际关系网和描述方式这三大支柱性要素将一一出现在这场博弈中。

马贡多的困局

“被子弹打中的全过程是很有意思的，我觉得这种经历值得详细描述出来。”乔治·奥威尔曾这样说过，“说得粗略一些，这就好像处于爆炸中心的感觉……我幻想着这种感觉跟被闪电击中的感觉应该差不多。”

英国石油公司（以下简称BP）在墨西哥湾“深水地平线”漏油事故中俨然成了被子弹击中的企业。事故之初，公司的马贡多钻井平台于2010年4月20日发生爆炸，11人在爆炸中不幸罹难。稍后，时乖命蹇的公司CEO唐熙华（Tony Hayward）在伦敦用早餐的时候接到一个电话。来电人是身在得克萨斯休斯敦的安迪·英格里斯——公司的勘探和生产主管。他告知唐熙华，马贡多钻井平台约在三个半小时之前发生了爆炸。有人在事故中丧生，油井还在熊熊燃烧，石油流淌在海湾里。实际情况所知有限，而事态还在以迅雷之势不断推进。

当你被卷入危机时，你能意识到的第一件事情就是事态发展的速度是如此迅猛。在“深水地平线”事故疾速推进的形势下，没有人能够把控所发生的一切：事实和数据都是片面的且相互矛盾，但即便这样你依然需要做决定。对于大型机构官僚呆板的决策过程来说，这往往是一种几乎无法解决的困境。如果平日里的商业生活都算作和平年代的话，那么你突然间便会发现自己正身处战争迷雾中。

BP 的这场危机让人精疲力竭、元气大伤，它所波及的除了公司本身，还有它的管理体系、员工乃至数百万股民——BP 曾经是英国上市公司中分红最给力的一家，因此也是许多人心目中的养老金计划。此外，它让墨西哥湾中的许多生命就此终结，毁掉了人们的生计；而且，2.03 亿加仑外溢的石油对环境产生了深远的影响。这场事故及其余殃让 BP 的股票市值折半，并且在媒体的无休止的严密监督下掏出 500 亿美元来善后。至 2016 年夏天，BP 的全部花费达到了 616 亿美元。

这已经不仅仅是一场危机，而是一场彻头彻尾的灾难。最最重要的是，BP 的做法本身是有问题的。继 2005 年得克萨斯炼油厂爆炸事故（这家 BP 下属工厂发生的大火和爆炸造成 15 人丧生，120 人受伤）和 2006 年阿拉斯加油管泄漏事故之后，BP 曾一直努力把安全问题作为生产运营的重中之重。公司早先的记录曾经引起了美国监管部门的“关注”，突出体现在美国前国务卿詹姆斯 · 贝克尔三世代表美国化学安全和危险调查委员会进行的评估中。[1] 这次评估在布朗勋爵担任

CEO期间就已经启动了，但是评估的结论是在唐熙华2007年5月初继任之前几周公布出来的。评估发现得克萨斯炼油厂事故起因于“BP公司各层级存在的组织和安全缺陷”，并指出了BP在美国运营过程中存在的五大安全问题，其中包括公司文化匮乏，并将其与美国航空航天局“哥伦比亚”号航天飞机失事进行了比较。报告发布后，BP不得不支付了大笔罚金，唐熙华发誓将狠抓安全问题。

BP通过一系列大手笔并购从一家区域性企业成为世界主要石油公司之一，这其中最突出的是1998年价值482亿美元的阿莫科（Amoco）收购案和一年之后价值270亿美元的阿科（Arco）收购案。作为一家富有传奇色彩和创业精神的企业，BP并没有将自己的故障安全保护流程应用到收购来的公司中。这种做法与艾克森石油公司在阿拉斯加环境灾害事件之后采取的办法截然不同。1989年，艾克森公司的“瓦尔迪兹”号油船在威廉王子湾搁浅，这场灾难之后，艾克森将建立安全运营产业标准视为第一要务。BP则奉行不同的理念，它向子公司下放了大量的自主权，并且与一些不受其直接管理的第三方承包商开展合作。“BP说他们只需要一半的时间和一半的投资就能达到壳牌那种调用技术的水平。”一位竞争对手曾这样抱怨，此人的说法还被记者汤姆·伯金斯引用到他的著作《泄露和欺瞒》（*Spills and Spim*，2011）中，“他们怎么会这么做？只是因为他们准备好了接受我们不愿意接受的风险组合。”当然，还有削减成本，这种做法当年在墨西哥湾和其他地区都比较盛行。

全面冷静地分析一下马贡多事件就会发现，所发生的一切并不只是归咎于BP管理不善：石油开采是一种极具风险的生意，所有的石油公司都会时不时地出现严重事故。BP 的内部调查“没有发现有任何单一的作为或不作为引发了这起事故，反而，一系列复杂且相互关联的机械故障、人为判断、工程设计、运营实践、团队对接问题共同引发了这起事故并推动了事态的升级。多家公司、多个工作团队、多重背景条件都在其中参与过久”。[2] 但是危机情况下总是会欠缺公正的分析。

事故的直接原因是工作人员没能及时发现油井中的压力增大并把漏洞堵上。马贡多油井距离海岸 50 英里远，海面以上部分约有 20 层楼高，它代表着技术发展的最高水平，其装备力量本应能够在 1 英里深海中为海床之下 13 000 英尺① 处的原油开采解决一切高度复杂的技术难题。但事实上，这座钻井平台在公司内部素有“地狱油井”之名。当年 3 月，海床之下极深的位置曾发生过一次燃气爆炸，安全系统按照设计顺利启动，阻止了石油的泄露。随后在设置水泥封口的过程中问题出现了——安全要求没能得到重视。4 月 20 日早晨，测试表明油井内部压力在升高，大洋彼岸的经营者和公司监察员们却宁愿相信是度数出了问题。当晚，一股混合着石油、燃气和泥浆的有毒物质冲上墨西哥湾的海面，油井爆炸了。

作为一家常驻英国但又活跃在全球范围的企业，BP 发现自己的声誉——毫不夸张地说，这是开展经营的“许可证”——取决于敌对力量在网络上如何施展手段，而 BP 在这一领域中的影响力是十分有限的，甚至谈不上有影响力。BP 的 CEO 作为一位英国绅士，他的外

① 1 英尺 ≈ 0.305 米。——编者注

国口音只会让人愈发感觉公司与美国格格不入，这对提升企业声誉毫无助益。唐熙华的出发点并没有错——总有人得在危机中冲到前面，他希望自己是那个守在一线、随时在位的人。2005 年的爆炸事件发生后，作为对布朗勋爵的响应，他直飞得克萨斯城。然而唐熙华并不是那个真正该出现的人——当时的情形更需要一个有美式口音的人。最终，出生在美国纽约的鲍勃·杜德利发挥了更突出的作用。BP 公司两大主要业务部门的主管都是英国人。媒体关系主管安德鲁·高尔曾任英国《金融时报》编辑，在危机公关领域经验丰富，莱曼兄弟倒闭时他就在该公司工作。BP 的公共关系公司是布伦瑞克，也是一家英国企业，其创始人是阿兰·派克爵士，危机中的大部分时间他都留守在休斯敦现场，给人的印象是他仿佛工作在作战指挥室里，手头同时把控着几件无比重大的事项：他当时还在给希腊政府的债务谈判做顾问，此外还要处理亚洲的一桩大宗交易。

尽管 BP 有 1/4 的产量、约 1/3 的石油储备、半数以上的炼油能力都存在于美国，但它在这一主要市场中的政治影响力很有限。BP 的问题其实只是没能好好建立并维护各种关系。它无意对白宫做出亲善姿态。这一地区所有的州长都是共和党人而且都急不可耐地想利用奥巴马总统的弱点捞取政治资本；而就在“深海地平线”事故爆发前几周，奥巴马总统刚刚授权放宽了深海钻探权。他在灾难的关键节点把 BP 叫作“British Petroleum”[①]，引得英国政府为这种针对英国的“人身攻击”大为火光、反应激烈——不过事情并没有就此有所改观。

① “British Petroleum”即“英国石油”，该名称已被弃用多年，BP 自 2000 年起便从其名称中去掉了“British”（英国）一词。——译者注

BP 俨然成了金融危机下反商思潮的避雷针。唐熙华和 BP 的其他高管在 6 月中旬被白宫召见，并被传唤到国会听证会，他们乏善可陈的表现一度压过了高盛的“风头”，那段时间高盛也是因为危机事件如坐针毡。

这是社交媒体时代上演的第一场国际企业危机。比起其他任何因素，“描述方式”对于声誉发挥出了更具决定性的影响——不管这种“讲述”是出自企业还是声誉活动家们。事故发生后近 90 天的时间里，每天都会产生上万条新闻报道。媒体把这起事件说成“现代启示录”——墨西哥湾内自然环境遭到大范围破坏，损失无法挽回，但实际上墨西哥湾内根本没有出现全面污染。整个事件被无休无止地传播到世界各地，各种消息和观点开始变得虚虚实实。媒体播报的“事实”根本就是捕风捉影，尤其是电视新闻报道中，经常出现大量海龟或鹈鹕全身被石油裹住的可怕情景。报道中总会出现那么一位心力交瘁的渔民、濒临破产的饭馆老板，或是本地的某位政客，随时准备着出现在新闻栏目里，对 BP 好好谴责一番。而且，危机爆发前几天，某实时新闻中曾报道过石油从海底的一处空洞涌入墨西哥湾的海水中——对于 BP 造成的破坏和它在“堵住那个混账漏洞”（奥巴马总统的用词真是让人难以忘怀）的过程中表现出的无能，这简直就是铁证，让人百口莫辩。这则长篇故事让全国上下为之痴迷，更有新媒体技术推波助澜，各媒体频道之间不知倦怠地你争我抢。“不是你在管理危机，”一位事件知情人这样评价道，“而是危机在管理你。”

更广义来看，BP 在呈现这一事件的过程中的言行并不重要：最好的情况下，BP会被说成是搞砸了；最坏的情况下，BP会被说成是罪犯。公司曾尝试来反制这些说法，但都被淹灭在媒体的敌意和自己没能堵住的那个“混账漏洞”中。这是一个无法回避的事实，它确实损害了BP在实力方面的声誉，尽管墨西哥湾和BP休斯敦控制中心史无前例地汇聚了大批出类拔萃的工程人才和科学人才。公司想到了各种独创性的方案，包括再打两口减压井和采用封顶法，试图将泥浆压入井中并将其封住。这一方案在后勤和工程方面的投入蔚为壮观，但收效甚微。31 000名人员、5 050条船舶、若干架保障飞机参与了此项工作。然而一周又一周过去了，情况没有任何起色。油井最终在7月封住，外界勉为其难地承认，面对如此超乎寻常的工程难题，BP的表现达到了各界的预期。石油依然流淌在海水中，外界对BP给予的类似理解可谓少之又少。

BP在对外传播过程中犯下的重重错误让形势更趋恶劣。事故发生后，公司的第一反应是将事情怪罪到Transocean头上，这家公司负责钻井平台的具体操作。“这不是我们造成的事故。”唐熙华在事情发生的最初几天中曾这样对记者们说。但是这种情况跟对着比萨打喷嚏的顽劣员工不一样：鉴于危机事件的严重程度，BP的做法看起来像是在推卸责任——公司摆出了架势，跟转包商们的一场官司仿佛已经在所难免。

非比寻常的时间压力往往导致公司最初采取的危机传播策略让企业在日后麻烦缠身。另外一个原因是，公司使用的文稿往往由律师们来撰写，而一般来说，律师们对于“声誉余震”的敏感性都非常有限。作为传播策略，在高度紧张的危机情形中，推卸责任是不合时宜的。在这种情况下，公司应当忽略律师们的看法，向事件中的受害者表示同情，并为所发生的一切承担起责任。所幸 BP 很快便幡然醒悟，认识到自己应该换个论调。

BP 在讲述方式上犯下的第二个大错是瞒报了流入海中的石油数量。5 月，唐熙华自始至终都在对媒体说，原油在以每天 5 000 桶的速度流入海中（这个估值其实来自海岸警卫队）。他想表达的意思是：这个流量其实“相对来说很微小”，而且对于环境的影响可能“非常非常轻微”。“墨西哥湾是一片非常广袤的大洋，”他对《卫报》说道，“漏油的流量和我们喷洒的分散剂剂量相对海水总量来说是微不足道的。”以严格的、科学的观点来看，这么说可能是对的，但是唐熙华的听众对这些琐碎的差别并不感兴趣。6 月，公司的“封顶”方案失败后不久，美国政府部门的一个工作小组声称，墨西哥湾中的石油在以每天 50 000 桶的速度流入海中。一位国会议员引用了 BP 的内部估测结果，称漏油速度或可翻番。公司的信誉受到了沉痛的打击：它还有哪句话是能让人相信的吗？它难道不是明显在掩盖重要事实？正在此时，奥巴马总统又卖弄了一把文辞，他说：“我们不会对此姑息，除非漏油被止住，海水和沙滩被清理干净，在这场灾难中被不公正加害的人们能够得到弥补。”他还宣称，他会“死死踩住‘英国石油’的脖颈”。BP 的股价大幅下挫，一天之内跌掉 17%，其信用违约掉期显示公司可能会面临破产。总的来看，从 4 月 20 日至 6 月中旬，BP 的股票下跌了 54%，市值缩水了近 1 000 亿美元。直到 6 月 16 日，唐熙华毕恭毕敬地出现在白宫，并同意投入 200 亿美元来处理索赔需求，事情才出现转圜。这一举动至少可以堵上 BP 那无底洞一般的金融负债额。

5月晚些时候，也就是“封顶”方案失败不久后，唐熙华曾出现在电视采访中，并为此次事故诚挚道歉。然后他说出一番未加思索的话，更证明他难当对外传播的重任：“没有人能比我更想让这一切结束，我想过回自己的生活。”这番话引得遇难者亲属纷纷发声痛斥。根据《纽约每日新闻》的报道，他是“全美最招人痛恨却又对此浑然不知的人”。用唐熙华来做代言，在广告宣传中允诺“匡正现状”，是BP的一个战术错误。但更严重的失误是，唐熙华随后返回英国，周末驾船出海闲游。媒体拍到他在自家游艇上晒太阳的照片，而与此同时，墨西哥湾里的渔民们甚至没法出海打鱼。就像白宫办公厅主任拉姆·伊曼纽尔对ABC新闻所言：“我想我们都会这样认定：唐熙华是不会打算到公共关系咨询领域谋求第二职业的。”

油井最终在7月15日被封住；月末，唐熙华被美国人鲍勃·杜德利取代。本书写作过程中，BP声称“深水地平线”事故给公司造成的损失预计会达到616亿美元。[3] 为了满足各种索赔，BP遍散资产并耗尽储备，公司因此元气大伤。

我们能从这其中学到什么？首先，这场危机的根源可以追溯到很久以前。就单拿爆炸来说，你看到的是海面上的泥浆和火焰，但是爆炸的源头深处海面之下。甚至早在BP开始在对外传播中丑态百出、唐熙华眼看要为此声名狼藉的时候，这场灾难的原因就可以归结为“遗留行为”——主要见于成本压缩和风险承担两方面。其他在事件中作祟的因素包括缺乏有效的领导、董事会运转不良。董事长思文凯（Carl-Henric Svanberg）独自聘用了公关机构为他保护个人声誉，而

CEO 唐熙华另外聘请了舆论导向专家。记者们最爱多方消息来源提供的相互矛盾的信息，尤其是组织内部流出的此类信息，这种支离破碎的内容对负面新闻报道起到了煽风点火的作用。这正是记者们最希望看到的局面——这样他们才有机会将 BP 高管、监管机构、国内政客、主要竞争对手的观点分立开来，从而为这场派系斗争创作一幅内容饱满的多维图景。

BP 的能力声誉和品行声誉都没能保住。封井失败让公司在工程技术方面的美誉严重受损，而公司在危机处理的整个过程中采用的传播和行动策略，只是很微弱地传递出这一组织及其领导团队的品行特征。

在寻求维护自身声誉的过程中，BP 在声誉博弈三大支柱因素上的表现可谓无药可救。公司早先没能处理好安全问题预警，导致了危机的爆发；危机出现后，公司在事后响应中的表现又不得力。它对环境问题避重就轻，却大加鼓吹快速修复的可能，这种“描述方式”丝毫不能打动人心；它的关系网络发展欠充分，不足以在美国市场应对如此程度的困难局面。实际上，BP 在声誉博弈中的表现着实不佳，公司自身似乎都没有意识到自己已经身在竞技场上。

所有的一切是不是都应该怪罪唐熙华？他本为地质学者，丝毫不具备前任那种高度敏锐的政治直觉。某种程度上来说，他是个负责任的人，因为很明显，在他看来，马贡多事故要解决的是工程和后勤问题，而不是声誉危机。但是，姑且不谈唐熙华的表现，BP 作为一个组织并没有意识到这种对于声誉的重创会让公司面临灭顶之灾。它不了解自己所处的世界中酝酿着怎样的政治气候，也没有准备好在媒体无休止的关注下应对实时而来的各种压力。然而，在这个时代中，除了每日的漏油桶数，会“说话”的还有生动的电视镜头——原油在海中喷涌而出，鹈鹕已是奄奄一息。

在这方面，BP 并不是唯一案例。就像迈克尔·斯卡平克在《金融时报》上所说：“每个组织中都潜伏着一场‘深海地平线’。”[4] 危机的直接起因可能发生在任何方面，如财务管理不善（莱曼兄弟）、诈骗（西门子、安然、安达信、阿霍德）、企业文化匮乏和经营模式低效（德意志银行）、技术问题（丰田）、供应链中出现马肉（乐购）、苯污染（巴黎水）、氰化物投毒（强生泰诺事件）、患有精神疾病的员工（汉莎航空）等。其他原因则可能包括恐怖主义、非政府组织激进主义、诉讼、自然灾害、技术故障，或是商业模式遭遇根本性颠覆。

正因为“深水地平线”事件，许多开展了复杂的全球性运营的大公司又重新翻看起自家的灾害复原方案，思索着这起事故对公司经营的影响和意义。但是，它们之中又有几家是真的枕戈待旦了呢?

大众汽车“尾气门”事件

“Schlamassel”是一个德语词，意为“乱作一团”。用这个词来形容大众“尾气门”事件是再好不过。在笔者写作过程中，这一事件还在咬噬着大众公司和汽车产业。

“深水地平线”事件和大众“尾气门”事件之间并没有直接的可比性。美国国家环境保护局于 2015 年 9 月宣布，大众公司多年来在尾气测试中采取了系统性欺骗行为，但并没有任何人为此而丧命。但这一事件对德国的这家标杆性企业造成了深远的经济和声誉影响。如果 BP 是英国经济和股市中的核心力量，那么大众就是德国最重要的产业中的支柱性企业，这个国家的就业岗位中，有 1/5 出自大众。大众曾是推动德国实现战后工业奇迹的汽车企业之一，因而享有非同一般的地位，比肩宝马和戴姆勒 – 奔驰。近些年，大众一直是德国出口型经济成就中的前沿企业，位列世界第二大汽车生产商，排名仅次于日本丰田，其 100 多家生产厂家遍及全球 27 个国家和地区，年销售量可高达 1 000 余万辆。该公司在全球雇用了近 60 万名员工，旗下品牌包括大众、奥迪、西特、斯柯达、宾利、兰博基尼，以及后来购入的保时捷。

一方面，大众是德国工业成就之典范；另一方面，大众是一家自成一格的组织。大众的法人股东并不像同类企业中的那样有威力，无法对企业的利润产出和透明度产生有效的压力。更甚，大众是一家政府干涉和家族控制相交织的公司，反映出它独特的历史根源。在阿道夫 · 希特勒和纳粹党的扶植下，大众公司成立于 1937 年，旨在满足当权者制造人民大众型汽车的需求。当时捷克籍工程设计天才费迪南 · 保时捷曾设计出一款车型，但直到第二次世界大战结束后，大众才开始大批量生产这款“甲壳虫”系列。大众的总部位于下萨克森州，坐落在小城沃尔夫斯堡，战后几十年中紧邻东德边境，因此颇有些与世隔绝。大众家族中的保时捷品牌后来另立门户，在斯图加特成立了运动型汽车公司，并在奥地利发展起可观的汽车经销规模。

如今，保时捷和皮耶希两大家族依然控制着这家企业，尽管在漫长而惨烈的并购之后，保时捷没能成功收购大众，却反而被自己的并购对象摄入囊中。恩怨不断的表亲们只拥有公司50%以上的股份，另有20%由下萨克森州掌握，该地区是社会民主党的传统堡垒。卡塔尔国控股17%，法人股东们拥有不到20%的股份，但他们的利益要排在所有人之后——先是两大家族，再是下萨克森州，工会和工人们在公司的监督委员会中也都享有特殊代表权。

这是一种非常德国化的模式，根源于王朝政治和本土政治。社会主义传统在亿万豪门兄弟阋墙的境况中，与各派系心血来潮的“奇思妙想”勉为其难地共存着。生产豪华车型能够为德国工人保住工作。保时捷公司有些曲高和寡，但它成功实现了全球扩张。它了解全球消费者，但有批评的声音指出，该公司过于狭隘和自大。对冲基金TCI一直鼓动保时捷公司内部进行重大的管理变革，在它看来，保时捷长期以来都在以“公司规模宏大”的形象示人。公司中的经理们基本都是内部产生，构成了典型的闭合性人际关系网络。尽管公司的工作实践可能会因为这种闭合状态而具有效率，但是这种环境无法催生新鲜血液和不落窠臼的批判性观点。

危机发生的直接原因是，美国的监管部门披露了大众在过去6年销往美国的482 000部柴油动力汽车中安装了“作弊装置”。这一装置其实是一种智能软件，能够让汽车发动机测出当前状态是在进行有毒气体排放测试还是真正处于行驶过程。经试验，这种装置能够自动启动，使尾气排放量降到监管部门严格要求的标准之下。等汽车重新进入行驶状态，这一装置会自动解除。这批车辆的有毒气体排放量实际可以飙升到许可值的 40 倍之高。大众公司后来承认自 2009 年起，在全球范围内近 1 100 万辆柴油动力汽车中安装了这一软件，这其中包括奥迪的一些车型。

丑闻一经曝出便触发大众股价出现类似 BP 经历过的骤跌，媒体开始疯狂追踪，记者们一心要挖出到底发生了什么，这种情况到底持续了多久。就像 BP 案例中一样，大众公司的潜在金融负债据信难以估量，但这一数值必然非常巨大，估计在 300 亿 ~500 亿美元之间（尽管大众公司资源更为丰富，这次危机从未恶化到生死攸关的地步）。公司 2007 年上任的强势派 CEO 马丁 · 文德恩引咎辞职。在致歉中，文德恩特意指出他没觉得自己做过什么错事。

本书撰写过程中，大众公司尚未就所发生的一切给出官方解释。公司方面坚持说只有极少数几个人知道作弊软件的存在，外界认为因此丢掉工作的工程师不超过 10 人。有一种设想颇有几分道理：21 世纪的最初几年中，文德恩决定大众要像丰田一样在美国市场取得领先地位。作为德国企业，大众在美国市场的占有率素来有限，只有 3% 甚至更少。尽管经历了多年的扩张，大众认为自己从来没有在美国市场上真正赚到过利润。要想让市场份额增长到真正有价值的程度，那就需要按照美国人的喜好生产更大的车型。能够真正改变现状的就是公司的柴油机技术，大众声称这种技术比汽油发动机技术更清洁、更经济。

柴油机的确比汽油机效能更高，但是造成的污染也更严重。大众的竞争对手们要想尾气达标，只能通过使用过滤装置，利用尿素对柴油机产生的有害物质氧化氮进行中和。这一技术成本高，比较麻烦

（容易影响汽车性能），而且很不方便——一旦尿素用光，车主就需要到修车厂填充。竞争企业们一度感到挠头，百思不得其解大众如何做到了既能满足美国严苛的环境标准又能把成本降下来。“事实是，大众的工程师们没法达标，”公司的一位顾问告诉我们，“但是工程师们是用来解决问题的，各种各样的问题。所以他们用了绝妙的软件设计解决了这个问题。”通过作弊，大众的工程师们就可以夸口一举实现了低成本和高性能——这对客户们来说是绝佳的卖点。

从本质上来看，这场声誉危机当然是大众使用欺骗性技术造成的。但奇怪的是，公司的能力声誉并没有受到质疑。工程设计是大众传统、身份和价值中的核心要素。其第一品牌奥迪有一句著名的口号“Vorsprung durch Technik”——“突破科技，启迪未来”。在为“尾气门”事件进行补救的过程中，大众表现出比竞争对手们更胜一筹的工程设计能力。不过这只是从一种单一的、不带有道德色彩的意义上来看——毕竟欺骗是无法赢得客户和监管机构的真心的。大众在声誉上的挫败主要出现在品行方面，因为公司在工程设计上的专业能力被用到了精心编造且经年累月的骗局中。“这简直就像一群野蛮人冲进了寺庙里，把能砸的东西全都砸掉了，真的令人发指。”一位工业界人士这样评论道。

在德国，人们用“把某人从桌子上拖过去”来表示他们被骗了。经曝光，被大众“从桌子上拖过去”的不仅有美国的监管部门，还有世界各地数百万的消费者。曾经的一级方程式赛车冠军达蒙·希尔说：“我有一辆这种违法生产的大众汽车——一辆帕萨特，配置了2升的柴油机，尾气排放不达标。你本想买个品质好的、效能高的车，也能为了这个星球做点好事，现在看来这是你做过的最糟糕的选择。”[5]

从现在开始，谁还敢相信大众清洁柴油汽车广告中说的那一套？大众曾在美国“超级碗”期间投放过一则非常有名的广告：每一次，当车辆的行驶里程达到10万英里，大众的工程师们都会化身为天使——而这家企业显然一点儿也不像天使！当大众已然证明自己素有撒谎之嫌，凭什么你还要相信它说出的话？我们已经说过真实性在树立并维护声誉过程中的重要性，大众被以这样的方式揭露出来，这样尖声厉叫着、拳打脚踢着、心不甘情不愿地低头认罪，表明它面对真实性问题，已经输得一败涂地。

与BP相似的是，大众危机的根源可以追溯到很久以前，公司的行为反映出一种严苛的公司文化：员工必须要让公司看到产出，而公司则不会过多过问这些成果是怎样实现的——正如本案中大众欲在美国增加市场份额时的作为。这场危机表明了闭合式关系网络的局限性，其中明显出现了管理失误。“这一切真是令人难以置信，”一位高级商务人士评价道，“真难以相信，这些家族所有者如此沉醉于自己的权力，竟然能够容忍出现这样的事情。”对冲基金TCI控诉称，大众管理层多年来薪酬过高，而且内部鼓励多冒风险。“大众集团有它肮脏的内幕：多年来，公司管理层享受着丰厚的报酬，尽管在他们的领导下公司的赢利能力和利润在不断下滑。”TCI的克里斯·霍恩爵士对《金融时报》说道，“我们认为高层管理人员薪酬过高……助长了激进的管理行为，从而导致出现‘尾气门’这样的丑闻。”[6]本书完稿之前官方调查还在进行中，很多问题还悬而未决，尤其是：公司中究竟有多少人对所发生的事情其实是知情的？人们很难相信，对于如此一件对公司的美国业务产生着重大影响的事件，近 593 000 名员工中只有 10 人略知一二。

大众不幸与 BP 相似的另一个方面是，它在危机传播过程中犯下的错误让事态愈发严重。公司在通过“讲述”推广车型这方面可谓驾轻就熟，但是谈到微妙的公司事务表现得就不那么十拿九稳了。兴许是因为律师们不怀好意，再或是德语译出带来了不便，大众好像没法在讲话中直来直去，一旦说错了话就要“回到原点”。就好像新任 CEO 马提亚 · 穆勒对一家美国电视台说的那样：“我们没有撒谎。”这话很快就被翻盘了，公司在另一份讲话中声明奥迪没有安装过任何作弊装置。2016 年 4 月末，大众声称将会回购 48 万辆美国市场上安装了作弊软件的汽车——这是有史以来规模最大的一次汽车回购。大众是否会被迫在欧洲和亚洲市场采取类似措施还有待进一步观察。

大众目前已经输掉了这场声誉博弈，如果它还想在全球客户和监管部门那里重建信任，那就要重拾游戏规则。（但是如不先解决掉美国的多项诉讼，发动信任重建活动并没有太大意义：所以大众目前可做的也就是些平淡无味的解释工作。）更广义的问题在于，“尾气门”事件是否损害了整个德国工业制造的声誉。这与西门子行贿危机有可比之处，这起事件在 2008 年以西门子向美国和德国有关机构缴纳 13 亿美元罚金而告终。这场危机中涉及的同样是一家规模庞大、历史悠久的德国企业，公司内的经理人们为了能够有所产出而人人自危，管理层对司空见惯的腐败行为坐视不理。目前来看，大众对其他公司和行业造成的外溢效应尚且有限，尽管美国司法部强制要求戴姆勒对公司内部的尾气测试开展自查，而其他企业则面临监管审查，其中包括三菱公司。

德国工程师们依然实力超凡，而且已经开始思考后内燃机时代的技术——19 世纪末，他们的先人们发明了这一装置。但大众事件提醒着我们：如果你在游戏中不能按照最高的道德标准行事，即便有能力也是没有意义的。人们希望，在沃尔夫斯堡或是德国其他什么地方的董事会会议室里，高管们能够意识到，“尾气门”事件对大众品行声誉的损害还将绵延多年。

丹尼斯·科兹洛夫斯基和他价值 6 000 美元的浴帘

2014 年 1 月 17 日，丹尼斯·科兹洛夫斯基从纽约林肯监狱释放了。他曾一度被誉为全球薪酬最高且最受尊敬的 CEO，后因盗窃（获取“未经授权”的奖金）和滥用公司资产等罪名被判入狱 27 年。服刑 7 年后，科兹洛夫斯基获假释。这起案件让人们得以见识到企业精英层奢侈的生活方式，其本身也成为现代商业世俗中最能反映企业挥霍无度的反面案例。对于科兹洛夫斯基来说，正是这场审判让他光环不再。他的形象瞬间颠覆，从企业巨头一夜之间变为企业恶棍——时至今日他依然摆脱不掉这个标签。“我的故事里或许充满了贪得无厌，但是其中的所谓犯罪内容，我愿意跟任何人理论理论。”我们见面的时候他这样说道。

泰科曾是美国的成功故事。这家公司最初是由企业收购并发展壮大的。科兹洛夫斯基 1992 年出任 CEO 的时候，公司已经建立起三大业务领域——消防产品、电子产品、包装产品。在泰科任职期间，科兹洛夫斯基甚至有可能借助1 000多起并购将公司发展为全美市值最高的企业之一。审判期间，检方在陪审团和媒体面前展示了他生活奢靡的证据，并指出，这样的生活花费的都是公司股东们的钱财。法庭上有人幸灾乐祸地讲起科兹洛夫斯基在撒丁岛上举办的豪华派对中，客人们如何乘着公司的飞机一波波抵达；而最臭名昭著的，兴许是科兹洛夫斯基花了6 000美元在纽约的公寓中装了一道浴帘。

科兹洛夫斯基一直坚称自己是清白的，当了别人的替罪羊，而且他的薪资——虽说的确称得上巨额——也都是董事会完全批准的。从他的观点来看，自己获罪的时间正是"超级巨星"CEO们被外界"盯"上的时候——当时好多大牌企业垮台，比方说出现了财务丑闻的安然。为了写作本书，我们曾与科兹洛夫斯基有过两次对话，一次是在牛津，当时他在那儿协助一群学者研究"丑闻社会学"；另一次是在他第三任妻子简朴的公寓里，位置就在纽约联合国大厦对面。

他特别指出了对他在个人声誉博弈中产生影响的若干重要因素。首先，声誉活动家。在他的案例中曾出现过一位张罗着二次参选的地区检察官和一位让他人尽皆知的记者。具有讽刺意味的是，科兹洛夫斯基原本并不是立法者盘问的重点。后来美国通过《爱国者法案》后，纽约的地区检察官办公室开始参与追踪美国公民购入的海外艺术品来源。科兹洛夫斯基曾经购入过一些艺术品，因此接到了纽约州地区检察官罗伯特·摩根索的会面请求。他和顾问们以为这次会面可能是为了调查这些艺术品的出处，但很快便发现地区检察官其实是冲着科兹洛夫斯基有没有缴纳营业税来的。这让科兹洛夫斯基和顾问们一头雾水：他明明是艺术品的买家，不是卖家啊。但是摩根索继续调查了下去，突然之间，真相大白：摩根索瞄准的是一个“大家伙”。

“我认为，如果我不是那个声名显赫的大CEO，这一切都不会发生。我曾经是名气很大的CEO，那时候正赶上网络股崩盘，而且人们在为此寻找替罪羊。这个时机对摩根索来说太完美了，正是人们顷刻间损失了大笔钱财的时候。”科兹洛夫斯基说。

除了摩根索，科兹洛夫斯基曝光率和身份地位都很高，这让他成为让记者们扬名立万的最佳目标。“在商业世界中，媒体喜欢把你塑造成超级明星，而且你也喜欢这种被捧上神坛的感觉，但是你意识不到的是，你的好日子不会长久。作家马克·梅里蒙特——就是那个《华尔街日报》相关新闻报道的负责人——是我的死对头。他想借着我们的事情拿下普利策新闻奖。”

紧接着发生的事情显示出闭合型关系网的巨大威力。在这起案例中，这种威力对科兹洛夫斯基造成了极大伤害。事发几个月前，科兹洛夫斯基曾告知泰科的人力资源主管帕蒂·普鲁，他有离职打算，私募股权领军企业卡莱尔集团为他提供了职位。科兹洛夫斯基在合并和收购方面业绩突出，而且在企业整合中表现出色、素有美誉，这些都让他成为卡莱尔集团眼中颇具吸引力的人物——他们要找的正是这样的能力组合。

普鲁提出能不能让泰科针对卡莱尔集团提供的职位条件提出新的待遇方案，以此挽留科兹洛夫斯基。毕竟，科兹洛夫斯基已经在泰科工作了27年，担任集团CEO也已经10年。在他的带领下，公司年收入从2 000万美元增长到400多亿美元，跃居“财富100强”企业。

泰科最辉煌时，市值曾高达 1 300 亿美元。对于投资人来说，科兹洛夫斯基是位英雄，他们不愿意失去他。

科兹洛夫斯基粗略算了一下把他留在泰科大概需要多少钱，并且回复普鲁说，如果 5 年能拿到差不多 3 亿美元的话他就考虑留下。“我没期望能够拿到我开出的 3 亿美元，这背后还有一个数学方程式。泰科提供给我一个系数：根据未来 7 年中公司业绩最好的几年付给我 3 倍薪资；我就说，除了这些还要把过去 3 年也算在内——公司在这几年里的利润着实高，这样就凑够了 3 亿美元。”他说道。让他实在没有想到的是，董事会居然同意了。

然而，当几个月后地区检察官开始对他进行调查时，泰科的董事会坐不住了。它批准的这笔薪资待遇有可能会成为美国上市公司高管薪酬之最，而在当时的背景下，股东们和普通大众正愁找不到替罪羊，以弥补“世界通信”和安然财务丑闻所造成的损失。

“3 亿美元的要价当然会对董事会成员的反应带来一定影响。他们必须想办法先让这笔薪资的事情销声匿迹，然后再来对付我——可这笔钱的确是他们答应过我的，而这正是最疯狂的地方——这个董事会当初想必会答应我的任何要价。这可是经由董事们签过字的。”科兹洛夫斯基说。

董事会开始一致对外。董事们聘请了大卫·博伊斯，这位企业律师在美国大型企业高层中可谓名声响当当。“泰科开始翻脸不认人，公司给每个人都下了通知不要接我的电话。”科兹洛夫斯基回忆道，“他们请来大卫·博伊斯调查我支付给一位投资银行家的一笔款项，这位银行家当时对公司经营有方。博伊斯为了实现自己的打算、给自己立名，在这起调查中比任何人表现得都起劲儿。”

这让我们又回到“描述”问题上。博伊斯劝说泰科董事会在其季度财务报告中（称为“10Q”）详细列入科兹洛夫斯基签字同意在撒丁岛举办公司派对和购买天价浴帘的事情——这条浴帘如今已是臭名昭著。“2002 年 8 月 10Q 发布的那一刻，我的名声彻底毁掉了——报告里详细描写了撒丁岛派对和那条浴帘以及其他所有的事情。”科兹洛夫斯基说，“董事会成员为了保全自己的名声都跑到乡村俱乐部避风头去了。他们故意回避我。而且他们也怕惹上官司——纽约地区检察官办公室的调查处副处长约翰·莫斯科号称是一位很顽固的检察官，他会把调查对象查个底朝天，而且他放话说要把董事会高层中的好多人送上法庭。”

科兹洛夫斯基失去了人际关系网中一众人的支持，他们本是最能为他正名的人，而且他们的证言和回忆本可以使他免于因为行为不端而受到起诉。但关键的是，科兹洛夫斯基现在面临的情形只怕是更为糟糕：董事会不仅不为他正名，而且还因为软弱无能而选择跟他对着干。这是对盖里·阿兰·法恩的“争议声誉”理论的现实版再现。董事会现在出于很明显的个人考虑，不愿意对检方的控诉提出质疑。科兹洛夫斯基成了孤家寡人。

那科兹洛夫斯基现在怎样了？这个问题特别切题，它为我们引出了一个棘手的难题：曾经丑闻缠身的人是不是还能重建自己的声誉？

如今的科兹洛夫斯基因为以往的经历而更加成熟。当初那个唐突无礼、没什么耐心的他已经不复存在。谈到他在狱中的经历，以及这一切对他个人生活的影响，我们看到的是一个对行动背后的动机充满思考的人。他说起话来颇显睿智，这是一个人在发现自己被褫夺了一切，成功的光环被悉数卸下之后方能做到的。

出狱时，他很明白自己先前经常出入的那些社交圈子如今大多已经容不下他。他当年能够签署大额公司支票和个人支票时，对他殷勤逢迎的慈善界也不会再欢迎他。但是他发现自己在交易能力方面的声誉并没有受到冲击——他的实力从来没有受到过怀疑，这项能力组合是保值的。他成立了一家提供并购建议的咨询公司，而且已经受聘于诸多中小型企业。这些公司的 CEO 都知道，科兹洛夫斯基能够提供极富价值的观点。

“对于在我出狱后聘请我的那些 CEO，他们都需要费心说服公司的同事们，”我们在纽约会面时，他对我们说道，“我也请了他们之中的一些为我做推荐人。”

对于科兹洛夫斯基来说，他看到了黑暗尽头的一缕光芒，不过这种光芒也仅仅存在于能够展现他的真才实干的具体领域中。2016 年 2 月，他被提名为“财富协会”主席，这家机构旨在帮助曾经的违法者在获释后重返社群生活，并寻求能够替代监狱服刑的其他处罚方式。科兹洛夫斯基参与了这一慈善机构自 2012 年起开展的监外就业计划，自此在协会中的表现一直很活跃，而且对于这项工作他真的充满激情。“我在竭尽全力给‘财富协会’带来不一样的成果。而且，或许更重要的一点是，我已经领教了自由的价值和人际关系的重要意义。”他说。尽管有些机会还在将他拒之门外，他的声誉如今已经开始向着积极的方向焕发出新的生机。

人民的教宗

在 2013 年 3 月当选之前，方济各教宗在整个职业生涯中接受过四五次采访，其中一次的采访媒体是他的祖国阿根廷的一家教区杂志。这次采访丝毫没有让人感觉到，这位本名豪尔赫 · 马里奥 · 贝尔格里奥、意外当选的第 266 任教宗，会展现出任何通过言语来重建声誉的才能。他身边的人说起工作中的这位“圣灵”，语调中充满了敬畏：76 岁的方济各教宗要求他们务必要表现得谦逊、低调。

豪尔赫 · 马里奥 · 贝尔格里奥是 1272 年来当选的第一位非欧洲教宗，也是第一位耶稣会教宗。这位曾经的布宜诺斯艾利斯大主教、一个中下层意大利移民家庭的儿子，最终因推行制度改革和灵魂新生脱颖而出。教会深陷性丑闻和财务丑闻的泥淖，核心教义不断为人所漠视，哪怕是在最虔诚的教徒中。全球 12 亿天主教徒中有近 80% 的人支持使用避孕手段，而且，在非洲和菲律宾以外的所有地区中，大部分信徒都能够容忍离婚和再婚。[7] 2015 年 5 月，爱尔兰通过全民投票成为第一个将同性恋婚姻合法化的国家，公然冒犯了天主教教义——这可是几十年来对教会中的性侵害行为深恶痛绝的教民们以压倒性多数投票决定的教义。天主教会在非洲、拉丁美洲、菲律宾等地都有为数众多的追随者，但在它的传统根据地欧洲却有些日薄西山。在法国、爱尔兰、西班牙，甚至在意大利，年轻的男性都不愿意成为神职人员，会众数目大幅下滑。信仰的大潮正在退却，而方济各教宗就是那个需要力挽狂澜的人。

这位新教宗第一次显露出他的沟通才能是在庆祝他当选的集会

上——贝尔格里奥站在圣彼得大教堂的阳台上，一反常规地请求民众为他祈祷。这是一种具有颠覆意义的“讲述”姿态，它表明教宗的权力、富丽堂皇到难以言说的圣彼得大教堂以及整个教会的存在都是为了民众。这位新教宗在上任的第一天采取了出奇随意的讲话方式。“教宗当选当日说出的第一句话是‘晚上好’。”斯特凡诺·卢基尼说。这位老道的意大利商人和梵蒂冈往来密切。“这时候一般都说些很正式的话语，比方说‘我肩负着神圣的使命来到此处，我为你们而来’等。大家都很吃惊，他竟然用了再普通不过的语句。”

卢基尼还指出了新教宗初次亮相释放出的一个非常关键的行为信号，一个让全球各地专门关注梵蒂冈的人深感意义非凡的信号——“他做的第二件事情——这是一个重大的行为信号——就是当选后在等候室中仅仅待了几分钟。过去的教宗们会在里面待上两天的时间，祈祷，思考自己行将担负起的使命。可他却只待了几分钟。人们觉得这一点很有意思也很重要——这昭示着日后他要成为什么类型的教宗。”他释放出一种比前任们更为随意的教宗风格，既不拘泥于礼节，也不会让其他人干等。

随着教会内部分化和不断受创，以及外界对教会敌意四起，新教宗的这种干脆利落的举动和他坦诚率性的讲话风格打动了数百万教徒的心，打破了将教宗和民众疏离开来的藩篱。他正是教会在前任教宗卸任后真正需要的人。一向理性的教宗本笃十六世（2005—2013年在任，本名约瑟夫·拉辛格）成为教会一千年来第二位主动退位的教宗，起因是所谓“梵蒂冈解密”事件——梵蒂冈若干文件外流，暴露出梵蒂冈银行和罗马教廷核心官僚体系中存在的贪腐、任人唯亲等问题。

新教宗对于名字的选择更增强了他所散发出的谦虚、低调的气场。他是第一位传承平和而贫穷的圣方济各·亚西西之名的教宗。当选后第二天，方济各教宗来到自己之前一直居住的小旅馆结账。他好像颇为避讳那身象征着身份地位的行头，依然穿着自己总不离脚的那双舒适但又难看的黑鞋子，而没有穿教宗配鞋；他到眼镜店里给自己买眼镜；乘着一辆蓝色的“福特·福克斯”去参加官方活动，而没有乘坐教宗的官方配车。

他把这种以行动代言的策略继续了下去。他选择住在“圣玛塔之家”客寓中的 201 房间，邻近圣彼得大教堂，而不是前任教宗们议事的教宗公寓。他后来解释这么决定的原因是希望跟民众和普通生活保持近距离接触，他发觉教宗公寓并不像期望的那么敞亮，反倒像一个“倒扣过来的漏斗”，让人很难置身其中。

接下来是官方访问。他的行动再一次明白无误地表明了他志在成为哪种类型的教宗。他在意大利境内第一次官方访问的不是米兰、威尼斯、佛罗伦萨，甚至不是阿西西。他去了意大利南部近海的兰佩杜萨岛，这里是遭遇海难的人们最先登临的陆地。他重新确立了教宗为难民、普天下的穷人、移民和被放逐者担当牧灵者的职责。本着这种精神，他辞掉了德国林堡的主教特巴茨–范艾尔斯特，这位主教据称为了修缮自己的主教府竟斥资 3 100 万欧元。在兰佩杜萨岛，方济各教宗痛彻地说起“全球化冷漠”，他的一番话让他撇开富人、有权有势者、成功人士，跟全球化经济中那些失意的人站在了一起。在一次采访中，他解释说他把教会看作战斗之后的战地医院。“教会现在最需要的是救死扶伤和温暖人心的能力；它要走上前去，它要让人有亲切感……救死扶伤、救死扶伤……我们得彻彻底底从头做起。”——这就是人民的教宗和他生动的语言。

2013 年 7 月，方济各教宗在他的首次海外之旅中到访了巴西。约 350 万民众汇聚科帕卡巴纳海滩举行露天集会，将教宗的访问推向了高潮。这期间，教宗的座驾在里约市区转错了弯，而他看上去对由此引起的纷乱反倒颇有些乐哉——车子被堵在了路上，民众们蜂拥而上围住了他。在回欧洲的飞机上，他举行了一个非正式的记者会。面对一众记者，他在讲话中建议开启一个包容教会的新时代。有记者问他如何看待同性恋问题。“如果一个人是同性恋，而他追随上帝而且拥有良好的意愿，我对他还有什么好评判呢？”他回答说。他的讲话被立即视为充满包容和谦恭。细思之下，他其实只是重申了自己素有的立场：同性恋本身并没有罪，尽管同性恋行为是罪孽的。方济各教宗并没有宣称过自己是自由主义者，但他的讲话在世界上的许多地方都被如此解读。他的讲话表达出，在这个堕落的世界中，他对神的慈悲和上帝的恩典依然怀揣着怎样的信仰。

新教宗当选之初的这些做法大大提升了教会的受欢迎程度。在他 2013 年上任后的头九个半月里，就有 660 万民众到梵蒂冈参加了宗教主持的活动。这个人数在方济各上任一年之后有所下降，但是相比教宗本笃十六世，这依然是一个叹为观止的改观——前任教宗 2012 年的访问者只有区区 230 万人。[8]

然而，这一切中还有颇为矛盾的一点：尽管教宗是一国之主、教会之主，掌管着人类历史上最宏大的统治机关，但他的行政力量却很薄弱。历任教宗都曾经努力对自己身边的侍从，尤其是教会的官僚体系施加足够的权威。

尽管受人爱戴并不能让教宗稳坐江山，但能够给他赢取政治资本。这一点在国际关系这一重大领域悄悄发挥出了它的作用——方济各教宗成功将美国、古巴等宿敌国家的元首们拉拢到了一起，推动建立了多种多样的全球关系网。

巴拉克·奥巴马和劳尔·卡斯特罗都赞扬方济各教宗在为两国化解矛盾的过程中所发挥的影响力。2014 年 4 月，方济各教宗在梵蒂冈接待了到访的英国女王伊丽莎白二世，并帮助依然还在为福克兰群岛（南美洲称之为马岛）地位问题相持不下的英国和阿根廷修复了关系。他还利用自己的地位在哥伦比亚政府和哥伦比亚革命武装力量之间斡旋，谋求推进和平进程。

在方济各教宗 2015 年 9 月访问美国期间，关系网资本的作用也可见一斑。教宗抵达时，奥巴马总统亲自在机场迎接。在 6 天的访问活动中，教宗来到纽约出席联合国大会并发言；赴华盛顿圣帕特里克教堂为无家可归的人发放食物；在国会山向美国国会发表演讲；在费城举行规模成千上万人的露天集会；并且会见了性侵受害者。教宗用强大的“讲述方式”为广结关系网络的策略做补充。谈到减轻债务和消灭贫困的必要性，他发出了迫切的呼声；他让保守派们又羞又恼，因为他表示自由资本主义无法解决世界上的难题。他声称，政治和经济具有为人类服务的神圣职责。

“在我们的计划之外，我们在扶助着那些在极度贫困中生存、挣扎、煎熬着的男男女女，他们往往不得不在贫困中过活，丧失了一切权利。”他对联合国的听众们说道。他力谏采用最低生活标准取代最低工资标准。“这里所说的‘最低’意味着住房、劳动力、土地……住房、能够带来适当报酬的体面工作、合适的食物和饮用水。”他还谈到气候变化，谴责“对于权力和物质繁荣所抱有的自私自利和无边无际的贪恋”（他曾在 2015 年 6 月发表了通谕《愿你受赞颂》，这是第一份以生态为主题的教宗通谕）。这个世界上没有任何人能够以这样的影响力和权威来为受践踏的底层民众代言，让全球精英们能够从他上任之初便提到的“全球化漠视”中惊醒过来。前白宫记者大卫·史密斯曾这样评价：他展示出“灵活驾驭灵性、政治、经济三者关系”的超凡能力。[9]

有时取得外交政策上的成功要比处理内部改革带来的棘手问题更容易。方济各教宗刚一上任便采取了一系列手段来整顿教廷，为梵蒂冈银行的运营加强信息透明度，树立最佳职业实践，并成立了一支专门监管梵蒂冈经济和行政系统的委员会（即 COSEA，圣座经济管理机构咨询委员会）。他还任命了一个处理性侵案件的委员会，其初衷是推翻教会凌驾于社会最脆弱群体权益之上、一心自保的本能。这类工作并不具备牧灵布道那样显著的影响力，但是通过聚焦这一领域，方济各教宗明白了，要想有效推动改革和声誉重建，打破长期以来孤立封闭的关系网络是其中至关重要的一步。这一点对教宗的能力声誉也很重要，毕竟，正是因为没能牢牢抓住教会的行政系统，教宗本笃十六世才迫不得已下了台。

方济各教宗的精神领导和沟通才能并没能阻止梵蒂冈的官僚派们与他反其道而行之，他本人也承受着信息泄露带来的丑闻压力。2015

年 11 月，市面上出现了两本书，里面描写了一些不堪的故事，包括红衣主教们居住在奢华的寓所中，梵蒂冈的雇员们对圣徒的钱“小偷小摸”、中饱私囊等。这两本书的作者是意大利记者詹路易吉·努齐和埃米利亚诺·菲蒂帕尔蒂，写作的依据是教皇的委员会中流出的保密文件。

正如“梵蒂冈解密事件 II”所呈现在世人面前的那样，这其中最令人费解的地方在于，文件泄密本身并不是什么惊天大新闻，这些文件却是被方济各教宗满满的改革热情“冲”出来的。“就这么一次，事情并不是起因于某个机构想要遮掩自己的丑事，”梵蒂冈观察人士约翰·L. 艾伦解释道，“出现文件外流的委员会是方济各在 2013 年成立的，直接目的是记录财务违规行为，以便后期矫正。”[10] 这起事件是一场由改革带来的丑闻，而不是丑闻触发的改革。3 名梵蒂冈工作人员被逮捕，其中包括一位蒙席、一位光彩照人的人力资源总监和一位曾经的圣座经济管理机构咨询委员会成员弗朗西斯卡·乔乌奇。2015 年 10 月，方济各教宗感到必须向公众就“罗马或梵蒂冈”发生的某些丑闻（教宗并未在致歉过程中确指出来）公开致歉。

体现教宗实力的另一个方面是他在教义问题上劝说别人的能力。尽管他在这些事情上展现出了一贯的理论正确性，但是要让教会接受变革是一个极其漫长和高度政治化的过程。他需要说服枢机主教和教区主教大会，颠覆他们曾经深信不疑的想法。而现实情况对于教宗所坚持的立场来说也颇有些无奈——高级神职人员们已经花费了毕生的精力来思索这些问题，而且也颇乐意利用布道台来传达自己的观点。他们享受这种比别人都来得超然的感觉，比方说在公司 CEO 的改革大路上当了绊脚石的高管们，或是政府部门里桀骜固执的政治家——高管们有被开除的可能，而政治家有被排挤的风险。某些情况下，方济各教宗也会采用类似的手段，例如给口无遮拦的美国枢机主教雷蒙德·伯克降职，但是这种硬权力也不是用之不竭的。

方济各教宗与教会保守分子们在一个具体问题上产生了重大分歧——是否可以让离婚者和再婚者参加圣餐礼。对于平信徒和自由主义者来说，让再婚者参加教会的核心仪式是在给予他们作为人来说最基本的体面。但这种做法与教会的教义是相左的，教义中不承认离婚的合法性。所以，如果你再婚了你就是不贞的，因而你就不得参加圣礼，因为你身上背负着罪孽。在一次重要的宗教会议上，当讨论到这个问题时，方济各教宗怒斥了“隐藏在教会教义中的那些封闭的心灵”。对于自由派报刊或是本书的作者来说，在这一点上很难不认同他，但是对于数目庞大的天主教教徒来说，他们可不这么想。方济各本可以借其劝喻《爱的喜乐》（*Amoris Laetitia*）向教徒们阐明此事，但该劝喻在2016年春天发表时，原本含混不清的地方依旧未改，只是在第351条脚注中做出了一条语焉不详的说明。这种在教义问题上表现出的优柔寡断暴露出他在权力上的掣肘之处——教义问题本该是他能够施展绝对权威并体现着他坚定信念的领域。正如一位天主教记者描述的那样，他看起来“不像一位至高无上的教宗，而更像是一位被议会否决了议案的总理”。[11]

另一个敏感问题是能否包容同性恋。这一问题对于教会来说具有非比寻常的微妙性，毕竟教会对于性问题一贯抱持着安故重迁的态度。教会的教义中规定神职人员不能结婚，但基督教教义中并没有这样规定过。这一规定导致整个教阶中清一色都是男性，这种环境中同性恋泛滥并不奇怪。梵蒂冈的一位波兰籍神职人员克日什托夫·查拉姆萨神奇“出柜”，更加证实了这一情况。2015 年 10 月，方济各教宗准备召开第二次关于家庭议题的会议，查拉姆萨选在会议前一天告知媒体他有一位男朋友，而且很多神职人员也都有同性伴侣。本笃十六世和方济各都曾经谈起过教会中存在着一支神秘的“同性恋游说团”。正如人们所意料到的，方济各表示过对同性恋群体的包容和同情，但这并不足以改变教会的官方立场：同性恋是一种“本质混乱”的行为。

如果声誉只是尽可能吸引大范围的关注这么简单，那么有人可能会说：这一切已经足矣，教会已经重建了声誉。但是教会是不能用这种方式来评判自己的表现的。教会不是公司，不能用销售量和利润来衡量自己的成功；也不是政府机构，不能尽可能多地去赢取选票。教会须要传递一整套的教义，这些教义要能够树立正确的道德取向，哪怕它们的内容让人觉得不安或是与现代社会格格不入；它应当像一枚真理铸就的“定海神针”，矗立在不确定性和道德相对主义的深海中；它必须恒久、笃定、连贯。不能仅仅因为绝大多数的天主教徒都渴求一个确定的结果，天主教会就要推翻自己的教义；也不能仅仅因为自由主义观点认为有些事情做起来会比较暖心，教会就要为同性恋人士送上祝福。教会对堕胎抱有的严厉观点也是不容商榷的。在讲述上保持一致性一直都是天主教会声誉中的核心方面。

天主教作家彼得·斯坦福认为，教会对信徒保持着一种“一意孤行”“乖张另类”的关系，尽管它的一些做法已经与“精神客户群”的一些信条和做法合不上拍，但它拒绝就此做出任何改变。如果一家超市一而再地无视客户需求，那么这家超市会关张大吉。但是教会做的是拯救灵魂的“买卖”，从没有人能够为它设计出一套关键绩效指标，让人们看看它的目标到底实现到了什么程度。

不过教会并不是存在于真空中。过去的几个世纪中，它一直都在适应社会中发生的变革，尽管有些时候这种适应过程极其缓慢。教会承认伽利略的太阳中心说——地球绕着太阳转，而不是太阳绕着地球转——用了 350 多年的时间。在中世纪，圣方济各的教义曾经引发了精神运动的复兴。在文艺复兴时期，教会面对新教崛起，重新树立教会的精神权威和世俗权威，在反宗教改革中再次焕发生机。19 世纪晚期，在梵蒂冈的世俗权威面临最严重危机的紧要关头，教会改革了教义中关于教义阐释绝无谬误的部分。20 世纪后半叶，第二次梵蒂冈会议上，教会调整了对“摇摆的 60 年代”所持的文化和价值立场，尽管这并不是一种全盘接受。这些都是历代发生过的重大变迁，这其中的过程如此复杂而神秘，因此将它们归因于圣灵的影响而非凡夫俗子的决断，反倒更显明智。

所以，方济各教宗在声誉博弈中的第三大策略是成功运用讲述手段。值得指出的是，教会拥有强大的讲述传统——基督的诞生、生平、受难、复活可能是有史以来最引人入胜的故事，两千多年来深刻影响着若干种文明。作为基督之代表，教宗在讲述故事时具有非同凡响的力量。他是教权的守护人，是解读基督福音的权威——基督将它传授给圣彼得，千年来像精神接力一样在一代代教宗之间薪火相传。这种描述策略发挥出了全球关系网无可匹及的巨大威力，让描述内容远播人类所在之处。教宗可以采用传统的方式来传播教义，进行布道或是发表诏书，让这些内容在世界各地成千上万的教堂中为人诵读，再由神父和礼拜者在忏悔室中通过亿万次私密对话不断加以强化。而且他还可以借助现代媒体，比方说电视、广播和因特网。就像现代企业或是政府部门，梵蒂冈也建立了自己的网站，聘用了资深的公关人士，其中还包括原来在福克斯新闻频道供职的记者（格雷格·伯克）。梵蒂冈还有自己的广播站和多语种推特账号。方济各教宗如今调动起所有的关系网渠道——他明白自己可以成为终极网络经纪人，利用自己的身份地位来弥合网络空白，吸引住那些新的追随者，或是那些曾经背弃信仰的人。这样一来，教会的声誉便会逐渐增强它的影响力。

虽说方济各教宗利用社交媒体让教会的影响力再创新高，教会其实在很久以前就已经开始率先采用积极传播策略。1622 年，额我略十五世教宗成立了“传信部”。这一公共关系部门的宗旨是增强人们对于“新世界”的信心，击退“旧世界”中的新教。20 世纪，教宗若望·保禄二世（本名卡罗尔·沃伊蒂瓦，波兰籍教宗，1978—2005 年在位）本能地把握住了新生的电视技术所发挥出的巨大影响力。他经常出游，到访过 129 个国家和地区，出行里程达 120 万公里甚至更多，其间还随心接受电视采访。他积极采用现代媒体技术推广教义和社会保守主义，但同时也选择性地设置了一系列激进的政治目标：他坚持开展“反共产主义”活动，而且据说他在苏联解体中的作用堪比罗纳德·里根总统。他在垂危时的痛苦甚至也被放到了电视画面中。教宗本笃十六世是第一位使用社交媒体的教宗，他在 2012 年 12 月使用“@Pontifex”从自己的 iPad 上发出了第一条教宗推文。“亲爱的朋友们，”他写道，“我很高兴在推特上与你们见面。感谢你们慷慨的回复。我从心底祝福你们所有人。”尽管他并不是一位非常有天资的传播者，这位 85 岁的教宗迅即拥有了 100 万推特粉丝。“因特网……为相遇和团结提供了无限的可能，”方济各教宗在 2014 年 6 月曾这样说过，表露出他对于社交媒体的传播目的抱有一种非比寻常的深思，“这真是件非常好的事情，是来自上帝的礼物。”[12] 2016 年年末，方济各已经拥有了 3 000 多万推特粉丝，成了推特上最具影响力的全球领导人之一，每条推文平均被转发近万次。（在这一古老的组织和网络交汇之时，不免会出现这样的两难局面：如果教宗打错了字，那是不是这个笔误也是绝对正确的呢？）

方济各教宗的权威通过他的真实性得以凸显。他决定住宿在旅舍中，避免着“官服”出行并不是刻意为止：他的处世之道和别人对他的看法并没有什么不一致之处。这一点可以回溯到他早年在阿根廷工作时，那时的他把官方配备的豪华轿车扔在一边，自己去搭乘公共交通。他居住在简朴的公寓中，即便是后来升任布宜诺斯艾利斯的大主教，再后来升任枢机主教时依然如此。他因为总跟贫苦百姓打交道被戏称为“贫民窟主教”。他在耶稣升天节为囚犯、病人、贫民窟的穷人们沐浴双足。

当被问及“你是谁”这个问题时，方济各教宗不变的回答是：“我是一个罪人。”他把自己看作一个在生活中犯过错误的人。在他当选前，他常常被人指责曾在阿根廷“肮脏战争”（1976—1986）期间与人共谋逮捕并迫害了两名耶稣会信徒。这些控诉都被成功驳回。但他总是承认说自己本应该更积极地反抗这个滥杀无辜的政权。[13] 他还坦承了其他过失，不只是36岁那年在阿根廷（1973—1979）受命接手耶稣会信徒一事的过程中表现得太过专断、太有失公允。他当初惹了不少麻烦，乃至有段时间他实际上被从布宜诺斯艾利斯赶到了科尔多瓦，而且当他最终当选教宗后，有人开玩笑说这是耶稣会的信徒们为了把他赶出阿根廷专门设计的大选。方济各教宗把自己看作被上帝的慈悲眷顾的人，这种慈悲也是他所肩负的使命之核心。他的教宗格言是“因仁爱被拣选”（Miserando atque eligendo），而且在2015年12月，宣布设立了“慈悲特殊禧年”。对于没有宗教信仰的人来说，他这种将上帝的仁慈散播给同性恋群体和离婚人士的愿望不免有些自作多情、自以为是——要想受恩于上帝的慈悲，你还得先承认自己的罪孽。但是方济各的这种做法体现出了包容和同情，这种品质是教条僵化的宗教领袖们所不具备的。

所以在评估方济各教宗的声誉时，我们需要问一个问题：其声誉的意义何在？它服务于谁？方济各增强了自己在自由主义和世俗社群中的声誉，却牺牲了保守派信徒对他的欢迎。关于这一点，有美国的民意调查为证，数据显示，教宗的受欢迎度在非天主教徒中有所改善，但在天主教信徒中出现下滑。即便是虔诚的天主教徒也愿意对改革给出支持或反对意见，这要看他们是自由派还是保守派。如果有任何人能够力排不确定因素、协调好为数众多的选区，那么这个人必然是方济各教宗——一位谦逊低调、擅长激发共鸣的沟通天才。希望圣灵再多给些帮助，让我们共同祝愿这位教宗能够成为最终的胜者。

布莱尔 vs 克林顿——聚焦“身后名”

一旦就任后，教宗就无须担心下一场竞选大战，只要专心做好拯救灵魂这项核心工作就好。与之恰恰相反的是，民主社会中的政治家们做的就是让自己当选的行当，而且不管他们是否还有其他任何成就，他们在实力方面的声誉主要依赖于他们赢得竞选的能力，屡试不爽。

人尽皆知，政治家们的声誉可谓反复无常。温斯顿·丘吉尔是一位伟大的战争领袖，但 1945 年，他却在一群似乎有些不知感恩的选民手中落选。玛格丽特·撒切尔虽然曾引发很多歧见，但在她当政时代的确是位非常受欢迎的领导人；然而，行将告别人寰之际，她却饱受世人诟病。吉米·卡特和约翰·梅杰卸任时头顶着“平庸之辈”的名声，但是多年之后他们的声誉又得以恢复。唐纳德·特朗普在鲜有的批评浪潮和阵营割据中成为第 45 任美国总统，全球数百万民众在各地集会抗议他性别歧视及其他一系列问题。不过，支持者们却把他的当选奉若无比辉煌的成就，堪比基督复临。

声誉的这种反复无常的特点反映出政界特殊的环境条件，也就是说，政界中的游戏规则绝不同于商界。

托尼·布莱尔，1997—2007 年任英国首相；比尔·克林顿，1993—2001 年任美国总统。两人都是能力非凡的杰出政治家。布莱尔连续三次赢得大选，其中前两次是以压倒性优势胜出。而此前，工党曾经在大选中四连败。布莱尔成功将工党团结起来，而在当时四分五裂、自毁自弃的党内环境下，这是绝非常人可及的壮举。10 年后，布莱尔卸任，将首相之位交给他的提名继任者戈登·布朗——这是布莱尔自己做出的选择，并非遭人迫害之下的无奈之举；这更是一项鲜有人做到的成就，即便是 20 世纪 80 年代叱咤政坛的撒切尔，最终也是被自己的党派拉下相位的。

如今托尼·布莱尔的势头发生了天翻地覆的变化。本书写作过程中，他在英国成了人人背弃的人，他对英国脱欧讨论的干预被彻彻底底地漠视了。

布莱尔出任首相的时候是 43 岁；比尔·克林顿第一次当选总统的时候是 46 岁，在美国历史上最年轻的总统中排名第三。克林顿赢得了两次大选，成为继富兰克林·D. 罗斯福之后第一位能够做到这一点的民主党人。在他主政期间，美国经历了和平时代持续时间最长的一次经济扩张。第二届任期的最后三年中，克林顿花费了大量的时间对付妨碍司法公正和作伪证两项起诉——那时他和白宫实习生莫妮卡·莱温斯基的私通关系已是闹得满城风雨。参议院否决了众议院的动议后，他侥幸躲过了被弹劾的厄运。克林顿因而沦为不计其数的政治对手污辱唾骂的对象，在耻辱中艰难地支撑到 2001 年，走完了他的总统任期，而一笔笔巨额诉讼费用给他留下了高达 1 200 万美元的债务。

两位领导人卸任后，他们的命运调了个个儿：克林顿定期在民意调查中被推举为美国历史上最伟大的总统之一，成为与教宗和纳尔逊·曼德拉一样受欢迎的“大人物”；托尼·布莱尔在英国以外地区倒还是受爱戴的，尤其是在美国——这其中还有一些些微的差别，我们会依序论及。但是我们依然需要回答一个问题：克林顿是如何挽回声誉，打了一场漂亮的翻身仗的？而先前叱咤风云的布莱尔是如何最终满盘皆输的？

首先我们要明白，政治家们能做的事情其实非常有限。首相或是总统手中的权力是要受到限制的，以避免他们滥用职权。经济应当更强劲，预算应当保持平衡，国家卫生服务体系应该进行改革，或是弗拉基米尔·普京真的应该表现得更加亲仁善邻……这些事情光靠说是不够的。实际上，当油价走低、俄罗斯处于经济制裁中时，哪怕是普京也没法让经济繁荣起来。

领导人用来让自己有所作为的权威是建立在选举成功的基础上的，这种成功能够让他掌控政府体系，但即便如此，这掌控也尚不足以解决现代经济和国际关系中的棘手问题。要想成功把控各种事态是件非常困难的事情——人们的印象中，有那么多的政界领导人不得不四处奔波、听天由命。一代人中也就偶有一次，政治家们或会打破束缚，争取到具有真正意义的成果，比方说科尔总理成功统一德国，或是像托尼·布莱尔那样，通过谈判取得了北爱尔兰的永久和平。可能还有人会提起撒切尔夫人，她那备受争议、漫长艰难的经济改革让英国获得了持久的竞争优势。尽管戈登·布朗担任首相期间多有难尽人意之处，但他曾为英国力争经济利益、力避加入欧元区，他在这一过程中表现出的实力让所有人都清清楚楚地看在眼里。

由于在民主制度下，领导人的行政管理权如此有限，那么真正能起到作用的就是你用何种方式来讲述你在做的事情或是打算做的事情。伟大的政治家们让丑陋的现实托言为美妙的辞藻。描述可以将现在与过去和将来连接起来。通常，通过唤醒共同的苦难经历或是激发对于希望、稳定、机遇的共同渴求，政治故事便能够对选民们产生吸引力。这方面的一个经典案例即敦刻尔克大撤退之后，温斯顿·丘吉尔1940年6月4日在下议院所做的那篇“绝不投降”的著名演讲：

> 虽然欧洲的大片土地和许多著名古国已经或行将陷入盖世太保和可憎的纳粹统治机构的魔爪，但我们绝不气馁、绝不言败。我们将战斗到底。我们将在法国作战，我们将在海洋中作战，我们将以不断增长的信心和力量在空中作战，我们将不惜一切代价保卫本土，我们将在海滩作战，我们将在敌人的登陆点作战，我们将在田野和街头作战，我们将在山区作战。我们绝不投降。

这些语句恰恰呼应了那一刻人们心中澎湃的激情。它们真实、直率、激励人心，与丘吉尔在那个让大不列颠危机四伏的岁月里所做的另两篇著名演讲有异曲同工之妙——“鲜血、汗水和眼泪”“这是他们最光辉的时刻”。多年之后，当人们问道，丘吉尔究竟靠什么赢下了这场战争？他的内阁同僚、工党领袖克莱门·艾德里回答说：“靠说。”讲故事——而不是军事战略——这才是丘吉尔伟大的贡献，就像他曾高调宣称的：“历史会厚待我，因为我打算书写它。”

政治家需要一部“主讲述”，它应当是一部简单但鼓舞人心的讲述框架，能够阐明他基本的政治议程。想一想这句话——“让美国再次伟大”，在1980年罗纳德·里根竞选总统时，这句口号如此成功，后来又被唐纳德·特朗普借用到2016年的总统大选中。罗纳德·里根是这方面的天才——他言之凿凿地谈论着“邪恶帝国”，他的话甚至导致了共产主义的败落。（你可以思考一下里根在外交政策领域真正做过些什么：入侵格林纳达、投资导弹防御体系、处理“伊朗门丑闻”——这些都看不出他的政治议程有什么特别活跃之处，但是他的语言表达依然产生出非凡效果。）再看比尔·克林顿，他释放的信息传递出了美国中产阶级的繁盛和幸福。他的讲话风格一向简明扼要，这为他赢得了“首席讲解员”的绰号。

托尼·布莱尔志在实现社会公正、改善公共服务，与此同时，保持国家收支平衡；为企业界营造友好环境；吸引中产选民，一改工党长期忽视其诉求的做法。“像今天这样的日子不适合做讲话摘述，”托尼·布莱尔说，当时是1998年4月7日，他正要宣布签署《贝尔法斯特协议》，以结束北爱尔兰的冲突局面，“但是我感到，在这件事情上，历史把它的手放在了我们的肩上，我真的感觉到了。”若不论其中无意间自嘲的成分，这可以说是布莱尔作为一名传播者来说最好的表现了。政治家需能够说得出让人难忘的佳句，好让报纸或电视能够拿来用到头条里。

政治家要像一流的演讲家一样，能够引发社会思潮。个人的可信度取决于是否与选民有共同点。在这一点上，克林顿做得尤其出色，对于许多美国人来说，他有一种坏坏的魅力。尽管有些拈花惹草，而且被控贪腐（从他早年担任阿肯色州州长时曝出的“白水门”事件可见一斑），但当初的克林顿只是一个贫穷的白人男孩，凭着勤奋刻苦、尔虞我诈、精明处事最终出人头地。他的成长故事就是“美国梦”的现实版本，在数以千万计选民中，尤其是在黑人和拉美社区中引发了共鸣。

让政治对手们事与愿违的是，他们发起的弹劾攻势反倒让克林顿更受欢迎——众多美国人都认为他遭人迫害、受到了不公正对待。他还散发出一种能让对方气不起来的个人魅力，不仅对粉丝们而且对政治对手们也十分奏效。一位美国商界资深女性曾在“莱温斯基丑闻”闹得最沸沸扬扬的时候到白宫拜会总统。“我决定在他面前板下面孔冷脸相对，”她说，“我去是为了公干，但是我绝对不会对他有半点好印象。不过他开口跟我谈话后，没多一会儿我就被打动了，就此俯首帖耳。他能够让你觉得你就是房间里唯一的那个人。”

布莱尔的个人成长史同样真真切切地契合时代背景，尽管他成长的条件不甚相同。这段故事里的主人公是一个在优渥的条件下成长起来的工党政治家——公立学校、牛津大学、酒吧……这样的一个人是不会与中产阶级为敌的。恰恰相反，他是他们中的一员，与他们有着许多共同的渴求——不仅仅对财富积累怀揣着美好的愿望，或是对托斯卡纳的奢华假日独具品位。电影演员迈克尔·凯恩从工薪阶层发迹为百万富翁，他曾经说过，他把选票投给了托尼·布莱尔，因为布莱尔是一位右翼工党政治家；正如他也给大卫·卡梅伦投过票，因为他是左翼托利党人。数以百万计的选民们也抱有同样的想法。

我们把人际关系网的作用几乎看作理所当然。政治家们能够立即联系到世界上的政治、商业、文化和媒体精英，他们的语言和行动吸引了人们的大量关注。这给了政治家们绝佳的机会，让他们能够向广阔的受众群散播他们的故事。尽管许多普通人都感觉政治乏味沉闷，但是新闻界和政治家们兴趣相投，想要把政治打造成某种形式的娱乐行业。美国进入唐纳德·特朗普时代后，就像西尔维奥·贝卢斯科尼时代的意大利，政治和肥皂剧的区别越来越小。特朗普能够爆冷当选的一大原因在于他的名气——他曾经是电视真人秀节目中的明星，而且颇有抢占头条的“天分”。“这让他一下子在那些从不流连普通频道的美国人中间树立起了声誉，”资深政治活动家、FTI 咨询公司战略传播业务驻华盛顿执行官艾德·赖利评价道，“我们（政治机构中的各位）都没有想到他会成为‘知名商品’，原来是我们把他严重低估了。事实上，美国人了解他的脾性和作为，对他性格上的缺憾早已有心理准备。唐纳德·特朗普符合每个人心中对成功富商的形象定义。在工人阶层眼里，他就该是这副形象。”

当然，政治家自身也对媒体也给予了痴迷一般的关注，一心想要确保自己的行动在媒体上尽可能传递出积极色彩。托尼·布莱尔直到政治生涯后期才开始不再理会早间媒体的报道，转而带着意欲扭转乾坤般的渴求，追求起他所确信的所谓正确的行为方式，毫不理会公众对这种方式到底乐不乐意接受。

当政治家们口中的故事开始与现实相去甚远的时候，那么这其中必然出现了各种添枝加叶的“造势”。对于政治家们来说这是一个尤其突出的职业隐患。由于政治家们很难产生出实质性的成果，他们就尤其具有夸大成绩的动机，答应一些自己永远做不到的事情，勾画出一幕幕“海市蜃楼”。如果选举演算结果非常均衡，他们会想当然地做出推断：每一篇头条新闻都值得尽力争取，因为不管是正面解读还是负面解读，总会对边缘选民产生一定的动摇作用。这种“造势文化”结合咄咄逼人、充满敌对色彩的媒体报道，历来都是政治中的重要构成，但真正被发挥到淋漓尽致还是在托尼·布莱尔和他的继任者戈登·布朗的时代。大话精们对对手们进行各种指责非难，就像查尔斯王储和黛安娜王妃关系破裂时，他们也曾饶有兴致地在克拉伦斯王府和肯辛顿宫的是是非非中互相拆台。这就是现代公关版的古代苏格兰诗词辩论大会，参赛的苏格兰诗人们总会竞相给彼此奉上最处心积虑、刻薄恶毒的羞辱。

这种态势对声誉维护造成了一种两难境地：成为实力派政治家所需的品质让人在品行声誉上难有建树。或者就像尼古拉·马基雅维利在 500 年前所说的那样："能够成就大事的王子都是那些轻诺寡言的人，他们知道如何狡猾地哄骗别人，而且最终排挤掉了那些信守诚实之道者。"政治家几乎必然而然要靠撒谎和舞弊赢得选举，而且一旦掌权他们还得继续撒谎、继续舞弊。就像某位前英国首相的近身顾问说的那样，政治家当选靠的是"竖起一座挂满不同符号的图腾柱，召集起尽可能多的人围着它手舞足蹈"。你不能只去吸引同部落的那些人。这也是托尼·布莱尔的竞选智慧、他作为一名政治家的真正实力——将工党的魅力从工人阶级这一"根据地"拓展到广大的中产阶级。从戈登·布朗到艾德·米利班德，再到杰里米·科尔宾，后续几届工党领导人曾试图推翻这一"新工党"战略，但带来的后果都是灾难性的——哪怕曾在 2017 年 6 月的英国大选中出人意料的成功壮大了左翼政策影响力的科尔宾也不能幸免。显而易见，如果你想吸引住内部很难形成天然共识的联合群体，你就需要对事实做一点夸大——把它处理得漂亮点，用模糊但聪明的方式表述出来，这样才能为尽可能广泛的人群所接受。

就算你当选了，也并不是万事大吉了，照旧还要用上浑身解数。就像伟大的普鲁士首相奥托·冯·俾斯麦所说，凡是绅士都不应该过问法律和香肠是怎么做出来的。一个人带着最美好的想法涉足政坛，一路走来却不免被迫做出肮脏的妥协，让自己美好的理想一步步破灭。有时这种在原则问题上的改变会带来持久的政治权力，但是它也会对你造成永远的伤害，比如在选前承诺人们不应为大学教育支付学费、当选后却又食言了的自由民主党领袖尼克·克莱格。

在这样的情况下，无怪乎选民们会在骨子里对政治家充满了嘲讽和不信任感。德国人用一个很有趣的词来形容政治家和政治进程给人们带来的幻灭感：politikverdrossenheit（政治冷漠）。这种状况普遍存在于多数现代民主制度中，如美国、德国、法国、英国等，而且促使政治图谱两端的极端党派越来越受欢迎。大批有资格的选民通过不参加投票来表达对于政治的不屑，而其他投票的选民则对自己的领导人持鄙夷态度。每每新领导人上台，都会为人们带来精神变革和物质变革的希望。唐纳德·特朗普能够吸引美国大批选民，部分原因在于他承诺要“抽干华盛顿的政治泥沼”——他究竟能否带来与旧时代的实质性决裂还有待观察。

2001 年 6 月，克林顿总统离开白宫，彼时的他已是债务缠身，声名狼藉——让他败坏掉名声的除了刚刚过去的弹劾案，还有迁延未决的“白水案”。以往总统卸任后一般都会建立图书馆或基金会，在克林顿恢复普通公民身份的头几年里，他在哈莱姆的新“大本营”也做过同样的事情——发动应对 HIV/AIDS、肥胖和其他问题的慈善行动，开展应对“气候变化”的计划，并在阿肯色州小石城建立了一座宏伟的图书馆。尽管面对满满的恶意，但不管是对有钱有势者还是普通大众，克林顿都保持着非比寻常的感召力和吸引力。

真正让克林顿的命运实现转变的，从任何一点来看，都当属 2005 年与他的慈善基金会一同设立的“克林顿全球倡议”。该倡议并不分发慈善捐款，而是在大型企业和政府之间担任经纪人，促成一些非常具体的目标，如为印度清洁水源、非洲小企业发展、马里大米增产等项目募集资金。2015 年年末，在克林顿夫妇宣布将逐步减少相关活动之前，“克林顿全球倡议”在某评论记者所言的“独一无二、不断蔓生的博爱帝国”[14] 中已占据核心地位。批评者们对该倡议的指责包括：缺乏透明度，与独裁者和招人恨的亿万富翁们做生意，以及打着博爱的旗号来满足私利。但不容置辩的是，“克林顿全球倡议”在世界各地做了不少好事，在 2005—2013 年间争取到了 850 亿美元捐助承诺。它也让比尔 · 克林顿赚得盆满钵满——2001—2013 年间，克林顿赚下了 1.03 亿美元的演讲费。不过这也是引发外界争议的一个方面，而且希拉里 · 克林顿与权贵人士之间业已疏通好的各种关系更固化了她在普通美国民众中的印象——精英层的典型代表，高高在上，不问百姓疾苦，而这也是注定她会败选的一大因素。

在美国，赚钱，不消说，是一个非常有意义的目标。但在英国不一样，就像托尼 · 布莱尔认识到的一样。如今已经没人记得，2007 年他从首相位置上最终卸任时，下议院曾全体起立为他鼓掌。他在任职将尽时比大多数领导人受到了更高的尊敬。6 年后，半数以上的英国公民认为他是个战争罪犯（根据 YouGov 民意调查显示），[15] 而且没有哪次签名售书会上，他能不被人扔西红柿，或是不会被威胁说要把他扭送到警察局。他和妻子切丽曾经收到过死亡威胁。他和比尔 · 克林顿一样，在国际演讲圈子中身价很高，并且为全球各地的许多国家和企业担任顾问。但是，尽管他出手干预英国脱欧，他在国内的政治影响力已经萎缩殆尽。他在耶鲁大学受到了学生们的欢迎，但很难想象伦敦政治经济学院的学子们会让他踏进校园半步，更别说规规矩矩地听他就世界政治来一场长篇演讲。对于这种国内声誉大翻盘的奇怪现象，我们该如何理解呢？

第一点，恰恰是在需要有人来与批评者们交锋，为自己力挽声誉的时候，布莱尔失去了工党内的政治盟友。他与政、商精英们的联络被剥离开来，而过去，这些人可以在任何声誉竞技中出面维护他。他自己的政党在2010年大选中惨败后一路左倾。先是艾德·米利班德上台，带领着工党在2015年的民调中再次败北；后来杰里米·科尔宾出任党魁，其政策取向与布莱尔推行的中左翼政策多有抵牾。这样的情况不仅造成工党长期以来在大选中不被看好，而且使其不断回归传统左翼立场。直到2017年大选，工党似乎才放下大选结果本身，转而开始重视真实性。而不论如何，布莱尔付出了高昂的声誉代价。布莱尔和布莱尔主义被遗弃在政治世界的荒原中，而他已经失去了自己政党的声援。时机是政治中无法估量的重要因素，在声誉的成与毁中也是如此。

第二点，时局已变。英国人民如今将第二次伊拉克战争灾难般的中期影响全部怪罪到了布莱尔个人头上。为了支持乔治·布什入侵伊拉克，布莱尔给出的主要理由是对伊一战会让世界更安全。但结果恰恰相反。萨达姆的倒台在伊拉克造成了权力真空，致使整个中东地区陷入动荡。这场战争进行到2003年时已经非常不得人心，所谓反恐战争反倒滋生出更多恐怖。曾经投票给布莱尔的普通英国民众们，并不需要深度了解逊尼派和什叶派冲突，他们看到的是成千上万的生命因为布莱尔推行的政策而逝去。ISIS 的崛起、欧洲及世界各国不断抬头的恐怖主义、“阿拉伯之春”的败落、数以百万计的绝望的难民……这些都是布莱尔贸然参战造成的困局。即便布莱尔本人也曾在 2015 年 10 月接受 CNN 电视台采访时坦承，事情的发展并没有如他所愿。

布莱尔曾向议会递交了关于情报问题的“狡猾档案”，以此作为英国参战的依据，[16] 但围绕这份文件出现的一系列情况却让人们对布莱尔的印象更加糟糕。

千呼万唤始出来的“齐尔考特”调查发现，英国参战的理由并不充分，缺乏有力的法律依据和充分的准备，而且英国对美国的影响力微乎其微。有评论家指责布莱尔与布什总统贴得太紧。还在议会批准入侵伊拉克 8 个月之前，布莱尔曾这样告诉布什总统：“无论发生什么，我都将与你站在一起……铲除萨达姆是正确的做法……他下台后整个地区都能得以解放。”

人们普遍认为，这次出兵伊拉克是一场罪恶、一个严重的错误。从某种意义上来说，这位前首相的确具有过人的政治实力：他能够在各方势力的相互制衡与约束中求得打响这场战争的机会，显示出出色的个人能力。他驾轻就熟地运用着这种政治才能，将议会和民众哄得任其摆布，在违背自己的判断力的情况下支持他开展一项不受待见的行动，而随着时间的流逝，由此引发的灾难性后果正在逐渐显现出来。不过，尽管能力非凡，他的品行是有缺陷的——一意孤行，罔顾本党派、联合国、广大民众的保留意见，并因此触发了历史上最大规模的示威游行。

布莱尔在英国民众中的声誉遭受了重创，但在国际精英界却好到不能再好。“我认为布莱尔在美国的声望要远高于在英国，”牛津大学名誉校长、前政治家彭定康勋爵这样评价道，“不过这种声望后来也受到了影响，因为他在消费上出手阔绰，热衷于开高价大捞一笔。美国人克林顿贪得无厌的嘴脸同样多有非议，但是他是一位如此杰出的政治家，仅此而已。”

一位前工党党魁在卸任后竟然如此大发横财，这对于工党忠诚的拥护者们来说无异于致命一击。在财政紧缩、社会不平等进一步加剧的大背景下，布莱尔却以商人身份发迹，这在许多党内成员看来恰恰证明了他是一个品行堪忧的人。此后很多年里，工党内部没有人愿意为他或他曾经的贡献发声；恰恰相反，他的名字成了对手们一致叫嚣的口号。（科尔宾在2001年推动成立“停战运动”绝非偶然。）

布莱尔并没有给自己解决多少问题。多数时候，他都待在国外，并且对媒体流露出不加掩饰的蔑视——在他任首相末期的一篇演讲中，他曾抨击媒体好似洪水猛兽。有利为证：布莱尔将写作自传赚得的巨额收益捐献给了慈善事业，然而即便是这样的举动也被解读成了讨好外界的噱头，更让人感觉前工党党首如今过着怎样一种曲高和寡的日子，这跟拿着最低工资辛苦过活的工党选民们的感受可是差了十万八千里。

也许一次直截了当的道歉能够破解这一切症结？就像我们在下一部分内容中将要看到的，也许一次道歉的确能起到改头换面的作用。

重整旗鼓

霍华德·戴维斯爵士 2015 年 3 月被任命为苏格兰皇家银行主席，当时外界对其普遍看好。霍华德爵士睿智而冷静，早年在曼彻斯特文法学校和牛津大学的求学经历为他练就了干练、机敏的思维能力。在接手这项充满挑战的工作前，他专事公、私两大部门之间的沟通协调工作，成绩斐然。曾有多篇文章述及他早先曾在英国财政部和外交部工作，并在麦肯锡短暂任职，此后出任英格兰银行副总裁、英国金融服务管理局首任主席。作为响当当的“业界圣手”，他还受政府之托参与评估英国机场运营能力这一复杂且具有政治敏感性的问题。

这些赞美之辞鲜有提及戴维斯辉煌的职业生涯中险些让他酿成大祸的一次事件——他曾在 2011 年辞去伦敦政治经济学院院长一职，做出这一举动是为了保护该校的声誉，当时这所极富声望的大学被曝与利比亚卡扎菲政权过从甚密。戴维斯担任院长之前，这位独裁者的儿子赛义夫·伊斯兰先是被学院接收为硕士生，后又入围博士生人选；2009 年 7 月，在拿到博士学位后不久，小卡扎菲为伦敦政治经济学院捐款 150 万英镑。学院还获得了价值 250 万英镑的合同，为利比亚培训公务员。在外交部的邀请下，霍华德爵士本人还作为经济特使出访利比亚，并被任命为利比亚投资管理局董事会成员，该机构实为利比亚的主权财富基金。

而这正是国际地缘政治中最为变幻莫测，最无法让人信赖的地方：人们很容易就会忘记，当时英国政府曾正式出台政策，与这个为人摒弃的国家恢复正常关系。正是在这一大背景下，赛义夫才被接收为学生。当局希望他在哲学、政策和社会价值方面的研习能够帮助卡扎非家族实现国内改革的既定目标。这也是霍华德爵士为利比亚担任顾问的原因。他仅有的一次利比亚之行由英国政府出资，并由英国驻利比亚大使陪同前往。他应英国政府要求加入了利比亚投资管理局董事会，相关薪酬直接付给学院而不是他个人。当时英国国内外有许多人希望，利比亚能够拿出诚意开展改革，从此成为北非的“挪威”，一座守卫和平、繁盛、民主的堡垒。

当然，事实证明，这不过是一场白日梦。2011 年年初利比亚爆发武装叛乱后，情况发生了急剧变化。2 月末，赛义夫出现在电视画面中，手中挥舞着机枪。他的学业已经被抛诸脑后，他宣布自己会“战斗到最后一颗子弹”，让血染的河流流遍整个国家。他的预言恐怖地应验了：他的父亲当年被残忍杀害，他本人在逃离利比亚的过程中遭到背叛，至今身陷囹圄，笼罩在死刑阴影下。随着利比亚陷入日益惨烈的内战，伦敦政治经济学院因与该政权的密切关系处境尴尬。

伦敦政治经济学院是否曾经为了拉拢卡扎非政权、获取其经济支持而网开一面，接收赛义夫入读并向他颁发博士学位？从后来曝出的情况看，当初英国外交部询问牛津大学是否能够接受赛义夫时，该校做出了直接回绝：他不具备艰苦的硕士阶段学习所必需的学术资质。但是，伦敦政治经济学院同意接受他，而且似乎曾经为此名利双收。至少，当情况发生扭转之时，媒体就是这样看待这件事情的。

霍华德爵士坐在家里的早餐桌前，一边读报一边自问自己的立场是不是能站得住脚。他很快得出结论，答案是“不能”——从声誉角度来看，这成了他所做的最重要的决定之一。赛义夫残暴的形象在电视上出现后，不几日，霍华德爵士便辞职了。

“我意识到，我个人犯下了很多错误，已经很难再为学院和利比亚之间的关系做出有说服力的辩护，”他反思道，“这件事情中没有什么唯利是图，也没有什么个人受惠，我没有批准赛义夫成为学院的学生或是评估他的博士学位，而且我也没有从中索取钱财。但是我已经牵涉其中，这就是判断失误。我已无力为学院重塑声誉。”

就像他所说，他最严重的错误是没有及时过问从利比亚获取资金一事。“我本可以制止此事，”他说，“这笔钱是用来组织一场促进北非民主的会议的，这是件有意义的事情，但是如果风险评估能够做得再慎重些，就会发现这样做的积极意义很有限，但负面风险却很大。”他为利比亚公务员培训项目辩解。后来负责为伦敦政治经济学院与利比亚关系撰写报告的伍尔夫勋爵发现，该校缺乏私营部门中常见的风险评估政策，在与卡扎菲政权的关系中愈陷愈深，但没有及时对其中的影响做出评估。[17]

对于霍华德爵士来说，辞职绝非易事。学院高层向他提出留任，并派出代表告知他：如果他离开了，得到的只是一天的满足感，而后便是永远被人遗忘。“我决定赌一把。”霍华德爵士去意已决。他在辞呈中清楚地说明，他犯下了错误，所有一切都是他在任期间发生的。“关键是我要为学院的声誉负责，它已经蒙受了损失。”他在辞呈中这样写道。[18]

霍华德爵士杰出的职业生涯即便不是就此告终，至少也是要暂告一段落了，媒体开始对此争相报道。摩根 · 士凡利和新加坡政府投资公司开始私下考虑是否还要保留霍华德爵士在董事会中的职务，并在对事态进行过评估后决定让他留下。霍华德爵士似乎在巴黎隐匿了起来，并且在我们先前提到的法国精英大学之一——巴黎政治学院谋得一份讲课的工作。其实他并没有真正移居巴黎，而是每周在那儿待上几天，打理一下新工作。外出索居一段时间有助于恢复身心。

在这起事件中，霍华德爵士明确果敢的决定为他争取到了有利形势，同样，他在对待自己的过失时表现出的正直率性也发挥了这样的作用。他并没有给出明确的道歉，但是这番表态却产生出了同等效力。而且，很关键的是，他如此快速地揽过责任，为了明显不是由于他的直接决定造成的后果坦然接受非难，更验证了他具有强大的人格力量。重要的是，在他所处的精英圈中，每个人都明白他为了保护一家重要机构的声誉“采取了得体的行动”。他的品行声誉被充分地展现了出来，他所活动的圈子都不会忘记这一点。

但凡霍华德爵士流露出半点迟疑或是个人顾虑，重返声誉博弈的进程就会变得极其复杂甚至毫无可能；但凡他有一丝做作和推诿，他都很有可能终被淘汰出局。但事实上，经验证，他的判断是十分精准的。结果，不过寥寥数月后，猎头们的电话就又打了过来，一些很不错的工作机会又开始找上门来。

乍一看，承认错误好像是在表示你认同自己的能力或品行存在缺陷（或者两者兼有）。但它也在表明，你为了保持自身行为的真实性和一致性在积极地努力。方济各教宗 2015 年 7 月对玻利维亚进行第一次官方访问时，曾为了天主教会在征服美洲期间所犯下的罪行向美洲原住民做出了具有历史意义的道歉。“我谦卑地请求你们宽恕，不仅是为了教会自身犯下的罪行，也是为了所谓征服美洲期间对原住民所犯下的罪行，”他面对人群说道，这其中有许多土著族裔，也有玻利维亚第一位来自土著族群的总统埃沃·莫拉莱斯，“我还希望我们能够记住，曾有成千上万的教士用十字架的力量顽强地对抗武力行径。这里曾经存在着罪孽，深重的罪孽，我们却从没有为此道过歉，所以，我现在请求你们的宽恕。但是，任何存在着罪孽的地方，罪孽深重的地方，同样也有人挺身捍卫原住民，报之以满满的善行。”

方济各教宗懂得如何道歉。他将明确性（毫无疑问他是在致歉）和真诚的谦恭姿态相结合，而且提醒人们，并不是所有的神职人员都支持血腥征服的行径，还有人为了保护原住民挺身而出。此外，他像霍华德·戴维斯爵士一样，很好地把握住了时机，条件一允许就立即做出道歉。

历史的故纸堆里四处丢弃着道歉无果的故事。怎样道歉才能取得好的效果？道歉是不是总能像我们期望的那样减少损失？或是有时反倒让我们暴露在更多的关注和风险之中？昆士兰大学商学院的尼科尔·吉莱斯皮和曾在杜伦大学商学院任职的格拉哈姆·迪茨对道歉产生的影响进行过多年研究。他们发现，成功的道歉远不只是一句“对不起”那么简单。其他要素包括表达悔意、承认责任、提供补偿等——就像现实中的补救措施不能只是口头说说。你需要通过语言和行动来积极展示善意和诚恳。反复做，明白无误地做，始终如一地坚持做，这样你就可以给人建立起充满“希望、信念和自信”的印象，并借此在你和道歉对象之间重新构筑起发展关系的基础。

苹果公司为这种切合实际、影响更广的道歉提供了一则绝佳的“半成品”案例。公司 CEO 蒂姆·库克在地图软件出现严重错误后，发布了一则致苹果用户的公开致歉信。其中部分重点内容节选如下。

致我们的客户：

在苹果，我们竭尽全力开发世界级产品，尽可能地为我们的客户提供最好的体验。然而上周发布新的地图服务后，我们未能兑现这一承诺。新地图服务给客户带来了深深的失望，为此我们感到极其愧疚，我们正在竭尽我们所能地完善地图服务……

目前已有超过1亿iOS设备正在使用新的苹果地图服务，每天还有更多的用户加入进来。在不过一周多的时间里，安装了新地图软件的iOS用户已经搜索了将近5亿个地点。我们的用户对地图服务使用得越是频繁，这款产品就会变得越好。我们非常感谢你们提供给我们的所有反馈……

我们在苹果所做的一切都是为了让我们的产品成为全世界最好的产品。我们知道你们期待从我们这儿获得这样的产品，我们将坚持不懈，直至地图服务实现同样令人难以置信的优秀品质。

蒂姆·库克

苹果CEO

这封致歉信中表达了悔意（“我们感到极其愧疚”）并承认了责任（“我们未能兑现这一承诺”），但并没有谈及任何补偿，而且自我推介的味道也稍嫌多了些（“目前已有超过1亿iOS设备正在使用新的苹果地图服务，每天还有更多的用户加入进来”）。最后一段沦为空洞无物的套话，这是所有有效沟通中都应当避免的。[19]

吉莱斯皮和迪茨通过建立相关范式为了解道歉的最佳时机提供了实用方法。四个阶段中的第一步是“立即道歉”：如果一个组织做错了事，它需要直截了当地向受到影响的每个人坦承错误。这种第一时间做出的回应“需要考虑周全、及时有效、值得信服”，他们写道。[20]他们承认，组织要想在危机初期掌握可靠信息往往很困难，但他们同时指出，保持沉默结果会更糟，而且会对你的品行声誉造成不良影响。

“不要进行缺乏关切和诚信以及不能体现出实力的沟通，”他们指出，“‘保持沉默’经证明是无助于修复信任的。例如，埃克森在1989年‘瓦尔迪兹’号漏油事故发生后最粗采取了‘不置可否’的态度，失去了员工、社区、媒体的支持，让公司的可信度再次受损。”

沉默还会造成信息真空，在危机进展到风起云涌、乱象丛生的阶段时，这种信息真空很容易被受影响最严重的一方所占据。不通过主动发声来提供某种形式的背景信息或评论至少会被看作不明就里和内部混乱的表现，糟糕的情况下还会被视为对所发生的一切无动于衷，或是对律师们言听计从——他们往往会建议涉事组织尽可能少表态。

第二步，问题诊断。这一阶段中，企业要在把握实效性和维护可信度之间权衡好利弊。当然，越早对所发生的一切做出合理解释就越有利。但如果消息发布得太仓促，人们就很难相信它。总的来说，比较危险的是等待得太久，组织会面临被人看作故意拖延的风险。值得记住的一点是，证据的准确性会随着时间的推移而逐渐降低，证人们会遗忘细节，线索也会渐渐消失。

这一模型中的第三步和第四步是对干预措施进行改造并评估干预结果以确保干预效果。这两项工作都是可以在较长的时间跨度中完成的，但关键是要确保这两个步骤完成得都很到位，而不是都很快速。

最后一个问题：有些情况下道歉是不是有些太晚了？我们不这样认为。除了方济各教宗曾经为天主教徒 500 年前的行为道歉外，我们还看到英国首相戴维·卡梅伦为英军 1972 年在德里的行动表示歉意，这表明政府明白自己在历史上并不总是正确的那一方。这比拒不承认错误不知道要好多少倍，但是当事情已经过去很久的时候，道歉时需要真挚地表现出你已经从中吸取了应有的教训。

普罗富莫的十二年

1975 年 6 月 13 日，女王生日荣誉名单上，除了数百位商界精英和各大机构中的杰出人士，有一个名字赫然在列，一时间为各大媒体争相报道——约翰·普罗富莫（大家常叫他“杰克”），曾经的政府部长级人物。女王此次授予他“大英帝国司令勋章”。12 年前，普罗富莫曾经是一场桃色间谍丑闻的主角，正是这场风波导致了麦克米伦政府垮台。

1961 年 7 月初，普罗富莫被邀请到阿斯特勋爵位于白金汉郡的克莱夫顿庄园，在那儿的游泳池遇见了克里斯汀·基勒，这位 19 岁的姑娘一丝不挂地出现在他眼前。当时普罗富莫已经结婚，在哈罗德·麦克米伦内阁中担任战争大臣，可谓富尊荣安的人物，而且具有国外贵族血统；妻子瓦莱丽·霍布森是一名美貌绝伦的女演员，曾经在《仁心与冠冕》中与亚历克·吉尼斯演对手戏。尽管已婚，普罗富莫还是被基勒吸引了，而年轻的姑娘也对他颇有好感（他的夫人是著名影星一事也让她颇为走心）。第二天两人再次见面——按照丹宁勋爵的说法，他们一同参加了一场“嬉闹快活的泳池派对”。他向女孩要了电话号码，稍后便开始了长达数月的婚外情。这场恋情在几个月之后俨然发展成一场轰轰烈烈的桃色事件。

在与这位势头强劲的政治家保持关系的同时，基勒还与俄罗斯驻英国海军武官叶夫根尼·伊凡诺夫有染。有人警告普罗富莫说，伊凡诺夫很有可能是一名间谍。他很快便与这位妙龄模特、应召女郎断绝了关系。且不论这场婚外情本身就很不应该，当时正值冷战时期，一位内阁大臣和俄罗斯特工人员共享一个女人明显会带来安全风险。谁知道床笫之间曾传递过什么样的秘密？

如今，在推特时代，这样的艳事不用多久就会出现在媒体上，但在过去，流言要形成气候一般需要更长时间。基勒是整骨医师史蒂芬·沃德的朋友，后者在克莱夫顿庄园有一处小别墅，经常在那儿把一些年轻的姑娘介绍给他在社会上流和政界高层中的一些朋友和客户。很多人通过这个淫秽关系网知道了普罗富莫和基勒之间的事情，但是直到两年后这件事才被捅了出来。1963 年年初，一位工党国会议员在议会起立，请求内政大臣否认普罗富莫和基勒之间有任何瓜葛。

“听着，杰克，最根本的问题是，‘你到底有没有上过她？’”普罗富莫的同僚、教养堪忧的伊恩·麦克劳德私底下就是这么问他的。面对公众，普罗富莫用赤裸裸的谎言回答了所有人都关心的这个问题——3 月 22 日，下议院里，坐在英国首相身旁的他陈词道：“我和基勒小姐的关系中不存在任何不当之处。”许多人，包括多嘴多舌的史蒂芬·沃德和他的客户们，都清楚事情的真相。在两个多月的时间里，普罗富莫一直想厚着脸皮撑下去，他驳斥媒体报道，更引得威斯敏斯特流言四起。5 月底，普罗富莫去威尼斯度假期间向妻子承认了自己的确有婚外情。瓦莱丽力劝他返回英国并承认自己撒了谎。6 月 5 日，星期三，普罗富莫辞去内阁大臣一职和下议院席位，并在给首相的公开信中表示道歉：

> 我误导了您，误导了我的同僚们和议会……我以为，我这样做是为了保护我的妻子和家庭，而他们跟我的职业顾问们一样被我误导了。我最终意识到，我一直在为自己严重不轨的行为而内疚。

他否认自己对国家安全造成过任何损害。“我无法向您充分表达我内心深深的懊悔，是我让您蒙羞。”

这番声明一经发出，普罗富莫的政治生涯就此告终。在 48 岁的年纪里，他被驱逐出了权力的内围，他的政治耻辱已达极致。他辞去了枢密院顾问官一职，因为羞愧难当，没能按照习俗去白金汉宫觐见女王并交还自己的徽章。他拒绝接受采访并遁出公众视线。次年，麦克米伦政府倒台——在经历了围绕“普罗富莫事件”的一系列丑闻之后，再也没能重振雄风。

“普罗富莫事件”中，品行声誉和能力声誉都发挥了作用。保持良好的判断力是政治家的职责所在。普罗富莫在丑闻事件中的行为最终表明，他确实不具备成为自己心目中那种政治领导人的能力。毫无疑问他没能通过品行测试。对议会撒谎说明他对同僚抱有一种极其倨傲或是轻慢的态度，而且这也成为他被自己所在的政界精英关系网踢掉的最主要原因之一。

那么普罗富莫是怎样重返声誉博弈的呢？他又是如何在经历了这样的奇耻大辱之后，还能够获得英国王室颁发的最高荣誉？答案要看他的精英关系网，以及他如何在新时代中对自己声誉中不存在争议的部分加以有效运用；还有，他如何通过多年的苦心经营树立起一种不同的能力声誉。

普罗富莫曾入读哈罗公学和牛津大学，学生时代与惠灵顿公爵同住一个屋檐下，并且是众所周知的小众社团“布灵顿俱乐部”的成员。他还是第六代普罗富莫男爵，这是萨丁国王授予其先人的意大利爵位。他在第二次世界大战中的表现也非常出色，衔至陆军准将；而且在 25 岁的年纪第一次入选议会，成为最年轻的下议院议员。到克莱夫顿参加派对的那一年，他 46 岁，各路人脉打理得滴水不漏，前途一片光明。他既是政治体系又是王室集团中的成员，两边走动都很密切，关系熟络。

尽管后来遭到了政治精英们的排斥，普罗富莫依然受到了贵族精英们的关照，只是形式上更为低调。他依然是私人宴席的座上宾，这足以说明他表现出的谦逊品质和他在不同的身份地位中为了重整旗鼓所做出的努力。

1975 年，普罗富莫来到白金汉宫受颁“大英帝国司令勋章”（仅次于爵士封号），人们注意到这个荣誉是为了表彰他在“汤恩比馆的杰出贡献”。如今的汤恩比馆是伦敦东区的慈善场所。它成立于1888年，坐落在白教堂，离衬裙巷市场不远的地方，最初叫作“大学安置中心”，是讲操守的牛津和剑桥学子们在穷困的伦敦东区的居住和工作之所。从最初开始，它就是建立这样的观念上：大学毕业生会为社区带来实际好处，他们能够推动社会工作，将那些贫困但对知识依然汲汲以求的人聚集起来，为他们授课，帮助他们求知；同时，这些年轻人在与社会弱势群体的往来中能够充实精神世界，丰富政治感悟。

跌下人生巅峰后不几天，普罗富莫联系了安置中心的负责人，提出希望作为志愿者提供服务。有些报道说他从打扫厕所开始干起，不免夸大了这位坐拥百万身家的克莱夫顿居民为了求得自我救赎而甘受的委屈。他刚开始做的是洗盘子、向老年住户们收房租、跟劣质酒饮君子们聊天、收拾花园。最终，他拿出自己那本“阵容强大”的通讯录，开始筹集善款。安置中心得到了扩建，增加了青年俱乐部和弱势群体救助之家，而且跟附近的一所技术学校建立了联系，请学校来提供成人教育。“你瞧，我们并不只是空想社会改良家，”普罗富莫说道，“我们在探求让社会获益的方法。我们没从政府那儿拿任何钱。我们认为保持独立很重要。”总而言之，正是这些行动展现出了普罗富莫的品行中不为人知的美好之处，而且挽回了他在自己的社会精英圈中的声誉，尽管政界的圈子已经将他拒之门外。

普罗富莫本人几乎完全消失在了公众视线中。他从来没有想过为自己辩白，或是就自己当年下台一事再做任何说明，只是在汤恩比馆工作的几十年里接受过几次采访，此外就只有在做慈善推广的时候露过面。在普罗富莫获颁“大英帝国司令勋章”、重振声誉之前，就已经有迹象表明他已开始为人接纳。工党出身的首相哈罗德·威尔逊曾参观汤恩比馆，并且专门和自己过去的政治对手合影留念。普罗富莫曾受邀出席皇家花园派对，尽管据说他没能在派对上见到女王。但女王本人曾出席为援助汤恩比馆而举办的一场电影首映礼，而且，很久以后，当普罗富莫完全恢复名誉后，她在撒切尔夫人70岁生日宴会上与普罗富莫比肩而坐。普罗富莫在汤恩比馆服务了40年，后来成了这里的主席和董事长，而且，在普罗富莫的努力下，汤恩比馆发展成为国家慈善机构，为私营经济参与扶助贫困人口和弱势群体提供了绝佳的范式，填补了福利制度尚未覆盖的空白。

因此，如果要给普罗富莫的故事定性，那就是：尽管他失去了自己的政治声誉（某种意义上来说也是他的公共声誉），但他个人的社会地位并没有受到任何损害。他富有且很有魅力，是贵族圈喜见的座上宾，也常与惠灵顿公爵以茶会友——哪怕他再也不能涉足议会。他在密友中的声誉——如果说有变化的话，那就是，社会工作者这份有尊严的新职业让它得到了加强。

普罗富莫一心一意要在新的领域中为自己的能力重建声望，正是这种决心挽救了他。这种新能力出现在一个体现社会公正的领域中，这也是对他起到明显帮助作用的一点。如果他只是成为一名富有的银行家或是商人，人们会怀疑他是否能够恢复自己在社会中的声望。他在汤恩比馆的成功表明他拥有不为人知的品行和诚信，他的谦逊作风也在其中发挥了作用。但究其根本，是普罗富莫自己的决定让他进军一个新的世界，获得了重塑能力声誉的自由，而且作为一位不懈奋斗的社会工作者、一位弱势群体的捍卫者重建了自己的品行声誉。他几十年来在伦敦东区所做的无私的奉献弥补了他在政治上犯下的过错，并还之以美好的名誉。

大型药企的考验

一个半世纪以来，大型药企（现今，在人们眼中，这个名字多少有些贬义色彩）为人类带来了巨大的福音：它们用药物为人们缓解疼痛、控制病情，让男男女女有了计划生育的能力。几乎每个月都会有新闻报道癌症治疗又取得了新突破。这种疾病曾一度让患者仿佛被宣判了死刑，但如今很多情况下是可治愈的。从精神分裂症到不孕症，许多其他疾病和症候现在也都有了治愈的希望，这要归功于大型医药企业杰出的发明创造力。

尽管成就斐然，但这一行业的名声并不是多么好。医药行业在“爱德曼信任指数”排名中一路跌跌撞撞，在八大行业中排在了技术、食品和饮料、日用消费品、电信、汽车和能源之后，拿到了第七名，仅仅位列金融行业之前。原因之一可能是“沙利度胺事件”造成的影响，这起事件曾经让人们付出了惨痛的代价。但除此之外还有诸多五花八门的声誉问题让这一行业很难抬得起头：不能秉持着诚信原则为科学家们提供报酬；发布有失偏颇的研究结果；涉嫌在发展中国家牟取暴利（约翰·勒卡雷的作品《永恒的园丁》俨然对医药行业的声誉构成了重创）；在发达国家中采取强取豪夺一般的定价。

一些人不免希望医药企业能够免费派送新药。但是，医药企业为了发现能够有效应用于临床的药品需要投入数亿英镑，而且当企业最终将新成果投放市场时，需要以高价销售才能确保药品在拥有专利保护的情况下为企业赚取利润。对于许多公司来说，进行原创型研究的挑战非常大：通过兼并和收购来壮大企业要比坚持独立研发容易得多。此外，医药行业的名声受其强行推销的营销策略所累。例如 2012 年，备受尊敬的英国药企葛兰素史克因为在美国非法推广其药品支付了高达 30 亿美元的罚金；而两年后，又因为在中国贿赂医生再被处以 4.89 亿美元罚金。

在竞争激烈、成本居高、全社会密切监督的情况下，医药企业应当树立什么样的声誉？也许我们可以看一看美国 – 加拿大威朗制药国际公司，就在几年前，该公司还一直是股票市场上的成功典范；另外也可以看看瑞士药企巨头罗氏（为霍夫曼 – 罗氏家族企业），该公司成立于 1896 年，因在 20 世纪 60 年代发明了镇静药物“安定”而誉满天下。

如果你在 2015 年年初问一问股票市场分析师：最好的医药企业都有哪几家？威朗制药必然位列其中。2008 年大胆率性的迈克 · 皮尔森执掌公司，自此，早先名不见经传的威朗一路壮大为市值高达 900 亿美元的企业——在任何人看来这都是惊人的大跃升。皮尔森的经营策略很简单：并购已经具备研发流水线的成熟药企，然后把科研人员辞掉（还要尽可能多地辞掉其他人员），从而实现研发费用的节流。在皮尔森掌管公司期间，威朗的研发投入从销售额的 14% 减至 3%，节省了数亿美元短期成本。与此同时，公司对新购入的药品采取高额定价，将心脏病患者的救命药硝普钠和喘息定（异丙肾上腺素）分别抬价 525% 和 212%。由于患者需要这些药物来保存性命，他们除了筹钱买药之外别无选择。威朗的市值由此攀升。为了给自己的“赚钱机器”加足马力，威朗全盘调动起来，在公司可承受的情况下尽可能借贷——本书写作期间，威朗的债务已达约300亿美元。

所有这些做法带来的是公司利润出现轰动性增长，股市评级攀升——这要归功于公司金融学这门点金术，整个过程一遍又一遍地重复着。众所周知，这种“滚雪球”策略中也采取了一些老路子：它重复了20世纪80年代“资产倒卖者”们经营生意的办法。不过这种办法很奏效。皮尔森在到威朗任职之前曾在管理咨询业的龙头企业麦肯锡工作过很长时间，业绩出色，他当初做企业顾问时曾向所有客户提出的采取此类办法。而后，他领导着自己的公司用自己一向极力鼓吹的观点在实践中大获全胜，这是一件多么令人欢欣鼓舞的事情；而且，能借此成为一名账面上的亿万富翁，这是一件多么让人开心的事情。

多年来，迈克·皮尔森和威朗都是声誉博弈中的赢家，从窄意上理解，金融市场分析师、大投资商和华尔街对他们都非常看好，这些人赚下了数亿美元的咨询费和包销费。“潘兴广场资本”的比尔·阿克曼为威朗提供了第三方支持，这位传奇的对冲基金投资人花费几十亿收购了威朗9%的股份。2015年5月，阿克曼称威朗将是“下一个伯克希尔·哈撒韦”。把威朗跟沃伦·巴菲特神话般的投资对象相提并论可谓极高的褒奖。其他的对冲基金经理们纷纷参与进来，他们持有的公司股份一度达到了将近30%。

不过其他人并不觉得这些有多么可圈可点。一方面，科学家们对贬低其工作价值而且以短期利润为名大幅裁员的公司毫无好感；另一方面是病人——身患疾病的普通人眼睁睁看着自己赖以维持性命的药品价格像坐了火箭一样暴涨。如果你患有偏头痛并且根据处方要服用威朗的 DHE45，那么 2015 年 1—7 月间你会经历 4 次涨价。当时，10 瓶药的价格从 3 000 美元多一点一路飙升至 14 120 美元。

当强大的华尔街势力开始跟科研人员和患者们对立起来的时候，人们可能会认为华尔街才是赢家——当然这也是皮尔森和威朗管理团队想当然的观点。但这是一个错误判断，其错误程度堪比 BP 把“深水地平线”漏油事故处理成了单纯的工程问题，或是高盛在 2009 年金融系统崩溃后依然分发高额红利。病患们在社交媒体上自发联合起来，并且开始给一些正在筹划仕途的政客们写信。甚至一些人还没有患病就开始担忧未来在美国毫无人情味的医疗体系中如何才能负担得起高额的医药费用。对医疗行业尤其关注的监管部门开始如坐针毡。2015 年 9 月，还在洋洋得意的威朗遭到当头棒喝——希拉里 · 克林顿在一条推文中谴责“漫天要价”的行为。希拉里并未明确提到威朗的名字，而且当时的确也存在着很多其他的更过分的情况，比方说对冲基金经理人马丁 · 史克莱利将艾滋病治疗用药达拉匹林的价格从 13.50 美元一片抬高到了 750 美元一片，价格上涨幅度高达 5 556%（史克莱利本人被戏称为“全美最招人恨的人”，后来因证券诈骗被逮捕）。但是希拉里的一番话使美国的药品定价问题成了政治焦点，威朗神话自此开始不攻自破。

“当悲伤来临时，它不会只身出现，而是成群结队。”[①] 自然而然，

① 出自莎士比亚《哈姆雷特》。——译者注

希拉里的推文一经发布，各种“不幸”便滚滚而来，威朗接二连三经历了莎士比亚悲剧式的惨况。尽管当初曾吸引到对冲基金业内人士为其摇旗呐喊，威朗如今已沦为“做空者”的目标，他们在不断搜集威朗股价高企的原因、唱衰威朗，然后散播给“有心”的听众。他们控诉一家叫 Philidor 的公司存在财务违规行为，这家专业药企由威朗管控，但理应公平运营。违规金额并不多，但报界开始拿它与安然丑闻相提并论。威朗的股价一天之内骤跌 50%。与此同时，投资人比尔·阿克曼召开了一场长达 4 小时的新闻发布会，解释威朗股票为什么出现贬值，但此举并没有挽回下挫势头。2015 年 11 月，高盛展现出它从不心慈手软的一面，对其在 2013 年提供给皮尔森的一笔 1 亿美元私人贷款追加了保证金，以此规避威朗股票风险。由于皮尔森无力偿还贷款，高盛抛售了威朗用作担保的股权，让威朗股价再度重挫 20%。

2016 年，皮尔森因肺炎住院期间，他曾经的好伙伴比尔·阿克曼在董事会中搞了一场“政变”；当年春天，皮尔森离职。希拉里·克林顿开始在竞选集会中将矛头直指威朗。威朗成了这个时代中的一则大快人心的道德寓言：这家企业的命运说明，只关心金融市场怎么想并不是真正的长久之计。至本书终稿前，威朗的股票已经从其最高价重跌 96%。

我们再看正面例子——瑞士巴塞尔的罗氏集团。这家企业比威朗早成立了 110 年，在研发领域一直成绩斐然，而且实现了连续 30 年股息不断增长，表明利润和研发投入之间并没有根本性的冲突。2015 年年初威朗股价升至最高时，罗氏的股票市值只有威朗的一半多一点。

业界一直在进行此类评估，但对于这家瑞士企业来说，令人心满意足的是一切最终还是回归正常秩序：本书写作时，罗氏的市值是威朗的4倍，跃身成为世界第三大医药集团。

与罗氏集团家族代表安德烈·霍夫曼交谈时，你会感觉他与那种曾经造就了威朗的文化是如此格格不入。五十四五岁的他精通多种语言，身材高大，个性安静，散发着领军欧洲最后一个工业王朝的统帅气质。罗氏与多数同等规模企业的关键不同在于，安德烈和他的兄弟姐妹们牢牢掌控着公司。作为集团创始人弗里茨·霍夫曼－拉罗什的曾孙们，他们拥有集团的大多数表决权股（有人猜想，相关的不记名股被藏在了某张外界不得而知的瑞士床垫下面）。尽管近两代家族成员中并没有人负责打理集团的日常业务，但霍夫曼会坐镇董事会，积极管理与公司声誉相关的事宜。集团的所有制结构与大众汽车的保时捷和皮耶希家族有相似之处，但在罗氏，霍夫曼在董事会中精心安排了一些世界顶级的“业外人士”，如壳牌、雀巢、汉莎的CEO们，借此引入一些令人为之一振且颇具挑战性的外部观点，从而打开而不是闭合人际关系网。

任何曾经历过严重疾患的人都知道这是一种多么不人道的感受。在最初的简短交流之后，病人会在检查中被专家们一番摆弄，而医生们则对病人漠不关心，一门心思扑在了检测和治疗上。当然，病人们能够得以治愈是件很令人高兴的事情，但癌症患者们在求医过程中尤其会有疲于奔波之感。病人们在治疗中首先应当被当作人来对待吧？

这就是霍夫曼如何自觉定义公司宗旨的。“如果我们不能响应患者的需求，那么我们就无法担当起维护全社会健康的重任。”他说，“你去过医院。一旦你进了医院的大门，你就只是一个号码、一张床、一个病例。我们的行业往往会把各种病症仅仅看作一堆数据，但事实上，一场疾病会影响到一个病人，而这个病人绝非只是一大堆生理症状。我们需要把病人看作活生生的人，他有爱有恨有感情。我们这个行业有这种不好的风气，因为我们一贯都在忽视这些。”

罗氏创立了一种个性化医疗模式，利用大数据和基因组学来制订更具针对性的医疗方案。个性化医疗的终极目标是开发出一种叫作“伴随诊疗”的生物标记测试，这种可靠的诊疗手段可以帮助预测哪些病人会对针对性疗法产生反应。“我们想为患者提供疗效最好、更安全，并且最终能够实现低成本的药物。”他解释道，“怎么做呢？那就是通过诊疗，以及在开出药方之前更好地了解病人的基因特点。如果你足够了解病人，你就可以为他采取正确的治疗方法。你可以判断出哪些病人对某种分子更为敏感。分子对于一些疾病的影响很大，但对一些疾病毫无作用！对所有人出售一样的分子是一种欺诈。”

尽管并不是在为威朗式的“漫天要价”辩护，但霍夫曼坚持说药品价格必须足够高才能在有专利保护的情况下短期内产生利润。“苏联人曾以为他们找到了另外一种医药体系，但是这种体系并没有奏效。”他用嘲讽的口吻说道。私营企业药品开发的结果总是出了名的变化无常——没人能保证哪些药会最终成功，或是它们什么时候能成功，再或是它们的成功会持续多久——但它是目前世界上出现过的最好的体系。但是各种变化也在酝酿中。安定或是万艾可这种畅销药的时代正在一去不复返。如今一种药品如果能带来区区 10 亿美元的销售额就可以被看作“畅销药”，而过去的热销药品往往要卖上数百亿美元。罗氏和同在巴塞尔的诺华制药生产的许多抗癌专用药物都可以归入这一新类别。药品定价也越来越多地反映着药品功效——如果药品投放市场后真的有效果，罗氏可以合理抬高价格。

“作为一家企业来说，声誉对我们很重要。”霍夫曼说，“如果你作为一家公司想参与到解决方案中来，你就需要被看作值得信赖的伙伴。我们需要许可证才能运营，而且我们要有能力去挣得提供这些药品的权力，因为我们已经参与到游戏中，我们是体系中的一部分。”就像霍夫曼所阐述的，罗氏的声誉主要以 4 种具体方式发挥出它的重要性。

首先，罗氏需要成为人们眼中一处绝佳的就业企业。“我们在这一方面积极得难以置信。我们提供诱人的薪资，建立了行为准则，优越的工作环境……我们确实在努力响应现有员工和未来员工们的需求，成为一家体面的企业。”特别是在吸引和保留研究人员时，企业的家族所有制发挥了它的作用，因为这种所有制意味着公司会有一个比较长期的前瞻性规划。“我们告诉研究人员到我们这儿来工作，因为我们的组织比较稳定。我们不会盯着下一季度的盈利不放，或者，我们不会只盯着这一点。再过 10 年、20 年、30 年，哪怕再过 100 年我们的公司可能依然属于同一个家族。”一个家族在观点上的世代传承与科学发展的长期性不谋而合。这一点与威朗对待员工的方式形成了鲜明对比：在威朗，员工们被当成了需要裁减的成本。

其次，“可持续性”并不只是一个难以实现的噱头。罗氏向业界其他企业和投资人们证明了，它是一个优秀、细致的资源管理人。“在过去 7 年中，我们一直领跑道琼斯医药行业可持续发展指数，”霍夫曼说，“我们并不仅仅是为了指数而这么做，说实话，如果没有指数这回事儿，我们可能不会这么专注于可持续发展问题——它为我们提供了一个行动框架。”

再次，要让患者相信自己拿到的药是出自一家优秀且崇尚道德的公司，这一点很重要。“我们要向 85 000 名员工表明，我们做的事情是正确的——这很重要，因为它能够正确定调，让员工们为罗氏感到自豪。还有很重要的一点是，我们要跟使用罗氏药品进行治疗的患者建立沟通，让他们明白罗氏是一家为自己在全球医药行业的领军地位深感自豪的企业。”需要再一次指出的是，患者不该是被医药行业冷落轻慢和企业牟取暴利的对象，而是应该在药企战略中居于核心地位。

霍夫曼悉心解释道，他的家族对公司一季又一季赚取的钱财并没有迫切的需求（股息被用在了多个慈善项目上）。他说，鉴于公司在 20 世纪 90 年代曾是造成维生素市场出现“卡特尔”的罪魁，现在整个家族都对声誉上的闪失保持着高度警惕。当年罗氏曾为此在全球范围缴纳了数亿美元罚金，并在声誉上一蹶不振。“这件事情是在我任职期间发生的，”霍夫曼坦承，“我花了大量的时间，就是为了确保这样的事情再也不会发生。”

这种观点与普通的上市公司差别很大。上市公司面对活动家们的“袭扰”和短期业绩的起伏一般会表现得更为脆弱。罗氏采取的是一种家长式管理，这也许是对“莱茵河资本主义”最准确的诠释；而对于罗氏这种在莱茵河两岸拥有巨大的传统影响的巴塞尔企业来说，这种方式是充分合理的。在这种模式下，公司的经营历史很长，东家们都和善，公司面对变化无常的金融市场更重视员工和客户的需求。这种模式要想直接转变为英国或美国那种以市场为驱动的文化，就算不是完全不可能，也会是困难重重，但它仍不失为声誉博弈中的一种制胜策略，我们都可以从中有所借鉴。

威朗和罗氏的经营方法都突出了多种声誉之间的相互作用。威朗选择将自己在华尔街的金融业绩声誉放在首位，牺牲了其他股东的利益。罗氏的方法与之不同，它着眼自己面对更大的股东群体所肩负的广泛职责，将自己定位成一支一心向好的力量。该公司借助真实性和联结着政治家、科学家及其他员工、病患和整个社会的人际关系网在声誉上赢得了优势。这正体现了公司治理体系的作用——让罗氏能够专心于长期能力声誉，同时保持着化解品行攻击的弹性，而所有大型药企都难以幸免于此类情况。

每种策略都有它的理由，但有意思的是，人们如今对威朗和罗氏的看法和估值竟是如此不同。最后让我们一起来听听安德烈·霍夫曼怎么说的："我笃信商业能够改善这个星球的状态，不是通过创造财富，而是通过为社会提供净付出。在我看来，你不应该只是为公司的股东们增加价值，你还应当出现在社会需要你的地方。如果罗氏在经营中遵循合理原则，公司就能为这个星球做出纯粹的积极贡献，起码会实现无政府组织或其他国际组织所那样的效果。这种贡献是可持续发展的，符合道德标准的，而且我们作为企业的东家会为之骄傲。企业能够而且应当是一种积极向好的力量。"

一位寡头的生计

如果你好奇怎样才能变成一位寡头，俄罗斯排名第二的富翁曾诚恳地给出过具体方法。米哈伊尔·弗里德曼在他的家乡——乌克兰西部的利沃夫所做的一次讲话中指明，最重要的因素是时间和地点——理想地说，当“苏联帝国”解体的时候，你应当身在莫斯科，伺机在混乱中抓住商机。从20世纪90年代初期到中期，当苏联土崩瓦解的时候，弗里德曼和其他一些人借着鲍里斯·叶利钦总统推行私有化大赚了一笔，为自己日后的丰厚家业打下了根基。

第二个要素是具备企业家的高瞻远瞩。弗里德曼先是从销售毛毯和演出票起家，后来在1989年成立了阿尔法投资公司。他讲述了自己在二十五六岁的年纪如何在化学物理研究所坐落的大楼里租下了一间办公室。该所是培养俄罗斯科学家的精英院校，只有最聪明的毕业生才能进入这所学院。弗里德曼想拉其中一些人加入他刚刚起步的公司，但是这些人提出了各种各样的困难：缺乏资金，担心受骗或暴徒袭扰，不确定政府会做出什么样的反应，害怕因此锒铛入狱……

所有这些担忧都是绝对有道理的。不过化学物理研究所已经不复存在，而弗里德曼却在多年后成为一名亿万富翁。“我们没法回答他们的问题，但是我们内心坚信日后我们会成功。”

弗里德曼提出的最中肯的建议是要有决心为了自己感兴趣的事情坚定地走下去。这么做也许意味着要与昔日的敌人做朋友，意味着欣然接纳各种冲突，哪怕这有悖于人之常情的做法——“交朋友，有共识，说话客客气气”。也就是说，山雨欲来，你要做好准备。“我思考过所有的人类活动，”弗里德曼接着说道，“创业活动在某种程度上最接近于战争。企业竞争反映出了战争中的剑拔弩张，它很残酷，不太会出现妥协。从原则上来说，如果有人准备好了打一场这样的战争，也能够坦然接受冲突思维，那么他就很有可能在商界取得成功。”[21]

这番话透露出俄罗斯是一个商业环境很恶劣的地方。几年之中，俄罗斯经济从中央集权式管理迅速转变为放任自流的资本主义。企业家们为了获取对俄罗斯战略资产的控制权而你争我夺，商业环境异常残酷：在 20 世纪 90 年代初的“铝业大战”中，谋杀竟也见惯不怪。俄罗斯的《破产法》还很初级，企业家们很难确立并保留对于资产的所有权。时至今日，在俄罗斯从事商业活动的国际企业还经常会抱怨该国的法律系统具有歧视性，国内腐败滋生，骚扰频发，暴徒横行，有时甚至还会发展成殴打或冲击企业事件。[22]

弗里德曼、弗拉基米尔 · 波塔宁、奥列格 · 德里帕斯卡、米哈伊尔 · 普罗霍罗夫、阿利舍尔 · 乌斯马诺夫、罗曼 · 阿布拉莫维奇等企业家们都是在乱世中得以发迹。他们都个性刚强，聪明绝顶，从不妥协，能够成功地周旋在俄罗斯残酷的商业现状和克里姆林宫的政治管控之间。而其他人，像米哈伊尔 · 霍尔多科夫斯基或是鲍里斯 · 别列佐夫斯基就不够机灵——霍尔多科夫斯基被投入监狱，大量财产被没收充公，如今在瑞士过着流亡生活；别列佐夫斯基流亡到英国后客死他乡。

只要俄罗斯企业把经营范围限制在国内市场，人们自然就能想到有一个好勇斗狠的名声会非常有用——主动示弱是没什么好处的。作者并无意对俄罗斯商人们的聪明才智出言不逊，但这种名声跟黑手党的“坏”名气确有相似之处——你在别人看来越是强硬，周围的人对你就越是小心翼翼，你就越是能够随心所欲。

当然，这些富甲一方的寡头很快就想突破国内市场的限制。一些人遂把部分财产投在了体育俱乐部上：切尔西和阿森纳都是寡头所有，布鲁克林篮网队也是。其他人，包括米哈伊尔·弗里德曼本人，都在着力打造国际商业帝国，鉴于俄罗斯商业生活中的各种风险，这是一种合理的多样化经营策略。

然而在更为宽松的商业环境中，国内所谓的“强硬”作风反倒让人有邪恶之感。这完全要看企业家们能否在弗里德曼所说的“俄罗斯现状”和在西方树立良好声誉的自身需求之间做好权衡。“随着俄罗斯经济日益全球化，声誉问题也越来越重要，”弗里德曼对《金融时报》说，“国外的公司都想跟名声好的俄罗斯企业做生意。”弗里德曼当时正打算放开自己的人际关系网，随之而来的，将是机遇和风险并存的局面。他将要参与到一场不同的博弈中来。

21 世纪伊始，弗里德曼的阿尔法银行（本书写作期间为俄罗斯最大的私有制银行）曾被主营对中东欧地区投资的欧洲复兴开发银行列入了黑名单，理由是有报告称阿尔法银行及其俄罗斯分支机构从事犯罪活动。这类说法在俄罗斯可能兴不起风浪，但如今在欧洲却能够给其声誉造成严重的打击，并带来沉重的商业代价。欧洲复兴开发银行拒不与阿尔法银行建立商业往来，美国进出口银行也拦下了提供给阿尔法油气子公司 TNK 的一笔 5 亿美元的贷款担保，这让阿尔法的多样化国际经营计划不幸受挫。

阿尔法的第一反应是厉声抗诉。银行总裁彼得·阿文亲自登门欧洲复兴开发银行，抗议称这条禁令所依据的恶意报告是竞争对手挑唆新闻界炮制出来的，这种做法叫作“kompromat”（俄语，即败坏他人名誉的负面材料）。但仅仅靠着声称“我们聘用的除了俄罗斯还是俄罗斯人，不是所有俄罗斯人都是黑手党”，是改变不了欧洲复兴开发银行的想法的。要想在开放的人际关系网中成为游戏的赢家，他们还需要更进一步：更广泛地结交人脉，说服独立的、敢于直言的第三方力量，让他们相信这种造成严重后果的指控是错误的。

阿尔法委托从事企业调查和商业情报的美国上市公司德安华为其开展声誉审查。德安华欧洲、中东和非洲业务总监汤米·赫尔斯比向我们说明了这次审查的范围：“如果你打老婆且名声在外，我们在事实确凿的情况下基本无计可施。这种情况下，你需要的是一位告解神父、一位治疗师或是一位公关人员。如果你并没有打过老婆，却担此骂名，人们会说：他当然不会承认。如果你要劝别人相信你，你就需要把证据拿出来。你要用证据来证明对立观点，但你不能亲自上阵——你得借用一下别人的可信度。”

实际上，德安华的观点是：我们来对你进行调查，由你自己对指控内容是否属实做出独立评估。这家公司是在用自己作为企业调查专家的声誉和可信度来做生意——它的结论很有分量。德安华收取了50万美元（预付）用于评估针对阿尔法的主要指控，其内容从毒品走私到武器买卖，再到行贿和诈骗，更别提还有勾结以色列情报机构摩萨德这种罪名。

“我们和弗里德曼先生坐下来，把所有指控一项一项过了一遍，”赫尔斯比回忆说，“我们说，‘我们想听一听您在这件事上的说法，而且我们需要知道有没有能够提供独立意见且能对您所说的情况予以证实的人。'然后我们离开并证实了我们听到的情况。"

有种说法称银行总裁彼得·阿文是摩萨德的特工，听命于他的兄弟。后者据说代表着以色列安全委员会的利益。这种说法很容易不攻自破：阿文没有兄弟，这种指控是一种针对闪米特人的诽谤。另有说法称阿尔法在西伯利亚地区从事贩毒勾当。俄罗斯媒体上的一些新闻报道回溯到20世纪90年代中期，阿尔法公司积极从事食糖进口业务期间，哈巴罗夫斯克附近曾发生了一起列车事故，一些从车上落下的袋子里装的不是糖而是海洛因。这些耸人听闻的报道称，当地医院还因此发生了多起海洛因中毒事件。

"这些报道都是有人花钱捏造的，"弗里德曼告诉赫尔斯比，"在俄罗斯，人人都知道这是胡说八道……我们当时跟另一派势力出现纷争，他们动用了黑公关来对付我们。"赫尔斯比找到了当初的宣传人员，对方承认炮制了假新闻。但鉴于此人这样说有可能是因为被人收买，赫尔斯比来到西伯利亚实地查证事实真相。"当时发生过一起火车出轨事故，但是并没有海洛因中毒事件的报道。"这位调查员得出了结论。

德安华的确发现TNK曾经在一起关于Chernogorneft公司的纷争中，针对BP和其他公司采用了"非常激进"的商业和法律手段。BP作为英国石油产业巨头，拥有Chernogorneft公司10%的股份。而其债权人为欧洲复兴开发银行。德安华的报告认为"（TNK）故意忽视了BP和欧洲复兴开发银行的利益"，但它同时洗清了这些俄罗斯人的一切罪名，为欧洲复兴开发银行撤回禁令、与阿尔法及其子公司开展业务打开了渠道。“毒品走私和激进的商业行为是有着天壤之别的。”弗里德曼对《金融时报》说。[23]

这种反证式描述策略说明你非常确信自己掌握着事实。如果你能充分推翻这些指控，就像这则案例中那样，你就能够一夜间恢复自己的声誉。但是亲自做出反击还不够，因为声誉是由其他人的说法来驱动的。

❻ 高级技能

当一个人诚实、正直的好名声受到贬损，他越是机灵和

聪慧，就越容易招致憎恶和疑心。

——西塞罗

声誉中的借贷经济

史蒂夫·斯托特在其2011年的著作*The Tanning of America*[①]中，开篇讲述了20世纪80年代说唱音乐组合Run-DMC在纽约的麦迪逊广场花园为2万名观众表演的故事。在“拯救生命”演唱会（LiveAid）上献唱后，这个由约瑟夫·西蒙斯（Run）、达瑞尔·麦克丹尼尔斯（DMC）、杰森·米塞尔（Jam Master Jay）构成的组合逐步

① 该书全名为*The Tanning of America: How Hip-Hop Created a Culture That Rewrote the Rules of the New Economy*，意为“尽染美国：嘻哈音乐如何造就了一种改写新经济体规则的文化”；国内亦有人将该书书名译作《美国有色人种》。——译者注

发展为斯托特所描述的“嘻哈音乐第一支真正的超级明星阵容”。

斯托特现年四十五六岁光景，生着一副厚实宽阔的身板，为人和蔼可亲。当年 Run–DMC 在麦迪逊广场花园演出时，他还是个十几岁的孩子，家住纽约的皇后区，拼尽好运气却拿不到一张演出票。作为一名铁杆嘻哈乐迷，他先是在索尼音乐旗下的 Def Jam 唱片公司担任高级唱片制作人，后来又成立了自己的营销公司。他写作 *The Tanning of America* 的目的跟声誉及其动态发展毫无关系。这本书中的描述实际上体现的是嘻哈音乐是如何推动美国现代社会发生转变的——也就是所谓“tanning”（染色）——它在美国社会中催生出丰富而重要的文化交流，将各个种族、各种社会经济背景的人们联结在一起。正如斯托特本人所说，他写作该书的终极目标是“彻底结束以肤色来划分个体的做法”。

就在麦迪逊广场花园演出之前一个月，Run–DMC 发布了专辑 *Raising Hell* 中的第一首单曲，正是这首叫作《我的阿迪达斯》的歌谱写了近代以来最出色的品牌再造故事——美国的阿迪达斯运动鞋的翻身史。

那些年，阿迪达斯在美国市场处境堪忧。耐克推出了迈克尔·乔丹系列，在市场上独占鳌头；锐步得益于当时美国国内的有氧运动和健身潮，生意红火。而 20 世纪 80 年代中期的阿迪达斯在美国运动鞋市场中仅占有 3% 的比重。它是一个走向衰败的品牌，正在失去吸引力和重要性。不过阿迪达斯勇敢地将自己和嘻哈音乐这种前卫潮流结合了起来。“阿迪达斯如果只是维持现状才是更加危险的。”斯托特说道。

《我的阿迪达斯》的影响力让QDMC的兄弟拉塞尔·西蒙斯看在了眼里，他就此赌了一把。他说服阿迪达斯的一众高管从德国飞到美国来观看演出，希望这些高管能够看到与乐队合作可能产生的潜能。“有那么一位高管，他具有对文化的好奇心，能够研究发现有利于重建品牌的这类联合关系，”斯托特在一次单独采访中提到，“他认识到他们得借力于嘻哈音乐；嘻哈音乐作为一种文化正在蓬勃发展；而且，如果阿迪达斯能够将自己的全球声望注入这种蔚然兴盛的亚文化中，将会产生魔幻般的效果。”

那会儿品牌赞助协议一直都是由田径精英和足球明星们包揽的。城市说唱乐手甚至根本不在商家考虑范围内。与嘻哈乐联手是一个很大胆的想法、一个大获成功的主意。根据斯托特的描述，Run–DMC热情满满地开唱《我的阿迪达斯》，观众们随声附和；唱到歌曲的最后一节时，他们突然弯下身脱掉了一只脚上的阿迪达斯运动鞋，像高举着一把剑一样在头顶挥舞起来，并开口诵道：“我的阿迪达斯……”人群顿时疯狂了起来，观众们纷纷脱下自己的鞋子，像Run–QDMC一样高举过头顶。“那场面看起来就好像阿迪达斯的黑色条纹标识和白色皮革组成的海洋，随着麦迪逊广场花园回荡着的齐声高歌在每个人头顶上有节奏地荡漾着。”

对于Run–DMC来说这是一个震撼人心的时刻，但也许对于阿迪达斯的高管们来说更是如此。其中一位高管在乐队一下舞台的时候就一把抓住他们，立马奉上了自家的阿迪达斯品牌。接下来是进一步洽谈——Run–DMC将根据协议之一为阿迪达斯的运动鞋做代言——双方史无前例地签下了一项价值150万美元的协议，Run–DMC的说唱乐手们因此成为最先为运动鞋品牌代言的非体育界人士。此举让阿迪达斯在美国的运势就此扭转，他们的鞋子成了酷感十足的潮牌，美国的城市青年人人都要拥有一双。“麦迪逊广场花园的演出对于阿迪达斯的那位高管来说是灵光乍现的一刻，他突然明白了公司此前一直没能洞察到的事情。”斯托特说，“不过这之前有些事情也表现出了这种苗头——他知道的，根据数据显示，市场上的一些情况表明这种联合是有可能的。”

声誉借贷经济成功的关键是要建立一定“联系”。在斯托特看来，“价值共享是创造新的声誉资本过程中的重要部分。无论任何情况下，如果你所做的事情无法带来共享价值，那么这件事情就不会成功，公众都在看着，而且金钱似乎在驱动着一切。当声誉借贷发生时，只有在能够让人们感觉这其中没有金钱交易的情况下，它才会奏效。人们需要相信，做这件事情的人是处于良好的动机，具有很好的理由，而不是为了生意。”

Run–DMC 和阿迪达斯的合作是一种双向声誉交易。Run–DMC 在嘻哈音乐还只是一种亚文化的时候成了人们最津津乐道的话题，在世界范围内推广了嘻哈音乐品牌。其他的嘻哈艺术家和他们的推广人跳上了这趟潮流快车，跟大型公司搭上了联系并签下了赞助协议，把嘻哈艺术抬升到了主流地位。就像 Jay–Z 说的那样：“嘻哈艺术在全世界引起了共鸣，因为它让人们认识到，‘呸，我不需要因为自己的出身或是爸妈早年的穷困难为情’。”而阿迪达斯则与当时最劲酷的青年运动联系在了一起，重新定义了自己的形象和运势：阿迪达斯在鞋类市场中的份额从 20 世纪 80 年代中期的 3% 增长到了 21 世纪头一个十年中期的15%。至2015年，这一份额再升至22.9%。[1]

Run–DMC成了“合作大师”。在同一张专辑中，他们还经典翻唱了Aerosmith乐队①1977年的热曲*Walk This Way*。把这首歌纳入专辑中是Run–DMC的传奇制作人里克·鲁宾的主意，而且乐队还与Aerosmith的领唱史蒂夫·泰勒、吉他手乔·佩里共同完成了录制。Run–DMC版本的*Walk This Way*在1986年7月4日发布后，成了第一首在美国公告牌百强单曲榜中跻身前五名的嘻哈歌曲。该曲还成为最早成功打入英国的嘻哈单曲，在当年的英国榜单上排名第八。

这支曲子不仅把嘻哈音乐介绍给了摇滚乐迷们，还让Aerosmith日渐走下坡路的音乐生涯成功重启。其他的音乐产业传奇故事也都是通过声誉借贷，以类似方式成就了重振事业的机遇。乐坛传奇人物汤姆·琼斯爵士在1999年发布专辑《英伦传奇》，借此在歌唱生涯中再造辉煌。这张专辑是与当时最红的一些音乐人合作的成果，例如“羊毛衫”乐队、“立体音响”乐队、罗比·威廉姆斯等。

声音借贷是多数赞助和代言合作中的核心组成。它是市场营销战略的基石，是将品牌与有志之士相联结的方式，也是将有才之人与崭露头角、蒸蒸日上的品牌相沟通的渠道。但并不是任何东西都可以拿来借贷。“首先你得有能够借出的声誉。任何品牌都可以进行品牌借贷，但是为了让这种借贷成功，品牌要真正懂得自家声誉中的哪些要素是可转移的，哪些是不能的。”斯托特说。

我们找到了瑞秋·波茨曼——共享经济方面的前沿思想家，曾经

① “Aerosmith”的常见中文译名为“史密斯飞船”“空中铁匠”。——译者注

创造出“协同消费”这一概念。她现在牛津大学萨伊德商学院为MBA学员讲授“协同经济”课程。她认为，谈到声誉的威力，我们尚处在一个很初级的认识阶段。“声誉正在成为一种通货，它在21世纪将会比我们的信用时代发挥出更大的威力。”她相信，声誉将会改变我们在21世纪中对于财富、市场、权力和个人身份的看法。

“人们认识到他们在某个市场中创造的声誉具有远超出这个市场的价值。你现在会听说爱彼迎的房东们利用自己的声誉吸引房客上门。而保险公司告诉我，这类信息其实很好地昭示出人们在未来会采取什么样的行为方式——也就是说这是一种全面了解某个人的很好的方式，而非只是着眼在他的某一个方面的行为表现。”瑞秋·波茨曼说。

随着企业之间的互相联结日趋频繁、更显战略意义，声誉的重要性也大大增加。这种协同经济运动——亦即英国首相特蕾莎·梅在2017年年初的一次演讲中所提到的“共享社会”——有赖于声誉来为它提供原动力。公司将会借助自己的声誉与更多的组织和个人建立协同，而且这些关系会产生出更好的效果，因为声誉的威力会让关系中的各方一直诚实相待。

玛莎百货的可持续发展事务主管迈克·巴里同样认为，“协同”是一个重要的前沿领域。“不论规模多大，没有哪家企业仅凭一己之力就能够实现可持续发展。现在的可持续发展已经转变为通过建立伙伴关系实现共赢，例如组织和参与日用消费品论坛和世界经济论坛。这些举措让百事可乐和可口可乐、联合利华和宝洁、家乐福和沃尔玛这样的企业共处一室。所有这些公司都是天然的竞争对手，但它们越来越多地搁置了‘我们要一家独大’的想法，转而在可持续发展的问题上开始更多地关注‘我们必须实现共赢’。”

如今，人际关系网之间和内部存在的关联性要归因于因特网的问世。

想一想“快拍”

迪帕克·拉温德兰从大学退学，如今却成为印度最鼓舞人心的科技型青年企业家。他最初来自印度西南部喀拉拉邦的卡萨拉果德，大学期间入读拉尔·巴哈杜尔·夏斯特里工程大学，后来为了实现自己创办公司的梦想而从大学退学。如今，拉温德兰研发出了一款叫作“Lookup”[①]的信息平台，将购物者与当地的商家连接了起来。

“如今，在线找寻和购买产品非常容易。不过，当你想在线下买东西的时候，我们还是得拿起电话打给当地的商店，或是四处去逛。我们想让 Lookup 能在线下商品和服务搜索中发挥‘谷歌’的作用。为了实现这一点，我们用一款简单的聊天软件与你周围的每一家商店建立超链接，让你能够同步连接到已经进行过信息核实的店家。”拉温德兰说。Lookup 发布于 2014 年 12 月，截至本书写作时声称已拥有了逾 100 万名注册用户，每天发送和接收信息超 10 万条。人们通过网站发起的询问涵盖了从食物和日用杂货到药品和电子产品的各类产品。

① “Lookup”意为“查找”。——译者注

这场创业成功的关键在于科技界的几位杰出人物在公司初创期间的参与。2015 年 9 月，拉温德兰在 A 轮融资中筹得 250 万美元。该轮融资由太阳计算机系统公司的联合创始人维诺德·科斯拉、推特联合创始人比兹·斯通、印孚瑟斯联合创始人纳拉亚纳·穆尔蒂领衔。

这些都是技术领域中的大人物。他们的认可，尤其是他们的个人投资，具有不可估量的意义。其他的投资人蜂拥而至，其中包括 New Look（新风彩）时装连锁的创始人汤姆·辛格，还有从瑞士到硅谷的各类风险投资。

硅谷风险投资龙头企业安德森·霍洛维茨的合伙人玛吉特·温玛彻斯同样认为，企业在创业早期获得大人物的支持可以为自己造势，而且会为初创阶段的公司在竞争激烈的市场上提供一个充满机遇的平台。“Pre–A 轮融资投资人中如果出现我们的名字将给企业带来巨大的价值。我们看到，我们投资的企业哪怕先不说自己都有哪些作为，也会首先提到他们是由安德森·霍洛维茨投资创办的。而且，在竞争对手众多的市场中，如果你是一家新成立银行的首席信息官，这些都是能让你踏进目标企业的重要筹码。”

蒂姆·波洛克是宾夕法尼亚州立大学的一位创业学“法雷尔”教授，长期研究声誉、地位和社会资本等社会和政治因素如何在企业首次公开募股（IPO）中影响企业表现。在 2011 年的一篇论文中，[2] 他和另一位作者研究了 1990—2000 年间风投支持下的首次公开募股样本，发现风险投资方的声誉对金融市场如何评价一家创业型企业有着显著影响。这在科技领域尤其重要，因为身处成长初期的企业作为上市公司往往在头几年中要经历亏损。成功劝服投资人基于未来预期来支持一家亏损公司意义重大。

想一想“快拍”。这个通信软件发布于2011年，收入微薄，甚至尚未开始赢利，但它在后来的IPO之后的估值高达280亿美元。[3]敏锐的投资人猜测快拍会成为技术竞技场上的赢家之一。而且，快拍背后的投资方是光速创投等声誉极佳的技术投资人，这为快拍日后的成功提供了重要的起点。

迈克·阿伯特是沙山路上最受敬重的风险资本投资人。这里因云集了硅谷科技类初创公司投资人而名噪天下。[4]阿伯特是行业内最著名企业凯鹏华盈的普通合伙人。在此之前，他曾在推特担任主管工程的副总裁。他告诉我们，比起拥有“能够建言献策”的好名声，“总是能够投资成功”这类泛泛的名头并没有那么重要。在科技领域中，企业的初创历程非常艰难。企业家们在壮大公司的过程中要克服各种各样的困难，而且具备成就事业的能力组合的公司并不多。企业的壮大需要新的技能，例如法律合同、人事问题、资本投资决策等。在阿伯特看来，一位投资人在声誉方面的真正意义是他创造超越金钱的那部分价值。

“金钱是这里最大的商品。如果有什么特别要说的，那就是凯鹏华盈的500万美元与其他公司的500万美元并没有什么不同。但真正有区分的是500万美元背后的动机。在金钱之外，它们会发挥什么样的积极作用？它们会不会让人们对它们即将开启的征程产生共鸣？这就是我一心想带入的东西。我设身处地为它们考虑过，所以我能够问得出问题，但公司是他们的，他们得自己找到解决方案。”阿伯特说。

“我得说合伙人本人的名声要比融资机构的名声更重要。风险投资机构可以在两大领域中帮到企业家们——一个是招募人才，另一个是寻求合作伙伴和发展机遇。但是这全看个人之间的信任。公司的声誉会发生变化，但是个人的声誉往往会恒久不变。”阿伯特说。

成功孕育着成功。成功的声誉借贷是一种良性循环。而且，就像阿伯特所言，这无关乎公司或是它手头的钱：“天地之间，全看企业家。他们才是真正重要的。”

追逐地位

地位不过是等级制度中的一个位置。在一个群体中，你的地位相对于其他人要么高要么低，但声誉带来了第三个维度——我们太容易就可以想到有些人身份显赫却名声不佳，反之亦然，你只消扫一眼当天的新闻便知一二。比方说查尔斯王储，可谓处尊居显，但是对于声誉上的挫折并不能幸免；而一些草根本地融资团体，诸如那些在 Change.org 或是 Just Giving 上进行推广的，都是些不错的例子——它们虽然地位不高，但口碑很好。

地位通过两种截然不同的方式产生并得以维持。首先，地位是通过努力赢得的。比如小罗伯特·唐尼，他是一位非常成功的演员，身份地位也很高。你立马就能看出，这种地位并不会自动匹配好名声——他的私生活曾一度让他成为电影界最大的笑柄。

联合利华和雀巢力推的可持续发展和环保举措使两家企业在业界的地位水涨船高。雀巢每年举办“创造共享价值论坛”，将行业内曾经你争我斗的组织和个人们聚集在一起，这一举动业已成为一种模式，备受推崇和多方效仿，并一举改变了这家瑞士公司以往在人们心目中的主要形象——在发展中国家卖婴儿奶粉的无良商家（20 世纪 70 年代）。

不过地位也可以通过与他人之间的关系来取得。不然我们为什么要把跟政界、文化界或是皇室重要人物会面的照片装起来放在壁炉架上？如果你见过此类人物，还有这么一张照片，那么这张照片总能莫名其妙地出现在相框里、网页上的个人资料相片中。我们为什么要这样做？我们跟这些人并不熟识。答案是，我们试图通过把自己放在高身份地位者旁边来传达我们自己的身份信息。对于组织来说，地位可以通过建立赞助关系、加入行业协会、接待回报值不高但身份显赫的客户来获得——顾资银行就很高兴能够为皇室服务，尽管其账户已经透支了逾 400 万英镑。这些行动都是在通过社会关系造就并维护社会地位。这从一方面解释了为什么前任财政大臣乔治·奥斯本在金融界和传媒界都能找到意向积极的用人企业：这些公司也都希望借助他为自己抬升地位。[5]

对于声誉博弈中的参与者来说，地位既是一种资产也是一种负担。身份地位较高的参与者要比地位低下的那些进步更快，就好比在脚下捆上了火箭。不过就像火箭一样，地位也会不稳固。当你有身份有地位的时候，人们对你的期望值就会加速攀升。例如一些身份较高的演员，要比其他人遵从更高的行为标准。因此，获得较高的身份地位会为你的声誉带来风险，对于那些没能达到与其身份地位相一致的预期的人来说，这就是所谓的“登高必跌重”。从这一方面来说，身份地位与曝光度和名气（有些时候）也有着密切联系——这是声誉博弈中的另外两个维度。

我就是生意！

“你的名声会跑在你前面，是这样的。”Jay–Z 说。2016 年初夏，我们约了他一起聊聊，大家坐下来，抽着雪茄，再来杯山崎 18 年单一麦芽威士忌。“多数情况下人们知道你在做什么生意，你在哪方面名气比较大，你怎么为人处世。”

在如今的星球上，Jay–Z 算得上一个响当当的名字了。他首先是有史以来最成功的嘻哈乐手，在 2006 年度 MTV “史上最杰出的说唱乐手”名单中位列榜首。不过他可不单单是嘻哈世界中的轰动人物，他还是有史以来各音乐流派中作品最为畅销的艺术家之一，从艺 20 余年来唱片销售量高达 1 亿张。与此同时，他还荣获了 20 余项格莱美奖，并曾与业内顶级大腕们多有合作，其中不乏“声名狼藉先生”、玛丽亚 · 凯莉、德雷克、Dr.Dre、艾米纳姆、R. 凯利、连尼 · 克拉维茨、弗兰克 · 奥申、纳斯、蕾哈娜、贾斯汀 · 汀布莱克、坎耶 · 韦斯特等人物。

不过 Jay–Z 的声誉已经超越了音乐界的广阔天地。如今的他已是名贯多个领域，不再仅仅是一个说唱乐手和唱片制作人，更是一位成功的企业家。他与人合伙拥有体育酒吧连锁“40/40 俱乐部”；共同创办了 Roc–A–Fella 唱片公司，现已归入环球音乐旗下；独立创办了艺人管理公司“Roc Nation”，在音乐、体育、电影、电视和文学、艺术等多个领域实现了跨界经营；与人联手创立服装品牌 Rockwear；此外还是音乐流媒体服务商 Tidal 的所有人之一。Jay–Z 曾与 2015 年 10 月的一起诉讼有牵连，当被问及都做些什么时，他说："我做音乐，我是说唱乐手，我拥有一个服装品牌，我经营着一家娱乐公司——一家叫作 Roc Nation 的娱乐传媒公司，经营着体育经纪人、音乐发行和管理业务。我还有餐厅和夜总会……我想这些差不多就都包括了。"当律师要求他确认是否还拥有一家音乐流媒体服务公司时，Jay–Z 答道："是的，是的，快别提了！"跟音乐界另一偶像级巨星碧昂斯结婚后，Jay–Z 如今的身价估计在 5 亿美元以上。就像他自己说得那样："我不是生意人——我就是生意！"

在 Jay–Z 眼中，自己首先是一名企业家，碰巧通过音乐踏上了成功之路。不过，因为音乐是让他名气最响的领域，Jay–Z 更多地把自己的音乐事业看作对于生活方式的真实表达。"我想这种（跨界声誉）能力应该主要来源于生活方式。"他说，"（嘻哈音乐的）生活方式就是语言表达、时尚表达、观点表达。而且这种方式总是会因为它与生俱来的特点而背负上强烈的创业特色。嘻哈音乐的精神总是体现着创业家特点，从一开始就是这样——没有夜总会会请你去唱歌，你得带上自己的唱盘，通上电，放给满大街的人听。

他回忆了当初自己是怎么起步的。"我们当初在布鲁克林的时候是很有才情的说唱乐手。所以我整理了一张样片，拿去向各大唱片公司推销，但这些公司通通把它拍死了——因为我的语言是街头的那种风格，只有生活在那种环境中的人才听得懂这种特别的交流方式。所以，要么放弃，要么自成一格。所以我们自己制作了一些唱片，拿给了一家唱片店，放在那儿寄售，然后就等着店家给我们返些钱来再做更多的唱片。

“就是这种精神。我从来没有计划过。不过我也从来没有什么选择——要么干下去要么一无所有。所以我们会开着车子上街，然后超级大声地放我们的音乐，行李箱里就放着我们的唱片。人们路过时会问歌里都说些什么，这时我们就会说您可以买一张听听，3 美元。”

随着自己的音乐明显越来越有吸引力，Jay–Z 拿着他的第一张专辑去找里克 · 鲁宾和拉塞尔 · 西蒙斯的 Def Jam 唱片公司。他们感觉到 Jay–Z 身上有特别之处。“Def Jam 跟电影《肥佬教授》签订了配乐合同，他们把我的第一首单曲用在了配乐中。” Jay–Z 回忆说，“从那时起，我们跟他们开始搞合作经营，因为他们已经看到了我们的表现。我们最终达成了五五分成的协议，我们就是从那时开始发达起来的。”

正是这种与生俱来的创业家精神诠释了 Jay–Z 如何能够将自己在音乐界中超一流的声誉带入其他的相关商业领域中。他的创业能量最初通过他的音乐得以发挥和输出，但很快便找到了其他的输出途径。对于 Jay–Z 来说，这是一个自然演进的过程。“我是不是得了品牌和声誉传染病……是的，当然是。” 他说，“不过诚实的情况下不会。比方说，我们为真心喜爱体育的人士开办了 40/40 俱乐部。这是一个真诚的想法，是对我们自己的一种拓展。当时我们就像眼下这样坐在一起，大家说起如果有个场所能让我们在一起坐坐，聊聊体育，再配上个大电视和几间大一点的密室让大家聚在一起玩玩，这样岂不是很酷？所以我们就这么办了。我们头脑里并没有确定的经营模式，我们只是先做起来。这是个好主意。”

"做服装也是。我们想穿'冰山',我们想穿那些时装公司的衣服,但是穿不了。要么是衣服尺码太小我们穿起来不合身,要么是这些公司对嘻哈产业没什么兴趣。"

声誉能够跨界吗?你能不能只把最有价值的声誉随身带上,把其他不太想要的声誉抛诸身后?

有些条件下声誉明显是可跨界的。我们中的大多数人都很幸运地在某个商业领域取得了成功。但是对于那些真正成功的人们,我们可以回过头去看看能力和品行二者在其中发挥的支撑作用。Jay–Z 具备堪当一位音乐人的能力。他艰辛的成长史加上"天生我材"的优势为他提供了无人可及的本真性。尽管最初没能争取到唱片合同,他后来与两位朋友联手创立了独立唱片公司 Roc–A–Fella,并出品了他的第一张专辑。尽管这张叫作《合理怀疑》的专辑并未立即大卖,但为 Jay–Z 在冉冉上升的嘻哈音乐圈中铺就了一个人际关系网,并为他促成了早期与"声名狼藉先生"的重要合作。

从此,Jay–Z 凭着能力为自己打开了更为广阔的人际关系网——还在职业生涯的早期阶段时,他就是一个人际关系网"经纪人",能够将嘻哈音乐业内的不同网络沟通弥合起来。他从纽约的嘻哈音乐界开始,将其与更大范围的城市音乐社群相连通,继而再与广阔的音乐产业相联系,这其中最可圈可点的当属 Jay–Z 与林肯公园合作热曲 *Encore* 一事——林肯公园在当年曾是最出色的摇滚乐队之一。正是这种发现并沟通城市音乐和新兴潮流的能力让 Jay–Z 在创业之路上走出了更广阔的天地。

今天的 Jay–Z 与世界上一些最有影响力的人物都颇有交情,其中就有美国前总统奥巴马，Jay–Z 曾在其两次竞选总统期间为集会活动献唱助阵。对于一个由单身母亲拉扯大、成长在布鲁克林马尔西住宅区、早年卖过快克可卡因、挨过枪子儿的人来说，这已经非常不错了。

股票市场中的一些迹象同样有力地印证了声誉具有跨界性的观点。这一点尤其体现在 CEO 上任之初，这往往是最具不确定性的阶段，鲜有确凿的事实能够预示出他的成败与否。市场难以确定新任 CEO 是否会有不俗表现，这得取决于各种不定因素，包括这位 CEO 的个人动机、他是否能应对新的工作环境、能否对其他人起到激励作用以及他的能力是否与新的业务领域相匹配。然而股票市场依然会对新的任命做出迅速反应，有时仅仅凭着对一个人名的预期就可以让市值缩水或暴涨几十亿美元。这背后的玄机是什么？答案是“声誉”。说得再确切一些，就是如何预判这位 CEO 在技能和专业水准方面的跨界能力，以及是否对他们的价值创造能力有信心。

哈佛商学院的三位教授对这种现象进行了研究，并将成果整理成《领导人是否可以跨界？》一文发表在 2006 年的《哈佛商业评论》上。他们的结论是股市当然这么认为。教授们选取了通用电气旗下各公司中的部分高级职位（通用电气至今依然是全世界公认的最好的高管试训平台），并发现用人公司的股价会即刻出现大幅上扬：

> 我们研究了通用电气公司的 20 位管理人员，他们均曾在 1989—2001 年间被其他公司任命为董事会主席、CEO，或是指定为 CEO 人选。除三例情况外，其他人的聘用一经宣布均引发

了股市的积极反应，整个试验组平均赢利约 11 亿美元。2000 年，杰夫·伊梅尔特签约替代杰克·韦尔奇出任通用电气 CEO，与此同时，这一职位的另外两名竞争人选迅即被招募到了其他公司——詹姆斯·麦克纳尼进入 3M，该公司的市值立即上涨了逾 65 亿美元；罗伯特·纳尔代利落户家得宝，股东价值随即强势增长近 100 亿美元。股价大涨反映出外界对于通用电气经理人培养模式的认可，以及人们对于通用电气高管的看好——他们会重复通用电气的成功；而且，人们认定，一位高管的能力随时可以在不同环境间相互迁移。

当你在某个行业中处于底层的时候，比方说通用电气的普通员工，或是一位音乐人，要想调动这种具体的声誉来服务于其他目的会是件比较困难的事情。但如果你越是上升到高位，你作为领导者或企业家的声誉就越是会焕发出跨界能力，从而也就越是容易转化成你自己的“生意”。

溢出和溢出效应

“临近效应”可能还会带来声誉“溢出”，也就是说一家公司的声誉会“外溢”并影响到它的各路商业伙伴。毕竟，人们是根据我们所经营的企业来评判我们的。

这种评判有时会体现出积极色彩，例如，企业注册为慈善组织会为自身赚下一些正面的声誉资本，而这背后的真实目的和意图并不重要。但是，人们想到“溢出效应”时，最容易想到的往往是“一竿子打翻一船人”。

1984 年 12 月 2 日到 3 日的晚上，位于印度中央邦博帕尔的联合碳化物工厂中，水流悄悄渗入装有农药原料的储存罐，并触发了一系列连锁反应，导致了约 30 吨有毒气体在数小时内弛放到空气中。对于当地居民来说，这是灭顶之灾。经中央邦政府确认，共有 3 787 人在毒气泄露事件中死亡；其他非官方数据估计死亡人数接近 8 000 人。2006 年的一份政府文件写明，此次毒气泄漏事件造成 558 125 人受伤，其中“暂时性局部损伤”38 478 例，“永久性严重致残伤”3 900 例。博帕尔毒气泄漏事件成了——而且至今还是——世界上最为严重的工业事故。

这场发生在联合碳化物工厂的灾难让世界上许多大型化工企业的高管们不寒而栗。“博帕尔事件是一记警钟，”陶氏化学的副总裁大卫·布泽利在后来的一次采访中说，“人人都知道我们在全球的表现堪称最佳，但是，一旦其他公司出现了事故，全行业都会跟着受挫，所以我们开始联手扭转局面。”

关于声誉的“外溢效应”还有很多其他例子。我们都知道“深水地平线”事件是 BP 的一场厄运，但是它还在更广泛的范围内影响到了人们对于石油行业的普遍认知，业内的竞争企业纷纷派出管理人员赴休斯敦协助 BP 管理层解决灾情推进过程中不断出现的各种技术和组织问题。无独有偶，自从大众被曝出在几款柴油汽车尾气数据上造假一事，整个汽车行业便发现自己身处监管机构的密切注视之下。自然而然，经历了“LIBOR[①]操控事件”后的全球投资银行界依然身处漫长的声誉修复期——在近年发生于伦敦的这起丑闻中，各家银行的交易员们相互串通操控汇率，从而方便银行间进行短期借贷。

当得知某组织身陷危机的消息时，我们会自然而然地寻找参考点，启动构建合理性的过程，并在这一过程中试图将新出现的信息纳入我们已经知晓或是领会的背景中。与当事组织的“临近性”因此会造成一种严重的声誉负担，这也说明了为什么有些组织会精心设计出一套办法，让自己远离祸端。

打倒“Stigma”

“Stigma”（耻感）一词最早出现在古希腊，意为一种肉体上的标识、记号或疤痕，由他人强加在某人身上，用以表明其低劣的道德地位。“Stigma”可以用来标记骗子、舞弊者和其他被看作品行不端的人。

耻感与声誉和其他概念有着重要不同。声誉可以定义为，在对以往行为认知的基础上，对未来行为进行预期的一种信号；而耻感则是“一种标签，可以引发人们的集体认知——某个组织出现了严重缺陷，并且名誉扫地”。[6]

从广义上来说，耻感可分为两种类型。第一种是你实际无法把控的。这种类型的耻感通常是肉体上的，因某种疾患或是身体缺陷而造成。此类例子可见艾滋病患者和一些病毒携带者，或是那些具有身体

① LIBOR：全称 London Inter-Bank Offer Rate，即“伦敦银行同业拆借利率”。——译者注

或精神残疾的人。这类耻感通常诱发关注或同情，而不是更为尖锐的负面情绪。

还有一类耻感是你原本可以做出别的选择的，这类耻感更具破坏性、更为棘手，被称为“行为耻感”，主要体现在个人或公司所采取的行动上。此类例子包括一些丑闻或是处心积虑的行为，比方说经营脱衣舞俱乐部或是销售烟草。

对于声誉博弈中的高级玩家来说，在处理“耻感”问题时主要采用两种策略。第一种是为自己的行动辩护。武器制造商们就采取了这一策略，言之凿凿地声称防卫权是由《国际法》赋予的权利，因此他们的行为既体现了合法性又具有道德感。发薪日贷款行业以及近来发声的药用大麻行业也都在试图通过呼吁修订相关规定来为自己的行为正名。这是一种声誉借贷形式，而且也是声誉博弈中的另一着妙棋。

这方面最好的例证应该看正在重新起步的英国发薪日贷款公司“Wonga”。该公司在 2012—2013 年间被曝对其最弱势的客户实施高达 5 853% 的年利率，从而经历了声誉上的严重打击。这次冲击后果严重、来势迅猛，政治家们和消费者群体给 Wonga 打上了“趁火打劫”的标签，但糟糕的事情还不止于此。坎特伯雷的大主教甚至也参与了进来，谴责 Wonga“放高利贷”，而且发誓要开展教育和设立更彰显责任感的英国国教信贷额度，[7] 借此让 Wonga 倒闭。

为应对形势，Wonga 对其高层管理人员和经营战略采取了大规模调整。备受尊敬的皇家太阳联合保险公司前 CEO 安迪 · 黑斯特出任 Wonga 集团董事长，上任伊始便迅速引入新的管理团队，着手对公司体系进行职业化，并改善相关业务，根据客户的偿付能力开展更负责任的借贷业务。新团队着眼偿付能力、透明度、灵活性、治理管控等方面为公司业务制定了6大首要关注项；最为关键的是，他们与英国政府积极配合，并欣然接受了有关借贷利率和费用上限、一次性滞纳金缴收限制的新规定。

该团队的策略是力求在行业内负责任和不负责任的公司之间打入一个声誉“楔子”，从而将自己与其他责任感较差的“玩家”划清界限、维护自己的声誉。新规生效时，时任英国金融行为监管局局长马丁·惠特利公开指出，预计大约400家从事发薪日贷款业务的公司中，只有“四五家”能够幸免。[8]

第二种策略是摒弃带来耻辱的做法，或是在你广为人知的各类活动中淡化为人不齿的事项。对此，最有说服力的例子要属“菲利普·莫里斯”。该公司下辖包括“万宝路”在内的多个著名香烟品牌，2001年时曾宣布更名为“奥驰亚集团”。公司内部早在20世纪80年代末就启动了有关更名事宜的讨论，当时公司管理层开始担心公司的主打产品——烟草——会对其在食品领域的竞争和发展能力产生负面影响（彼时菲利普·莫里斯公司拥有“卡夫食品”84%的股份）。品牌顾问公司卫斯林集团曾受委托参与该更名项目，菲利普·莫里斯公司在该时期的一些内部文件曾引用了该顾问公司的原话：“更名的做法为公司掩盖烟草经营所带来的负面效果提供了可能。”数年后，奥驰亚集团承认，“卡夫”的经营依然囿于人们对烟草行业的负面印象，因此决定将卡夫食品业务转让给一家独立上市公司。尽管此举最终解决了问题，但它凸显出耻感终究是一种难以摆脱的标记，而“淡化”策略至多只是一种权宜之计。

品牌之中有什么？

福布斯“品牌价值榜”囊括了一些令人瞠目的数值：2016年，苹果的品牌价值为1 450亿美元，微软和谷歌则分别为690亿美元和650亿美元。成功的品牌会带来真正的销售和营销优势，创造出对于人才的吸引力等。

大卫·贝克汉姆和妻子维多利亚建立了“贝克汉姆品牌”，但因此也为自己赚得了声誉、商业成功，还有恶名。尽管取得了品牌成功，贝克汉姆夫妇依然在声誉博弈中历经波澜。品牌能够带来价值，但它与声誉不同。品牌表达的是组织和个人想要为之代言的东西，尤其是在考虑到客户的情况下。CEO拥有在其掌控范围内建立品牌的所有手段——广告开支、产品命名、外包装的颜色和质地、价格点策略等。品牌是声誉中的一个要素，但是声誉需要仰仗的条件要多于品牌。“声誉是努力赢得的，而不是买来的，”劳斯莱斯董事长伊恩·戴维斯说，“你可以花钱买到品牌，但是你没法靠着哄骗就赢得好声誉。”品牌是偶发性的，但声誉的存在要持久得多。

“品牌塑造”活动已经存在了很长时间。最初的品牌通过使用商标来区分自己，据信这方面的例子最早可以追溯到古罗马人在配剑上使用特定标识来标明铸剑匠人的做法。14世纪初，成吉思汗的金甲铁骑横扫辽阔的大草原，直插欧洲大陆，这一时期，蒙古部落开始在牲畜身上烙上标记以便区分辨识。这种标记后来发展成了“tamga”——不同部落使用的战争徽章。最古老的商业标识出自卢云堡“狮牌”啤酒（Löwenbräu），该品牌自1383年起便开始采用狮子商标。1266年，英国在亨利三世统治时代将商标使用写入法律，明令所有面包师使用商标来帮助客户辨识他们购买的面包。

商标在其诞生之初就与产品——而不是企业——休戚相关。但是到了20世纪70年代早期，管理学学者们开始提出，品牌对于公司来说同样具有重要意义和重大影响。各公司很快便领会到品牌是竞争战略中不可或缺的一部分，它与公司的身份定位和价值有密切关系。市面上开始出现将声誉和品牌“打包处理”、混为一谈的趋势。但一些业已站稳根基且颇具影响力的品牌依然会受到声誉上的冲击，而且一些个人和组织声望很高却没什么品牌的情况也很多见。[9]我们可以把品牌看作我们希望人们看到的形象，而声誉是我们实际上在人们眼中的形象。优秀的品牌塑造活动能够成功地让我们想到那类在各方面都能做到与其品牌身份相一致的企业——如苹果、可口可乐、迪士尼在这方面都有不俗表现。

“纯真”饮料公司在创立之初可谓一穷二白，创始人是剑桥大学的3名毕业生，满脑子理想主义色彩，一心要把公司打造成一家饮品界的大型联合企业。1999年，亚当·巴隆、乔恩·怀特、理查德·里德在一场音乐节上售卖冰沙，并邀请前来试吃的食客给他们的产品质量投票，此后他们便创立了“纯真”饮料公司。“我们竖起一个大招牌，询问人们是不是觉得我们应该辞掉工作改卖冰沙，而且在摊位前放了两只大桶，上面各写着‘Yes’和‘No’。然后我们请人们用手中的空盒子为我们投票。一个礼拜下来，写着‘Yes’的大桶满了，所以我们第二天就辞掉了工作，开始动手办公司。”这个故事讲的是一场非常出色的品牌定位活动：它体现的是把事情办好的敬业作风、企业家精神、趣味性，以及满足顾客之所需的郑重承诺。这一模式非常成功，公司成立 10 年后，几位创始人将大量的股份转让给了可口可乐公司。尽管已经成为大型企业，“纯真”这一品牌依然特意保留了低调、富有亲和力的创业型定位。它已然求得了公司品牌塑造的真经，为自己保留住了一份无愧于其最初使命的声誉——生产出“可口、健康的饮品，让人们生活得更好、更长寿”。

与之形成对比的是 BP 在布朗勋爵主持公司期间的品牌定位活动。2001 年，BP 提出“超越石油”的口号，借此对公司进行整体重塑。这一行动意在突出公司逐步从化石燃料转向太阳能等替代技术的决心，起初曾因为其中体现出的志向和意愿而为人称道。《金融时报》曾刊发过一系列著名文章，将布朗勋爵誉为“太阳王”。布朗个人的声誉得到了大大提升。BP 的环保信用也出现了飙升，公司的声誉开始赶超人们眼中越来越陈旧、僵化的其他石油公司。BP 的竞争对手们恨得咬牙切齿，它们深谙 BP 的大部分业务其实依然像它们的一样污染严重、危险重重、不可持续；客户们同样对此嗤之以鼻——能源昂贵，他们首先在意的是价格是否有竞争力。仔细关注一下的品牌塑造，或者再把眼界放得宽一些，看看它的经营活动，只会发现实际情况其实很难堪。很快，真相便暴露了出来：BP 的标识和品牌定位难掩严峻的事实——公司所从事的活动与“超越石油”毫不沾边。

到了 2008 年，BP 作为“环保斗士”的信誉已经支离破碎，公司开始放弃曾经带来如此强烈反响和希冀的品牌塑造活动。BP 在品牌宏愿和实际作为之间表现出的名不副实把它推向了“漂绿”控诉的风口浪尖，打着做环保事业的口号为自己的行为充当遮羞布。

气候变化学现在已经形成了压倒性共识，即便是像埃克森美孚这样先前对其持高度怀疑态度的石油大户也都承认自己需要做好规划，以应对这一问题给石油产业带来的实际影响。所以回头来看，布朗的品牌塑造策略是很有远见的，尽管布朗本人也承认自己做得有些过了，这场品牌塑造活动搞得太过雄心壮志，却没有充分考虑到现实情况。

哥本哈根商学院市场营销学教授马伊肯·舒尔茨突出强调了很重要的一点。品牌管理历来就是市场营销部门的职责，本来品牌就是源自产品营销环节而非公司战略。“许多推行规范化企业声誉管理和品牌管理的组织都将品牌塑造的工作交给了市场部门，而公司声誉一般都会交给公司负责媒体关系和声誉追踪的传播部门来打理。”她总结道，“即便是两项工作都交给传播部门的情况下，也会交由不同的工作组来负责。”[10] 这种竖井思维在某种程度上造成了人们对品牌和声誉二者之间区别的整体误解。品牌与市场营销策略相联系，因此是在组织控制范围内的。人们往往动辄就把声誉简单视为一种对品牌的反映。

另外很重要的一点是，把“声誉管理”职责放到传播部门起不到什么好作用。许多 CEO 纠结于这样的观点——声誉和“媒体关系”不是一回事（比如在对媒体讲话时）；而且传播部门主管经常会被叫去面见老板、领受指示：“去修复一下我们的声誉。”而其中的深层次原因却无人关心。“为什么我们会‘死’在新闻媒体上？”——这句话已是老生常谈，雷曼兄弟倒闭前几个月，银行内时常有人对媒体记者发出这样的呼声。真正的答案常常是“公司做了不好的事情，记者们有权让公众关注到它”。

媒体在塑造和破坏声誉的过程中发挥着至关重要的作用，无论这种声誉是面向客户、监管部门，抑或员工。媒体上一旦出现关于你的文章必然会带来曝光度，而这种曝光度既有可能带来好名声也有可能放大你的坏名声。如果跟记者们沟通不顺还会加剧声誉上的损失。不过，在声誉问题上，媒体的参与是结束局面的一种方式，但并不是说事情到此就结束了；而且，切莫以为正面报道会自动转化为好名声，这种看法是一种严重的“想当然”。

7
生前身后名

多数声誉最终不是被毁掉了，而是被人遗忘了。

——梅森·库利（1927—2002），美国格言作家

“罗兹必倒”

这是声誉博弈的一个奇特之处：即便你本人没有参与其中，它也会继续运转下去。这是因为声誉是由他人决定的，而且，如果人们对你以往的行为依然抱有鲜明的看法，你会发现你的声誉会在这轮游戏中出现变化——有时候是向好变化，但通常情况下都是变坏。所以，在最后的这部分内容中，我们来一起看一看辞世后的玩家们在这场声誉博弈中的赢与输。

我们中的大部分人在逝去后都会名声不再。一旦故去，自己总还会被别人记得些什么——这种想法不过是在满足虚荣心。然而，确有极个别的一些人，死后还留得住“身后名”，而且，为后世数代所热议。

我们需要提醒自己这些人都有些什么样的声誉，而且这些声誉又

是面向哪些人的。以亨利八世为例，他最出名的是结过6次婚，砍掉了数位配偶的头颅，还有一身霸道狂妄的帝王习气。人们印象中，查理三世是个曾在伦敦塔杀害了自己侄儿的人，也有可能是个经过都铎王朝罗织罪名，再由莎士比亚推波助澜后，声誉遭到污化的受害者——这要看你愿意相信他是怎样的人。

那些体现着引人入胜的历史感的人物（如查理三世、亨利八世）和那些生前引发了议论、问题、话题且如今依然为人津津乐道的人物，二者在声誉方面有着鲜明的差异。克里斯托弗·哥伦布死后备受非议，是一个极好的例子。哥伦布生于意大利，在西班牙国王的资助下出海远航，曾4次穿越大西洋。15世纪，欧洲王室爆发贸易战，在此背景下，他建议取道西路航线驶往亚洲，助力西班牙王室参与香料贸易，并在此过程中于1492年“发现”了“新世界”——当时哥伦布到达的是巴哈马群岛，而非他原本计划的目的地日本。为了纪念这一重大的历史事件，美国、西班牙和若干中南美洲国家一直都将“哥伦布日”视为一个重要的全国性节日。但是这个节日的存在以及它所纪念的事件已经成为人们争论不休的话题。哥伦布本人的声誉以及他所取得的成就如今受到了强烈质疑。

1992年，在哥伦布抵达巴哈马群岛的五个世纪之后，有关方面计划组织“发现美洲500周年”纪念活动。然而这些计划很快便沦为被批评和争论的对象。批评人士提醒人们，当年的这些航程伴随着种种残暴的行径和种族灭绝事件。现在，美国的4个州——夏威夷、阿拉斯加、俄勒冈、南达科他——根本不认可“哥伦布日”，而其他州则把这一天叫作“惯例日”或“认可日”，避免在其中出现哥伦布的名字。人们对于500周年庆典的强烈抗议致使美国政府无法以任何统一的、全国性的方式进行纪念活动。就像芝加哥大学的盖里·法恩教授所说，“由于人们对哥伦布的声誉无法达成共识，任何大型集体纪念活动都很难举办得起来。尽管林肯和华盛顿把美国人民统一在一起，但哥伦布把美国公民拆得四分五裂。他的航程在美洲原住民眼中是一种侵犯，并不像拉丁裔美国人看来那么合情合理。哥伦布在世人眼中是个意大利人，尽管他在远航中代表的是西班牙。”

同样的问题还纠缠着安德鲁·杰克逊——美国的第7任总统，他的声誉在历史上背负了各种诘难。杰克逊的肖像自1928年起被用于美国20元纸币的正面。2015年6月17日，奥巴马政府宣布将自2020年起在10元面值的纸币正面使用一名妇女的肖像，替换掉原来的亚历山大·汉密尔顿——美国的开国元勋、第一任财政部长、乔治·华盛顿的得力干将。但立即有呼声称，蓄奴的安德鲁·杰克逊才是应该被替换掉的人——他搞垮了美利坚合众国第二银行，还把它叫作“恶魔机构”，而且他还限制纸币流通，为1837年那场经济恐慌事件埋下了伏笔，引发了美国历史上最严重的一次大萧条。

对杰克逊的声誉冲击最大的可能是他将美洲原住民驱逐出家园的做法。他推行《印第安人迁移法案》，为将切诺基族从密西西比河东岸强制迁移到如今的俄克拉何马州铺平了道路。切诺基人将这场迁徙称为“血泪之路”，意喻它带来了永恒的、毁灭性的后果。杰克逊这位北美殖民地早期的英雄，如今在这场声誉博弈中却鲜能找到愿意支持他的人。而且，美国政府也改变了主意。20元面额纸币正面的杰克逊头像将被换下，代之以哈丽雅特·塔布曼——一位曾经的奴隶、废奴主义者，她将成为第一位出现在美国钞票正面的非洲裔美国人，而且是一个多世纪以来第一位获此殊荣的女性。杰克逊的头像被放在了20元纸币的背面。汉密尔顿将依然出现在10元纸币正面，另有若干位妇女和民权领袖将出现在5元和10元纸币背面。这是美国自1929年以来对美元样式最重大的一次调整，而且这种对声誉的重新排序反映出，现代价值观和固有成见同样会投射到故去的历史人物身上。

这种现象的一大经典实例是由南非开普敦的学生于2015年3月发起的“罗兹必倒”抗议活动。塞西尔·约翰·罗兹是个偏执狂、种族主义者，很少有人对此有任何怀疑。这位矿业企业家、投机商在南非开启了强制隔离政策，并公开宣称盎格鲁–撒克逊民族具有无比的优越性。他有一段著名的言论：“我断言，我们是这个世界上最好的民族，我们在这个世界上栖居得越广，就越是对人类有利。”（拉迪亚德·吉卜林对此也颇为认同，在其诗歌《白人的负担》中，盎格鲁–撒克逊民族的宿命就是统治那些“没有律法的贱胚”——一种在当下时代中令人反感的情感流露。）但在罗兹的时代，甚至有国家是以这位巨头的名字来命名的。他被视为具有英雄气概、鼓舞人心的人物，在他的激励下，当时有大批人士对他忠心耿耿，甚至在他死后也是如此。他在遗嘱中要求将自己的尸骨埋葬在如今津巴布韦境内的一座山顶。当地的部落头领同意了，而且出席了他的下葬仪式以缅怀他的积极贡献。有人不免会说，这些头领很明白怎么做对自己有利；但在1980年，津巴布韦脱离英国独立后，曾有政府官员想要掘开罗兹的坟墓，扫除关于他的所有记忆，这时当地部落头领们再度联合起来力挺罗兹并最终成功阻止了掘坟行动。

“罗兹必倒”运动的最初目的是推倒开普敦大学校园内的罗兹塑像，理由是“推倒‘罗兹’象征着白人的至上地位和校园特权无可避免地垮台”。两个半星期后，随着学生们占领并封锁了大学中的一栋主建筑，学校的理事会做出了让步，宣布罗兹塑像将被移除。运动发起一个月内，塑像便被移走了。这场运动随即又将目标转向了其他与罗兹有关的机构。2015 年 5 月，东开普省罗兹大学的主管部门在重压之下向本校内新成立的学生激进分子团体做出回应：校方批准了相关计划，正式启动学校更名程序。2015 年 11 月，斯泰伦博什大学通过了将校园通用语言从公用荷兰语改为英语的计划。2016 年 1 月，罗兹曾短暂求学的牛津大学奥里尔学院宣布已经移除了一处纪念罗兹的匾牌，且校方即将启动一轮时长 6 个月的讨论，以决定是否移除学院大楼正面的一尊小型罗兹塑像。

随着社会的演变，对于哪些事情可以接受、哪些不可以，我们的观点也在发生着变化。我们是否应该以现今社会可接受的一套观点来看待罗兹的声誉？或者说，我们是否应该考虑到罗兹所处时代中盛行的一些看法？在当时的背景下，罗兹的白人至上理论并不鲜见。理解过去意味着我们要认识并充分考虑到当时主要的经济、政治、文化和社会环境。只有这样我们才能理解我们在纳尔逊·曼德拉身上看到的矛盾之处——一位罗兹种族隔离政策的主要受害者，却对罗兹信托基金的教育事业提供了支持。有人提出，种族主义和偏执行为在任何时代都会发生，而且无论任何时代，都应当对此类行为予以严厉谴责。生活在当下这个对此深恶痛绝的社会中，我们很难反驳这种观点。但是，整个政治领域中，各派系人士一贯力主牛津大学应当保留罗兹塑像。尽管他们之中并没有人为罗兹的价值观辩白，但他们的确在竭力维护历史存续下去的权利，避免让它在现代思维影响下受到修正主义式的改写。这种修正主义究竟会发展到什么地步才会作罢？我们会不会因为丘吉尔的种族主义观念把他的雕像也推倒？1937年，在对“巴勒斯坦问题皇家委员会”的一篇陈词中，丘吉尔说道：“我不会承认，例如，我们对美洲的红种印第安人或是澳大利亚的黑人犯下过弥天大错；我也不会承认，一个更为强大的、高等的、在全世界范围内更为聪慧的种族进入并占据他们的土地，让他们成为现在的样子，是对这些人犯下的一种错误。”最终，牛津大学经过多方商讨，认为应当继续在奥里尔学院的墙面上保留罗兹塑像。

在罗兹话题甚嚣尘上的同时，ISIS损毁了多处历史遗迹，大量庙宇和手工艺品遭到破坏，其中包括多尊神像。ISIS将这些遗迹看作异教徒所为和宗教盲崇所致，要求将它们通通摧毁。该组织在2015年上传的一段视频显示，伊拉克尼姆鲁德古城遗址惨遭破坏。一名ISIS士兵在视频中说：“我们每夺取一个地带的控制权，就会摧毁这些多神论的象征，在当地传播一神论。”本书写作过程中，ISIS最近采取的一次破坏行动发生在历史悠久的巴尔夏农神庙。其所在处的古城在叙利亚号称沙漠中的“椰枣林和花园绿洲”“沙漠中的威尼斯”，而巴尔夏农神庙正是古城中的核心建筑。

历史学家尼尔·弗格森强烈谴责这种圣像破坏行为。他指出，人类历史上一直有一种趋势，当破坏行为发生的大环境对此类做法持接受态度时，人们往往会毁掉具有“违和”意义的历史参考物。柏林墙的倒掉令世人拍手称快；萨达姆·侯赛因的雕像轰然扑地带来了巴格达政权的全面溃败——这只是其中的两个例子。弗格森和其他人士呼吁在声誉评判中要对时代背景加以考量，而不是仅仅将那段历史抹去。伦敦的议会广场上竖立着6任英国首相的雕像，是为这种做法的真实写照。距离纳尔逊·曼德拉雕像所在的广场几米之处矗立着扬·史末资——他曾口口声声主张将南非的黑人同白人隔离开来。

真正的卡利古拉

海伦·米伦曾满怀回忆地将自己参演过的电影《卡利古拉》描述为一部“艺术和生殖器组合而成的无法抗拒的混合体”。该片出品于1979年，由美国和意大利合作拍摄，出资方为“空中别墅”组织，其内容糟糕透顶，实在堪称“经典”——你得仔细观看才能找到一丝艺术气息，不然满眼都是“露点”镜头，卡利古拉在泳池中尽情享乐的那场戏最是让人过目不忘。这位帝王纵欲于两性之间，与自己心爱的妹妹德鲁西拉同床共枕，把王公贵胄的妻女关进皇宫内的妓院里，让自己摇身成为天神，把自己的马宣布为元老院议员。此君所为荒淫无度、骇人听闻，后与妻子和襁褓中的女儿一起被叛变的禁卫军弑杀。这场杀戮就发生在皇宫的走廊中，恰到好处地终结了卡利古拉短暂而恐怖的统治史。士兵们将结结巴巴的克劳狄乌斯推上王位，后者一直活到了64岁。

这部电影突出再现了卡利古拉臭名昭著的一面。卡利古拉又名盖乌斯·恺撒·日耳曼尼库斯，在位时间只有4年（公元37年到41年）。“奥古斯都不成器的继任者简直不胜枚举，”18世纪历史学家爱德华·吉本在他的著作《罗马帝国衰亡史（1776—1789）》中写道，“他们犯下的滔天罪恶和戏剧表演对他们的精彩再现让他们免于被人们遗忘。铁石心肠的提比略、暴躁乖戾的卡利古拉、懦弱无能的克劳狄乌斯、荒淫残暴的尼禄、残忍野蛮的维提里乌斯、怯懦无情的图密善……他们为人永远唾骂，臭名昭彰。在 80 年的时间里……罗马在无穷无尽的暴政中呻吟，古代共和国体系就此陨灭，身处这一痛苦时代中的每一位正人君子和才俊之士几乎尽遭灭顶之灾。”

不过，这些帝王们果真这么糟糕吗？从奥古斯都去世到康茂德于公元 192 年遇刺身亡，罗马在 180 年的时间里经历了 14 位君王。这之中不乏一些为人正直的统治者，例如图拉真、哈德良、安东尼·庇护和秉性豁达的马克·奥利里乌斯；不过更多的是些品性恶劣、精神变态的货色，这其中自然包括尼禄——世人皆知，整个罗马陷入熊熊大火时，他却自顾自地拨弄起七弦琴。可悲的卡利古拉（意为“小军靴”，昵称，其幼年时代随父出征，一身童军打扮，脚蹬军鞋，遂得此名）果真像他的声誉或电影中体现出的那么疯狂或恶劣吗？尽管同时代的一些记载的确提到他残暴成性、贪恋奢华、肆意胡为，但这些关于卡利古拉和其他堕落帝王们的骇人故事主要出自苏埃托尼乌斯，写就于卡利古拉死去近一个世纪之后。

在历史学家玛丽·比尔德看来，后世的这种对于君王生平的描写会受到两大永恒的政治议题的限定。第一个议题是元老阶层的观点。元老们深感自己的许多历史特权都将随着共和国的终结不复存在，自然会倾向于将所有君王都描述成负面人物。那些历经数代人一点点汇总到苏埃托尼乌斯手中的荒淫故事，很有可能在很大程度上体现了元老阶层的这种偏见。第二个，也是更为重要的一个议题是王权的更迭。罗马人从未发展出一套可行的王位继承体制，由此产生的结果就是历代君王中有3位遭到弑杀（卡利古拉、尼禄、图密善），其他君王继位时几乎都要经历政治动荡、暴力、报复和谣言中伤。例如，利维娅据说曾将树上的无花果遍涂毒药，害死了丈夫奥古斯都；优柔寡断的克劳狄乌斯据疯传也是被少妻阿格里皮娜（卡利古拉的妹妹、尼禄的生母）毒死的。

卡利古拉的声誉经久不衰、令人难忘，它说明危言耸听的故事在将近2 000年后的今天依然足以攫住我们的想象。通过暗杀登上王位的君主们往往意愿强烈，更愿在声誉博弈中采取姿态强硬的招式。他们一贯的目标是抹黑死在自己手中的前朝统治者，散播情节诡异惊悚的谣言，让自己的谋杀行径看上去反倒情有可原。就像玛丽·比尔德所分析的："我们很难推翻这样的结论：不管卡利古拉的传说中可能会有多少真实性，它们就是一个难解难分的混合体，掺杂了事实、夸张、肆意歪曲、直接干预等因素。大部分传说是在他死后捏造出来的，而且多是为了满足新帝克劳狄乌斯的需求……换句话说，（卡利古拉）被杀或许是因为他是一个恶魔，但另一种说法也是同样可能的：他被塑造成了一个恶魔，因为他被暗杀了。"[1]

讲故事的人

为了帮助我们更好地理解历史声誉是如何被创造出来的，我们找到了作家希拉里·曼特尔，她在历史题材小说方面著述颇丰，其中包括“布克奖”获奖作品《狼厅》和《提堂》——以政治家托马斯·克伦威尔的一生为主线的“都铎王朝三部曲”中的前两部。曼特尔的小说以充满同情的笔触对主人公克伦威尔进行了刻画——当我们被引导着将他理解为一个冷酷无情、惹人不快的人物时，这些个性特点却被他超群的才智、惊人的敏感性和对身边人的忠诚弱化了。

克伦威尔的声誉多年来几经起落。对于伊丽莎白女王一世时代的人来说，他是位英雄；但到了维多利亚女王时代，他却成了人们眼中的恶棍、一个通过解散修道院将中世纪英格兰那古风古韵的画卷感破坏殆尽的人。若干年后，他又开始被人们描画成国王凶残的手下（例如罗伯特·鲍特的剧作《良相佐国》），总是对世人眼中善良的托马斯·莫尔从中作梗（曼特尔将莫尔刻画成了一个施虐之徒）。

公众对于克伦威尔的认识和历史学家们对他的看法是有分歧的。公众们对他知之甚少，但普遍将他看作恶人，但历史学家们对他可是再熟悉不过。自从杰出的历史学家 G.R. 埃尔顿将克伦威尔奉为研究工作中的核心对象，这一人物便成为学界的焦点，引发了无休止的激烈争论。

“不过我发现克伦威尔在通俗历史中的形象来源于未经核实的修辞描述以及大量的轶闻野史，在不断重复中固化了下来。”曼特尔告诉我们，“人们真的会把他和奥利弗·克伦威尔搞混，再不然就是跟维京人弄在一起；而且他们相信亨利八世派骑兵冲进教堂割下了修道士们的头颅。他们相信这些，这毫不奇怪——他们从电视上看来的。从这一点看，关于克伦威尔的这个问题其实只是冰山一角：世上就是存在着一种‘历史’，它很‘宏大’、夸张，充斥着人为渲染，而且是错误的。这类历史主要存在于小说和戏剧中。其实我认为电视上的历史纪实有时可以做得再深入些，感觉这些节目播出来好像主要是为了显示相比过去的优越性。”

曼特尔明白自己是在挑战人们业已接受的“克伦威尔”，尤其是汉斯·荷尔拜因在他著名的克伦威尔肖像画中为他捕捉到的形象。“荷尔拜因没有给他起到好作用，”曼特尔说，“很有可能正是这幅画让我们草率地把他看作阴郁残暴的人。然而，如果你看一看与他同时代的人都是怎样说起他的，你会发现他是个非常有魅力的‘暴徒’。这些证据跟世人对他的通俗理解是相左的。但是一个形象要比一座图书馆更有影响力。”

曼特尔早年曾创作过法国大革命题材小说《一个更安全的地方》。她将克伦威尔的肖像和罗伯斯庇尔的多张肖像进行了比较：“再也没有人想得起 1790 年那张客厅中的肖像画。人们想到的总是 1973 年几张肖像中的一幅，那张画里他老了十岁，面容憔悴而清癯。我想对于法国人来说这是一个事关政治立场的问题。这其中存在着发生在克伦威尔身上的那种无知——一旦某个人被定性为坏人，他就再难摆脱这种形象。”

因此，想象力和文学底蕴可以帮助我们挑战专家和艺术家们广为接受的观点和偏见。找一位出色的小说家为你助力也不失为重构历史声誉的一种办法。

诨名的威力

“雷帝伊凡”很可能是历史上最广为人知的名字了。这个诨名，就像“雷帝”二字所意喻的，是对俄语“grozny”一词的演绎，意为可怖、危险、使人心生恐惧。“雷帝伊凡”的这个名字在他生前就已家喻户晓，体现出他那频繁爆发的歇斯底里式的怒火、明显的精神疾病和无比残暴的性情，并业经证实为沙皇伊凡极其重要的声誉工具，能够最大程度地将国内不同政见压到最低，为封疆拓土打下了根基。伊凡在1533—1547年间为莫斯科大公，其帝国疆域广袤，北起芬兰湾，南至里海，东问现代西伯利亚，西达如今的波兰边境，面积超过10亿英亩。他的诨名在他生前便发挥出了效力，并在他死后继续定义着他的历史声誉。

诨名的使用已经有了很长的历史。荷马在《伊里亚特》和《奥德赛》中大量使用诨名，他将雅典娜称为“灰眼睛的女神”，并给很多东西也都起了别称，例如“寒光闪闪的长矛”“肥沃的土地”“酒色的大海”等。这种修辞手法简单概略，只消将一两个含义丰富、容易识记的词语与人或物名放在一起。很有可能，在这些故事的书面版本问世之前，正是这些语句帮助吟游诗人们将这些故事铭记在心。诨名是别称中的一个子集，通常放在人名前后一起使用，例如“征服者”威廉、阿尔弗雷德“大帝”或亚历山大“大帝”，最初在古罗马使用开来，方便人们在通用人名数量有限的年代中区分不同的个体。这方面的例子可见利奥二世，他因为6岁登基成为罗马帝国君王而被称为利奥－“小儿皇帝”（不久之后便遭投毒身亡）。一些人的诨名后来被用作了“荣誉头衔”，由心怀感念的公众或元老院授给为罗马共和国建功立业的军事将领们。虽说这种做法兴起于古罗马，但被后世帝国广为使用，尤其是在拿破仑一世时期以及英、俄等国。

“罗马特别像英国的上议院，在这儿你可以荣膺一个名字，作为对你的突出成就的认可（即 agnomina，古罗马因某人功勋卓越而授予其用于姓名后的附加名）——比方说攻克了某个国家，或者你可以简单给自己起个绰号，”牛津大学的克里斯·麦肯纳博士解释说，[2]“那些授予的称号中包括西庇阿－‘非洲人’（因其在非洲一战中打败汉尼拔）、庞培－‘伟大之人’、苏拉－‘幸运者’等。而且，一旦你赢得了一个诨名，你还可以让家人共同使用这个名字。所以说，提比略·克劳狄乌斯·德鲁苏·尼禄·日耳曼尼库斯·布列塔尼库斯·恺撒·奥古斯都的名字中，大部分都是靠继承得来的，只有‘布列塔尼库斯’一名是因为自己打赢不列颠一役而荣膺的。但是，以‘恺撒’（多毛发的）、‘西塞罗’（‘鹰嘴豆鼻’）为名的人依然有自己的姓氏，可以继续使用。再来看看更近一些的历史，你会发现诨名依然还在为人使用。”麦肯纳说。

他最喜欢的诨名，当然是“永远的总统、陆军元帅、伊斯兰哈吉、维多利亚十字勋章获得者、杰出服役勋章获得者、十字勋章获得者、地上走兽和海中游鱼之王、非洲尤其是乌干达的大英帝国征服者、尊贵的伊迪·阿明·达达阁下”，这位乌干达前总统还号称自己是“最后一位苏格兰国王”。这体现出诨名除了别人给予还可以自封。为自己命名成为一种行为信号，类似于一种个人品牌打造，既表露出你希望自己被如何看待，也体现出你的自尊所在。被授予诨名是一种更为直接的声誉机制，它反映出在你所处的社会背景下，你周围的人抱有怎样的观点和想法。

历朝历代中，国王、王后和其他领袖同样有各种诨名。例如康斯坦丁十一世叫作“沉睡的国王”，查尔斯·霍华德叫作“醉汉公爵”，查尔斯二世叫作“吃羊肉的君王”，理查德叫作“狮心王”。各种诨名中更经久的还是“伟大的洛伦佐”。洛伦佐是文艺复兴时期欧洲最重要家族中的子孙，他的祖父科西莫·德·美第奇是全欧洲最富有的人之一，也是美第奇家族中第一位在管理着佛罗伦萨共和国的同时经营着家族银行的人。洛伦佐继承了祖父对于艺术的鉴赏力。作为意大利文艺复兴时期著名的赞助人，他扶持了李奥纳多·达芬奇、桑德罗·波提切利、米开朗琪罗·博纳罗蒂等年轻的天才艺术家和建筑师维特鲁威。他还是一位成就卓越的外交家、权倾政界的政治家，并通过调用自己的关系网、战略化地运用自己的财富成为佛罗伦萨共和国的实际统治者。洛伦佐的庭院是名流荟萃之地，熙熙攘攘地聚集了众多的艺术家、作家、建筑师，在他们背后，是佛罗伦萨共和国的权势和金钱。洛伦佐是文艺复兴时期人际关系领域的终极经纪人，他是阴谋家、权力掮客、恃强凌弱者，但他也是慈善家、艺术界的赞助人。在他的声誉中，最终起到定性作用的，是当时的各类小说和故事述说者们给予他的那个诨名——“伟大的洛伦佐”。

对于洛伦佐来说，不幸的是，这个诨名没能被他的儿子、继承人传承下去——“不幸的皮耶罗”不仅把父亲的遗赠和财富挥霍殆尽，还最终导致了美第奇王朝的垮台。但是，“伟大的洛伦佐”之名永远地流传了下来，仅凭一词便洞穿历史的纷繁复杂，造就出一个恒久的美誉。

❽ 终章

我们在本书的开篇提出问题：个人、公司、机构、公众人物和国家是如何创造、维护、毁坏、重建自己的声誉的？我们力图通过借鉴全球顶尖学者们的研究，同时辅以有关人士在个人和公众生活中参与声誉博弈实践所得出的洞见，来为这一问题找到答案。那么以我们现在掌握的信息，在追求美好声誉这一最宝贵的无形资产时，我们应当采取怎样不同的措施？

声誉博弈中成功的玩家会得到更高的酬劳，获取更好的职业机会，过上更快乐的生活，并且能够更快地从挫折中恢复过来。不过，如果你笃信自己可以完全掌控自己的声誉，那你是注定要灰心丧气的。而且，你无法管好那些你最终无法掌控的事情。声誉“管理”是一种非常危险的想法。这种想法下，你自觉能够永远操纵人们对你的理解。但声誉博弈中的成功人士们深谙，他们可以通过制定声誉活动战略来力求影响——而非控制——人们对他们的看法。

博弈玩家们应当首先反思一下自己通过行动选择释放出了怎样的信号。不过采取这些行为也需要考虑他人的期许。如果你表现出色，迎合了大家的期望，就能保持好自己的现状；但如果你表现逊色，它会让你重重地跌回地面。

想一想你在能力和品行方面所释放出的信号。这是反思声誉的最实用的方式。能力声誉——人们认为你在任何给定环境中所能做到的事情——需要时间和技能来获得，而且一经获得就会具有“黏性”。要想摧毁能力声誉是件很难的事情。品行声誉却恰恰相反，几乎永远都要经受争议和讨论。它们反复易变，但在你不同的声誉中，品行声誉有可能是最显见、最重要的支撑因素。

第二步重要的战略是仔细思考一下你周围的人际关系网。你需要考虑一下这些人际关系网的结构——它们是闭合型的还是开放型的？闭合型网络中，有关于你的信息可信度高，流动迅速。开放性网络中，信息的传播节奏更显从容，这样一来你就有机会以更加个人化的方式跟许多不同的人交流沟通，从而能够接触到更多新观点。

我们都身处多个不同的人际关系网——家人、朋友、同事、校友网等。如果能够将不同关系网中的人们相互联结起来，那你就成了极富价值的人际关系经纪人。正如罗恩·伯特的研究显示，比起在闭合型关系网中活动的人，人际关系经纪人能够以更快的速度接触到更多信息，而且会具有更好的声誉。所以，想一想你周围不同的人际关系网，看看你能在哪里找到机会把它们联结起来。这是件很有意思、很让人开心的事情，你会发现人们事后会感谢你这么做。

声誉博弈中的高级玩家们还懂得人际关系网并不是消极被动的。你需要有能力调动你所在关系网中的人们，在适当的时机与适当的人谈论你。声誉是会受到质疑的，我们需要确保盟友们各就各位，一到关键时刻便能够行动起来。

有些盟友要比其他人更具影响力。声誉借贷是声誉博弈中非常重要的一招。在发展早期将自己与身居高位、盛誉在身的人联系到一起——这种借用声誉的方式可以为你的成长增速助力。后期，你将自己的声誉借贷给他人的能力会得到增强。这么做会为你带来好处——试想汤姆·琼斯是怎样挽回音乐事业的。不过这么做同样会让你暴露在更大的风险下，因为这样一来你就与其他人的成败捆绑在一起了。

声誉并不是凭空存在的，它们是我们彼此诉说着的故事。成功的声誉玩家知道，重要的不仅仅是你的叙述如何精密复杂，还有描述的真实性。不真实的描述会带来事与愿违的结果，而尽力确保真实性的描述会创造出真实恒久的价值。

真实性要以两个相互关联的事物为依托。首先，你要确保你的描述能够真正反映出你的核心 DNA。这其中如若有自相矛盾之处，可能不易察觉，需要假以时日才能被人发现，但是在一个网络闭合日益增多的世界中，一旦出现任何“失谐音”，人们很快就会发现并将它公之于众。

你的描述还要反映环境的变化并与之共鸣。这是一种非常困难的平衡，因为要做到真实就应当做到忠实于自己，无论新闻报道里的内容有多么反复无常。如果公共环境发生了变化，且有足够多的人受到鼓动后发声反对你，你就会经历声誉损失，还有可能会被人看作不明就里。当然，在与舆论不一致的情况下赢得声誉博弈也是有可能的，但是这么做的难度会非常大。声誉会不断受到质疑，而公众与你反目所带来的压力会让你难以负重。

我们都会在很多方面、在某些人群中拥有我们的声誉。了解这一点会让你学会对重要的声誉进行投资，对其他的声誉忽略处理。我们可以集中精力维护好声誉中数量有限的几个重要方面，而不是为了一次性打理好所有事情而偏离了正确的方向——这样做既洒脱又务实。

我们都经历过这样的时刻：恨不得一头钻进地缝里。声誉博弈中，像杰克·普罗富莫这样精明的玩家，能够改变自己的环境条件，开启一个新的世界，用新的行动和描述来重设游戏——他们会调用手头尚存的一切人际关系网，或是再找寻一处新的网络。

最后，我们都身处声誉博弈之中。我们之中的多数人，无论我们知晓与否，都是志在必得的。而且，如果我们能打好这桌牌，即便是起身离去后，我们的声誉依然会让我们的股票价值居高不下。

注 释

前 言

1 唐纳德 · J. 特朗普（@realDonaldTrump），2017 年 2 月 2 日。

2 Robert G. Eccles, Scott C. Newquist and Roland Schatz, ‘Reputation and its Risks’, *Harvard Business Review*, February 2007.

3 全球保险企业怡安曾经进行过一系列两年度董事会风险调查。在最近一次调查中，“名誉受损”在十项评估风险中位列第四，排在其后的有“现金流转 / 流动性风险”“商品价格风险”“技术 / 系统故障”等。董事会极为在意声誉受损。

上篇 声誉策略

❶ 游戏规则

1 参见：http://www.rollingstone.com/politics/news/the-great-merican-bubble-machine-20100405.

❷ 行为

1 See John Whitfield, 'The Biology of Reputation', in *The Reputation Society: How Online Opinions are Reshaping the Offline World*, ed. Hassum Masum and Mark Tovey (Cambridge, Mass: MIT Press, 2011), pp. 39–49.

2 Louise Barrett, Robin Dunbar and John Lycett, *Human Evolutionary Psychology* (London and New York: Palgrave, 2002), pp. 260–262.

3 鲁特伊教授是马里兰大学公共政策学院和犯罪学系教授。

4 Diego Gambetta and Peter Reuter, *Conspiracy Among the Many*, published in 1995; see: http://www.academia.edu/458525/Conspiracy_Among_the_Many_the_ Mafia_In_Legitimate_Industries. A shorter analysis is contained in his article 'Regulating Rackets', in Regulation, September/December, 1984, pp.29–36 and available online at http: //object.cato.org/sites/cato.org/files/serials/files/regulation /1984 /12/v8n5-5.pdf.

5 2015 年年末，日本国会参议院通过一项法案，批准日本行使“集体自卫权”，参与盟国海外作战。这一法案推翻了日本《宪法》第 9 条中不得以战争手段解决国际争端的规定。参见：http: //edition.cnn.com/2015/09/16/asia/japan-military-constitution/.

6 In 'Perverting Trust' , her Clare Hall Ashby Lecture, University of Cambridge, 15 May 2009.

7 Rachel Croson and Nancy Buchan, 'Gender and Culture: International Experimental Evidence from Trust Games', *American Economic Review*, 89 (2), May 1999, pp. 386–91 (https://www.aeaweb.org/articles?id = 10.

1257 / aer.89.2.386）. 重复的行为塑造出有价值的声誉。布雷西亚大学和托里诺大学的4位意大利学者将伯格2008年的研究延伸为一项重复性的信任游戏。4位学者创造出一种新动态关系，在这种关系下，A组和B组的参与者都有可能对对手的行为进行评分，并在重复性互动中了解到他们先前的得分。学者们希望借助这种方法，得知品行声誉线索在既往行为为人所知的情况下所发挥出的影响力。试验结果显示，让其他人员打分并将分数透露出来的做法大大增加了不同游戏组之间的合作程度。换句话说，游戏参与者们更乐于抱着实现互惠的目的进行交易。而且，更有趣的是，学者们发现声誉在人们的精神机制中植根得如此深入，以至受试者们总是倾向于建立并维持较高的声誉地位，哪怕这样做既不理性也无法用互惠动机加以解释。

8 David Foster Wallace, 'Roger Federer as Religious Experience', *New York Times*, 20 August 2006.

9 参见：http://www.bloomberg.com/news/articles/2013-02-20/Arm-strong-s-cheating- won-record-riches-of-more-than-218-million.

10 Christophe Bassons, from BBC Radio 5, 2012.

11 参 见：http://www.transparency.or/news/feature/global_corruption_report_sport.

12 参见：http://www.bbc.co.uk/programmes/b06tkl9d.

13 In a speech titled 'Enhancing Financial Stability by Improving Culture in the Financial Services Industry', 20 October 2014.

14 参 见：http://www.ibtimes.co.uk/20-global-banks-have-paid-235bn-fines-since-2008 -financial-crisis-1502794.

15 Alain Cohn, Ernst Fehr and Michel André Maréchal, 'Business Culture and Dishonesty in the Banking Industry', *Nature*, 516, 4 December 2014,

pp. 86–89.

16 参　见：http://www.goldmansachs.com/who-we-are/business-standards/business-principles/.

17 参见：https://profilebooks.com/investing-in-change-ebook.html. 在一本关于欧洲金融市场协会的书中，作者之一指出，金融服务行业中的这一技术某种程度上削弱了声誉作为监管机制的影响力，共同提出这种观点的还有牛津大学的阿兰·莫里森和弗吉尼亚大学的比尔·威廉。

18 Lord Green's St Michael's Cornhill lecture, 'Belief in the City', 18 March 2015.

19 你可以在如下链接中读到他的公开信：http://www.starbucks.co.uk/blog/an-open-letter -from-kris-engskov/1249. “这些行动会让我们成为一家税收贡献更大、对我们服务的社区来说更为重要的公司，同时我们会采取必要的措施将利润维持在可持续的水平。我们相信这是正确的做法。我们已经听取了顾客们的意见，我们也正在采取必要行动来支付更多的企业所得税，而且这一支付金额要高于我们应当缴纳的金额。”

20 参见：http://www.telegraph.co.uk/technology/google/12151032/Google-boss- International-tax-laws-should-be-rewritten.html.

21 参见：http://www.mirror.co.uk/money/city-news/costa-coffee-taxing-question-starbucks-1395473.

22 参见：http:/www.telegraph.co.uk/news/2016/09/14/jean-claude-juncker-denies-alcohol-problem-during-interview-in-w/.

23 参见：http://www.economist.com/node/21552243.

24 参见：http://www.telegraph.co.uk/finance/economics/7330761/Michel-Barnier-the-most-dangerous-man-in-Europe.html.

25 参 见：http://www.mirror.co.uk/news/uk-news/theresa-may-vicars-daughter-kitten-8399895.

26 参见：http://www.politics.co.uk/comment-analysis/2016/06/27/boris-johnson-the-man-who-broke-britain.

27 参 见：http://metro.co.uk/2016/10/24/nicola-sturgeon-and-theresa-may-face-off-in-feisty-brexit-summit-6212835/.

28 George A. Akerlof, 'The Market for Lemons: Quality Uncer-tainty and the Market Mechanism', *Quarterly Journal of Economics*, 84 (3), 1970, pp. 488–500.

29 David M. Kreps and Robert Wilson, 'Reputation and Imperfect Information', *Journal of Economic Theory*, 27, 1982, pp. 253–279.

30 This scenario was first explored by R. Selten in 'The Chain Store Paradox', *Theory and Decision*, 9, 1978, pp. 127–159.

31 参 见：http://www.theatlantic.com/magazine/archive/2016/04/the-obama-doctrine/471525/.

32 阿尔文·罗斯是匹兹堡大学经济学教授，弗朗索瓦丝·斯库马克是伊利诺伊大学经济学助理教授。他们的论文《讨价还价中的期望与声誉：实验研究》（*Expectations and Reputations in Bargaining: An Experimental Study*）于 1983 年发表于《美国经济评论》[*American Economic Review*, 73 (3), 1983, pp. 362–372]。

33 实验中的计算机经过程序设定后，能够完全合理地决定接受或拒绝对方提供的额度。游戏人员被分为三组，每个小组设定有不同的条件。第一组人员跟计算机对局，这些计算机经设置后选出的结果能够使双方回报最大化。该游戏组根据前文所述被称为“20–80 小组”。第二组人员同样跟计算机对局，其使用的计算机经设置后选出的结果可以实现在游戏者之间平均分配彩票。这一游戏组被称为“50–50 小组”。第三组为控制组，该组游戏人员全程与真人讨价还价。

34 “为了避免没完没了、丑态百出的诉讼……伤及大家的声誉，我决定跟几个家族协商一下承担必要的对冲头寸的事情。他们同意承担由我引起的任何损失（“免责协定”），而这正是我接手头寸的关键原因。由于我跟这些家族走得很近，我感到这些家族中的大家长们年事已高、健康状况堪忧，便提出要他们提供信托协议并修订遗嘱，以便在长者们过世后保护我的利益。这一步实际上已经完成了。

“多头完成之后，他们的收益便锁定了，各大家族抽出资金支付税费（根据收益收取）。过了一段时间，市场复苏，出现了两种情况。各大家族的大家长们开始贪图大头利润，以确保他们需支付给我用于对冲头寸的那笔费用，所以他们开始进行外部投资。

“我听说这些（外部）投资进展并不顺利，而且需要抽出资金来追加外部保证金。我开始担心我跟几大家族的协议要泡汤，觉得有必要调整一下我的投资管理经营计划，而且还要增加我的佣金……以替代我投入的资本……对冲损失开始越来越大。”

35 “我愚蠢地说服自己应该为客户采取短期策略，损失掉国债收益和（新策略下）成功交易预期利差之间的价差。我认为这只会是个短期交易，未来市场能够真正接受实际的长期交易时，我们还可以弥补回来。”

❸ 人际关系网

1 他将自己的成功的原因总结为“3A”：availability、affability、ability，

即随时在位、谦恭随和、能力支撑。

2 Nicholas Christakis and James Fowler, *The Amazing Power of Social Networks and How They Shape Our Lives* (London: Harper Press, 2010).

3 米尔格拉姆的文章《小世界》于 1967 年发表于《今日心理学》(*Psychology Today*)。根据该文描述，数百人根据指示从内布拉斯加向远在 1 000 英里以外的一位陌生人寄出了一封信。平均来看，发信人在 6 封信后就可以找到正确的收信人。

4 牛津大学赛义德商学院金融法律教授阿兰·莫里森用了 25 年时间来研究投资银行人际关系网中的行为信号。他与共同作者、弗吉尼亚大学麦金泰尔商学院金融学教授比尔·威廉，以及其他两位人士，一起就 1933—1969 年间的股票发行及其承销银行建立了独一无二的数据库，加上 1970—2007 年间的类似数据，用以对投资银行和客户之间的彼此关系进行长期趋势研究。

这项研究发现，证券发行人越来越强调其投资银行与其他银行在这段时期内相互关系的数量和质量。换言之，它们在关系网络中的地位对于赢得新业务来说具有至关重要的作用——这就是一种声誉信号机制。

5 参见：https://www.statista.com/statistics/274911/forecasted-global-diamond-production/.

6 浮法玻璃的制作过程可谓引人入胜。先将制作玻璃的原料在一个重达 2 000 吨的巨大熔炉中进行混合（金属液槽），制作出高达 1 500°C 的玻璃熔液。等熔液达到所需温度，原料混合充分后，将其从金属液槽中倒在镜面一般的锡液上。在这一过程中，熔液开始冷却。然后就可以根据客户需求对玻璃进行各种镀膜——如反光玻璃、镀有显微镜下方可见的超薄透明氧化钛膜的自洁玻璃。在经过 0.25 英里长的浮法生产线过程中，玻璃继续冷却，并经过进一步加工和检查，最后再根据需求进行加工。

7 如今的伦敦金融区成了一个更为开放、任人唯贤的地方，不过一朝失足，你就可能跌入暗无天日的外部声誉危机中。伊恩·汉纳姆是摩根大通集团（“嘉诚”的最终所有者）一位极具争议但也富有天赋的银行家，他曾因为泄漏内部信息被伦敦金融区的监管机构处以罚金。汉纳姆在一次午餐中告诉《金融时报》，他先前的密友比尔·温特斯被任命到渣打银行总部后，便不能再与他联系了。“他是我的朋友。”汉纳姆悲伤地说，眼中充盈着泪水。因为他现在声誉不佳，他的朋友作为CEO来说很难与他保持友谊（《金融时报》，2015年9月5日）。

8 “ENA”的混成词。“ENA”既是这些院校的首字母缩写，也是最高统治者的代名词。

9 参见：http://www.dailymail.co.uk/debate/article-2699426/Solid-Gold-Sociopath- Fred-The-Shred-came-personify-greed-banks-But-brilliant-new-book-Daily- Mail-s-City-Editor-shows-toxic-realised.html.

10 Mark Granovetter, ‘The Strength of Weak Ties’, *American Journal of Sociology*, 78 (6), May 1973, pp. 1360–1380.

11 Mark Granovetter, ‘The Strength of Weak Ties: A Network Theory Revisited’, *Sociological Theory*, 1, 1983, pp. 201–233.

12 Ron Burt, ‘Brokerage and Closure: An Introduction to Social Capital’, University of Chicago Graduate School of Business, Autumn 2005, available at: http://faculty.chicagobooth.edu/ronald.burt/research/ les/B&C_Introduction.pdf.

13 Cited in Burt, ‘Brokerage and Closure’, p. 73.

14 重磅爆料：富思博睿的另一位创始人就是本书的作者之一鲁珀特·扬格！

15 http://www.guinnessworldrecords.com/news/2015/5/eurovision-recognised-by-guinness-world-records-as-the-longest-running-annual-tv -379520.

16 戴夫·特洛伊曾对巴尔的摩、里约热内卢、旧金山等多个城市的社交网络进行记录。详情可见 www.davetroy.com。

17 参见：http://www.nytimes.com/2015/08/22/arts/music/dr-dre-apologizes-to -the-women-ive-hurt.html?mwrsm=Email&_r=0.

18 danah boyd, *It's Complicated: The Social Lives of Networked Teens* (New Haven: Yale University Press, 2014), pp. 29–30.

19 "达娜·博伊德"博士是微软研究院的主要研究员之一、"数据与社会"（Data & Society）创始人。她的网站地址：www.danah.org。

20 这一说法由博伊德开创，吸收借鉴了约书亚·梅洛维茨的研究发现，后由堪萨斯州立大学的文化人类学家迈克尔·威舍于 2009 年开始使用。参见 http://www.zeph- oria.org/thoughts/archives/2013/12/08/coining-context-collapse.html.

21 Alice E. Marwick and danah boyd, 'I Tweet Honestly, I Tweet Passionately: Twitter Users, Context Collapse, and the Imagined Audience', *New Media & Society*, 20 (1), July 2010, pp. 1–20.

22 蒂姆·波洛克和乔治·华盛顿大学的詹姆斯·韦德、纽约大学的乔·珀莱克、佐治亚大学的斯科特·格莱夫共同探讨了这一现象。在 2008 年发表于《组织科学》（*Organization Science*）的一篇论文中，他们用明确证据指出名气会影响 CEO 的薪资前景："通过分析明星身份对 CEO 酬劳的影响，我们发现明星 CEO 们在获得奖项后会立即拿到近 11% 薪资数额的奖金，相当于为获奖 CEO 涨薪约 26.5 万美元。但获奖带来的长期影响很大程度上依赖于公司后续的表现。如果公司业绩好，获奖 CEO 与其他不太有名的同行在表现相当的情况下，能够继续享有更高的薪资。但是，当公司业绩不佳的时候，明星 CEO 比起从未获过奖项的 CEO，在表现相当的情况下薪资更低。”参见 Graf n, Wade, Porac and McNamee, 'The Impact of CEO Status Diffusion on the Economic Outcomes of Other Senior Managers', *Organization Science*, 19 (3), 2008, pp. 457–474.

23 佐治亚大学特里商学院管理学教授迈克·普法雷在一篇论文中就这一主题展开论述，将这一假设放在股票市场上市公司环境中进行验证。（另外两位作者为闫多瓦和波洛克。）这篇 2010 年发表于《管理学院学报》（*Academy of Management Journal*）的论文得出结论称：“积聚了较高声誉的公司比起不具备这一条件的公司，更难曝出具有积极意义的‘冷门’；而对于名气比较响的公司中，则要比不具备这些条件的公司更容易。（而且，）声誉高和名气大的公司比起其他公司，都能够因为其具有积极意义的‘冷门’获得更高的市场回报，而对于具有负面影响的“冷门”，承担的市场处罚却更少。”

24 参见：http://proceedings.aom.org/content/2015/1/14966.short.

25 *Financial Times*, 25 August 2014.

26 *MIT Sloan Management Review*, Winter 2014.

27 他们收集了 5 个月内的评论样本，将其随机分为 3 组——正面建议组、负面建议组、中立态度组，评论总共已经收到的正面、负面或中立建议数量忽略不计。然后他们开始用如下方式操控首条跟评：正面建议组中的评论被人为添加一条正面跟评，负面建议组中的评论被添加一条负面跟评，中立态度组中的评论被添加一条中立跟评。这项试验的目的在于探究后续的跟评人会在多大程度上受到正面性（或首条跟评）的影响。

实验结果如下：相对试验前的观察结果，正面评价组中的评论后续获得赞成票的概率增长了32%。这一结果同样适用于反对票投票情况，但有意思的是，这种“羊群效应”呈现出非对称性。那些被分配到负面评价组中的评论的确像正面评价组一样获得了数量大增的反对票。但与此同时，与正面评价组不同的是，这其中还出现了“矫正效应”——这一组中的评论得到赞成票的可能要远大于正面评价得到反对票的可能。换言之，这其中出现了“正性偏差”——我们希望尽可能地给别人做出好的评价。

4 描述方式

1 Keynote speech at MIDEM, the 2015 music industry conference, in Cannes, France.

2 Yuval Noah Harari, *Sapiens: A Brief History of Humankind* (London: Harper, 2015), p. 103.

3 *The Times*, 7 April 2016, p. 24.

4 参见：https://medium.com/@jaycarney/what-the-new-york-times-didn-t-tell -you-a1128aa78931#.nk0gjzrxs.

5 参见：http://www.fastcompany.com/3055894/most-innovative-companies/what-buzzfeeds-dao-nguyen-knows-about-data-intuition-and-the-futur.

6 参见：https://www.nytimes.com/2017/01/28/opinion/sunday/live- from-the-white-house-its-trump-tv.html?smid=nytcore-ipad-share & smprod=nytcore-ipad&_r=0.

7 参见：https://www.buzzfeed.com/craigsilverman/viral-fake-election-

news-outperformed-real-news-on-facebook?utm_term=.lf6al9nrVd#.toN8wEBVJ0.

8 参见：https://en.oxforddictionaries.com/word-of-the-year/word-of-the-year-2016.

9 参见：https://medium.com/@contently/how-i-handled-my-personal-story-going-viral-ad7cae7ec03#.rn7pvxgth.

10 参见：http://www.samblackman.org/Articles/Suler.pdf.

5
危机管理

1 参见：http://www.csb.gov/assets/1/19/csb nalreportbp.pdf.

2 参见：http://www.bp.com/content/dam/bp/pdf/sustainability/issuereports/Deepwater_Horizon_Accident_Investigation_Report.pdf.

3 参见：http://www.bp.com/en/global/corporate/press/press-releases/bp-estimates-all-remaining-material-deepwater-horizon-liabilitie.html.

4 'Memo to board: we need to talk about BP', *Financial Times*, 1 May 2007.

5 Cited in Mattias Holweg of Saïd Business School's *Oxford Today* article, 18 April 2016. 参见：http://www.oxfordtoday.ox.ac.uk/interviews/what-went-wrong-volkswagen-and-why.

6 'VW Faces Activist Attack', *Financial Times*, 7 May 2016, p. 13.

7 天主教徒在其他重大问题上产生了分化，美国人和欧洲人赞同神职人员和同性恋人士结婚，支持发展女性神职人员的想法，而有些地区对此表示反对。参见 2014 年 2 月西语环球电视台的调查：http://www.washingtonpost.com/ wp-srv/special/world/catholic-poll/.

8 参 见：http://www.catholicworldreport.com/Blog/4475/large_decrease_in_visitors _to_papal_events_in_2015_jubilee_numbers_low_so_far.aspx.

9 Writing for the pamphlet OMFIF (n.a.).

10 John L. Allen, 'Pope Francis Faces a Real Dilemma in Vatileaks 2.0', *Crux*, 23 December 2015, available at https://cruxnow.com/church/2015/12/23/pope-francis-faces-a-real-dilemma-in-vatileaks-2-0/.

11 Damian Thompson, 'The Devil in Footnote 351', *The Spectator*, 16 April 2016.

12 Address at the 48th World Day of Communications, 1 June 2014.

13 他在幕后积极鼓动保护天主教徒免受“杀人小分队”屠戮，但他并不是奥斯卡·罗梅罗（萨尔瓦多主教，1980 年在举行弥撒期间被人杀害）那样的改革派英雄。

14 Alec MacGillis, 'Scandal at Clinton Inc.', available online at https://newrepublic.com/article/114790/how-doug-band-drove-wedge-through-clinton-dynasty.

15 Cited in the *Economist* article 'Life After Power: The Loneliness of Tony Blair', 20 December 2014.

16 *Iraq's Weapons of Mass Destruction: The Assessment of the British Government*, published in September 2002.

17 参见：http://www.wool se.com/dl/woolf-lse-report.pdf.

18 参见：https://docs.google.com/document/d/115dQVYUdxoJRvRTsl8uYL9 xe9WTp7QUbLBryMRzKqmI/edit?hl=sv#.

19 参 见：http://www.marketwatch.com for an analysis of this and other types of apologies.

20 Nicole Gillespie and Graham Dietz, 'Trust Repair After an Organization

-Level Failure', *Academy of Management Review*, January 2009.

21 参见：http://www.opendemocracy.net/od-russia/mikhail-fridman/fridman-how-i-became-oligarch.

22 参见：Bill Browder's account of the Hermitage Capital Manag-ement affair: *Red Notice: How I Became Putin's No. 1 Enemy* (London: Bantam Press, 2015).

23 Arkady Ostrovsky, 'Russian Oligarchs Dig Up the Dirt to Present a Clean Image to the West', *Financial Times*, 4 October 2003.

6 高级技能

1 参见：https://www.statista.com/statistics/246501/athletic-apparel-companies- ranked-by-global-market-share-in-footwear-sales/.

2 Peggy M. Lee, Timothy G. Pollock and Kyuho Jin, 'The Contingent Value of Venture Capitalist Reputation', *Strategic Organization*, 9 (1), pp. 33–69.

3 2017 年 4 月。

4 硅谷多数技术巨匠背后都有沙山路上的风投公司支持。这里的每平方英尺办公场所费用为全美最贵（每平方英尺 111 美元），比曼哈顿的办公用地费用（每平方英尺 102 美元）还要高。参见：https://www.bloomberg.com/news/ articles/2014-12-04/venture-capital-sand-hill-road-rules-silicon-valley.

5 学者们研究了声誉和地位对公司绩效的不同影响。2013 年发表在《战略组织》的一篇论文中，大卫·钱德勒（科罗拉多大学，丹佛）、帕姆·豪斯柴尔德（得克萨斯大学，奥斯汀）、李武元（音译，延世大学，韩国）、克里斯汀·贝克曼（加利福尼亚大学，欧文）等4位学者得出结论：公司的地位能够吸引管理者为组织工作，而声誉的激励作用可以让人们更高产。他们的研究分析了1985—1993年的8年间美国300家最大公司中的管理人关系，梳理出了地位和声誉的相互作用。

6 C. E. Devers, T. Dewett, Y. Mishina and C. A. Belsito, ‘A General Theory of Organizational Stigma’, *Organization Science*, 20 (1), January–February 2009, pp. 154–171.

7 参　见：http://www.thisismoney.co.uk/money/cardsloans/article-2597754/Archbishop -Canterbury-Justin-Welby-wages-war-Wonga.html.

8 参　见：https://www.ft.com/content/ac77fe6c-6971-11e4-8f4f-00144feabdc0.

9 声誉学早期的两位学术先锋塞斯·万·里尔和查尔斯·丰布兰指出，企业声誉具有品牌和形象的效果，可以影响股东对公司的整体评估。

10 参见：http://majkenschultz.com/books/taking-brand-initiative/.

7
生前身后名

1 Mary Beard, *SPQR: A History of Ancient Rome* (London: Profile Books, 2015), pp. 396–397.

2 克里斯·麦肯纳是牛津大学赛义德商学院的一位商业历史和策略高级讲师、牛津大学布列斯诺斯学院学者、导师。

致　谢

本书两位作者谨向接受我们采访的多位人士表示感谢。[①] 没有他们的帮助和指导，这本书在内容上不免要苍白许多。我们也非常感谢 Oneworld 出版公司的各位人士，尤其是创始人朱丽叶·梅比和诺文·杜斯特达尔，他们对本书一直抱持着信心；以及我们的编辑阿历克斯·克里斯杜非，他悉心为本书做出评价，并对细节给予了高度关注。我们在 AM Heath 作家代理事务所的经纪人比尔·汉密尔顿为我们提供了极其宝贵的指导意见。当然，我们还要感谢各自的家人，他们如今对于声誉活动里里外外的了解，可谓超乎想象的丰富。

此外，我们还要特此感谢史蒂芬·钱伯斯、埃米利奥·加利-祖嘉洛、罗威娜·欧丽佳里奥博士、保罗·斯卡加尼和尼基尔·斯利尼瓦桑对我们的初稿提供的评价和建议；伊恩·戴维斯多年来一直支持着我们写作此书的想法，并在本项目展开初期慷慨无私地投入了大量的个人时间；精力充沛、热情满满的丽兹·扬和诺姆·戈特斯曼、西蒙·罗恩、斯特凡诺·卢基尼一起为我们引荐了从 Jay–Z 到伯尼·麦道

① 头衔及所属机构信息最终更新时间为 2017 年 4 月。

夫等多位极具吸引力和洞见的采访对象；乔·帕拉克教授和蒂姆·汉宁根博士辛苦为我们召集起一众顶尖学者，齐聚牛津大学共谈“丑闻”议题；其他给予我们鼎力支持的还有牛津大学企业声誉中心等研究团队、被采访人士的助理们（这些助理是企业发展中的无名英雄，没有他们很多事情都将无果而终）。我们鸣谢以下各位在本书的研究写作过程中向我们提供大力支持与无私指导，同时我们也将铭记那些曾经帮助过我们但选择隐去姓名的人们。我们深深地感谢诸位！书中如有任何失实与处理不当之处敬请各位谅解！

阿尔贝托·洛佩兹－巴伦苏埃拉，Alva 集团创始人、CEO

安德烈·霍夫曼，罗氏集团副董事长

安德鲁·沃尔顿，FTI 咨询集团高级董事总经理

安迪·马什，埃文郡和萨默塞特郡警察局局长

安娜·曼，MWM 咨询公司合伙创始人

巴里·韦斯，Records 创始人

本·拉特雷，Change.org 创始人

本·托德，Syco 娱乐公司

伯尼·麦道夫，囚犯，现关押于美国北卡罗来纳州巴特纳联邦惩教所

比尔·坎贝尔，苹果公司前董事长

比尔·柯比什利，Trinifold Management、The Who 乐队经理

比兹·斯通，推特合伙创始人

比约恩·艾德隆德，Edlund 咨询公司

布雷登·金，西北大学教授

布莱恩·博伊兰，沃尔夫·奥林斯品牌咨询公司董事长

克里斯托弗·沃尔特，CNC AG 创始伙伴

克雷格·卡罗尔，纽约大学访问学者、兼职教授

达娜·博伊德，社交媒体学者、作者、研究者

大卫·凯尔索，摩根大通

大卫·泰勒，作家

达维德·达里安特，奥纬咨询公司合作伙伴

丹尼斯·科兹洛夫斯基，商人、泰科公司前 CEO

多米尼克·韦斯特，演员

唐·罗伯特，益博睿集团董事长

唐纳德·斯蒂尔，BBC 前首席发言人，现为危机传播顾问

道格·莫里斯，索尼音乐娱乐公司董事长

艾德·赖利，FTI 咨询集团战略传播执行官

埃德·扎亚克，西北大学教授

埃米利奥·加利－祖嘉洛，Methodos 董事长，安联保险集团前传播主管

弗雷德里克·肯普，大西洋理事会主席

加里·阿兰·法恩，西北大学教授

格伦·斯皮罗，“格伦·斯皮罗”创始人

格雷格·伯克，“圣座”新闻处主管

汉娜·伯恩斯，剑桥全球顾问公司总经理

希拉里·曼特尔，作家

霍华德·戴维斯爵士，苏格兰皇家银行董事长

豪厄尔·詹姆斯，Quiller 出版公司 CEO，曾任政府常务传播部长

雨果·狄克逊，作者、企业家、Breakingviews 网站创始人

休·詹金斯，瑞银投资银行前 CEO

伊恩·戴维斯，劳斯莱斯董事长、麦肯锡公司前主理合伙人

艾克·索尔金，Mintz&Gold 律师事务所律师

杰米·劳瑟－平克顿，英国皇室威廉王子和哈里王子前私人秘书

贾米勒·巴兹，太平洋投资管理公司全球客户分析主管

简希丝·罗宾逊，葡萄酒作家

Jay–Z，音乐人、商人

简玛丽·麦克法登，MetLife 首席传播官

杰夫·兰德尔，巴布科克国际集团非执行董事

吉姆·林，作家、顾问

约翰·欣肖，惠普企业员工

乔纳森·哈珀，史宾沙管理顾问咨询公司员工

朱莉娅·霍布斯鲍姆，卡斯商学院人际关系学教授

乔纳森·肖少将，Optima 公司董事长

贾斯汀·金，泰丰资本

基斯·席林，Schilling 公司董事长、资深合伙人

莱斯·莫维斯，CBS 集团董事长兼 CEO

丽兹·扬，传播主管、索尼音乐娱乐公司

查德灵顿勋爵，Huntsworth 集团前 CEO、董事长

格林勋爵（赫斯彼蓬特），汇丰银行前 CEO

彭定康勋爵，牛津大学校长

卢卡斯 · 范 · 普拉格，Teneo Strategy 高级董事总经理、高盛前全球企业沟通主管

马吉德 · 舒尔茨，哥本哈根商学院教授

玛吉特 · 温马彻斯，Andreessen Horowitz 合伙人

马克 · 博兰德，威尔士亲王前副私人秘书

马克 · 韦尔，Vivo Energy 执行副总裁、BP 前公司事务总监。

马丁 · 索瑞尔爵士，WPP 集团 CEO

马克思 · 霍恩贝格，CNC 合伙人

迈克尔 · 科尔 – 冯泰恩，纽约银行梅隆公司欧洲、中东、非洲地区董事长，欧洲金融市场协会主席

迈克尔 · 狄克曼，安联集团前 CEO

迈克尔 · 费蒂克，reputation.com 创始人

迈克 · 阿尔伯特，“凯鹏华盈”合伙人

迈克 · 巴里，玛莎百货可持续发展总监

纳塔莉 · 戈尔德，伦敦大学学院高级研究员

尼古拉斯 · 埃尔默，萨里大学前社会心理学教授

帕迪 · 哈沃森，Milltown Partners 负责人，威尔士亲王、威廉和哈里王子前传播秘书

保罗 · 斯加罗尼，罗斯柴尔德副董事长

保罗 · 阿赫莱特纳，德意志银行董事长

彼得 · 亨肖，BP 集团传播和外部事务主管

彼得 · 罗伊特，马里兰大学教授

彼得 · 斯坦福，作家

彼得·斯托瑟德,《泰晤士报》和《泰晤士报》文学副刊前主编

菲利普·高伊斯，Teneo Blue Rubicon 高级董事总经理

菲利普·格林爵士，Arcadia 集团所有者

菲利普·汤姆森，葛兰素史克公司传播与政府事务高级副总裁

皮埃尔·戈德，汇丰银行集团传播主管

蕾切尔·波兹曼,社会企业家、作家

雷蒙德·纳斯尔，品酒师、斯坦福大学讲师

里德·霍夫曼，领英联合创始人

理查德·海特纳，beta baboon 的创始人、作家、Saatchi & Saatchi 前副董事长

罗伯特·道格拉斯，悉尼科林伍德海军上将旅馆老板

罗宾·邓巴，牛津大学进化心理学教授

罗宾·詹夫林勋爵，汇丰私人银行副董事长

罗宾·纳托尔博士，麦肯锡合伙人

罗杰·卡尔爵士,BAE 系统公司董事长

罗兰·克莱恩，CNC 联合创始人

罗兰·拉德，Finsbury 联合创始人、董事长

罗恩·伯特，芝加哥大学教授

鲁斯·威尔逊，女演员

桑德拉·麦克劳德，Mindful Reputation 创始人、CEO

西蒙·考威尔，Syco 娱乐公司创始人

西蒙·刘易斯，欧洲金融市场协会（AFME）欧洲、中东、非洲地区 CEO

西蒙 · 沃克，董事学会前总干事

斯特凡诺 · 卢基尼，Intesa Sanpaolo 制度和监管事务主管

史蒂芬 · 钱伯斯，伦敦政治经济学院马歇尔研究所所长

史蒂夫 · 伊斯特布鲁克，麦当劳公司 CEO

史蒂芬 · 斯托特，Translation 创始人、CEO

西奥多（泰德）· 马洛赫，亨利商学院战略领导力与治理教授

托马斯 · 舒尔茨－雅戈，大赦国际运动和传播主管

蒂姆 · 艾伦，Portland Communications 创始人，曾为唐宁街 10 号担任传播副总监

蒂姆 · 卡伦，牛津大学谈判项目的创始人兼总监

蒂姆 · 汉尼根博士，阿尔伯塔大学

汤米 · 赫尔斯比，Kroll 欧洲、中东、非洲地区董事长

特蕾西 · 尼克松

瓦莱丽 · 阿莫斯男爵夫人，伦敦大学亚非学院主管

弗农 · 乔丹，Lazard 合伙人

维奥琳娜 · 闰多瓦，得克萨斯大学奥斯汀分校教授

威尔 · 道金斯，史宾沙英国董事会业务主管

附录：推荐书目

Michael L. Barnett and Timothy G. Pollock, *The Oxford Handbook of Corporate Reputation*, 2012

Jamie Bartlett, *The Dark Net*, 2014

Mary Beard, *SPQR: A History of Ancient Rome*, 2015

Tom Bergin, *Spills and Spin: The Inside Story of BP*, 2011

danah boyd, *It's Complicated: The Social Lives of Networked Teens*, 2014

Ronald S. Burt, *Brokerage and Closure: An Introduction to Social Capital*, 2005

Nicholas Christakis and James Fowler, *Connected: The Amazing Power of Social Networks and How they Shape our Lives*, 2011

Robin Dunbar, *Gossip, Grooming and the Evolution of Language*, 2011

Michael Fertik, *The Reputation Economy: How to Optimise Your Digital Footprint in a World Where Reputation is Your Most Valuable Asset*, 2015

Rob Goffee and Gareth Jones, 'What Holds the Modern Company Together', *Harvard Business Review*, Nov–Dec 1996

Yuval Noah Harari, *Sapiens: A Brief History of Humankind*, 2015

Amy Liptrot, *The Outrun*, 2015

Hassun Massum and Mark Tovey (eds), *The Reputation Society: How*

Online Opinions are Reshaping the Of ine World, 2011

Robin Nuttall and Tommy Stadlen, *Connect: How Companies Succeed by Engaging Radically with Society*, 2015

Partnoy, Younger, Fleischer and Olegario, 'How Reputations are Won and Lost in Modern Information Markets', Oxford University Centre for Corporate Reputation, April 2014

Daniel H. Pink, *Drive*, 2009 Stephen Pinker, *The Language Instinct*, 1994

Robert D. Putnam, *Bowling Alone: The Collapse and Revival of American Community*, 2000

Steve Stoute, *The Tanning of America,* 2011

Tomorrow's Company, The City Values Forum – Embedding Integrity & Trust, 2013